O líder 360°

JOHN C.
MAXWELL

O líder 360°

TRADUÇÃO DE
VALÉRIA LAMIM DELGADO FERNANDES

2ª reimpressão

THOMAS NELSON BRASIL

Rio de Janeiro
2007

Título original
The 360º Leader – Developing your influence from anywhere in the organization

SUPERVISÃO EDITORIAL Nataniel dos Santos Gomes

ASSISTENTE EDITORIAL Clarisse de Athayde Costa Cintra

TRADUÇÃO Valéria Lamim Delgado Fernandes

CAPA Valter Botosso Jr.

COPIDESQUE Norma Cristina Guimarães Braga

REVISÃO Margarida Seltmann
Magda de Oliveira Carlos

PROJETO GRÁFICO E DIAGRAMAÇÃO Julio Fado

CIP-BRASIL. CATALOGAÇÃO-NA-FONTE
SINDICATO NACIONAL DOS EDITORES DE LIVROS, RJ

M419L

Maxwell, John C., 1947-
Líder 360º : como desenvolver seu poder de influência a partir de qualquer ponto da estrutura corporativa / John C. Maxwell ; [tradução Valéria Lamim Delgado Fernandes]. - Rio de Janeiro : Thomas Nelson Brasil, 2007.
Tradução de: The 360º leader : developing your influences from any where in the organization

ISBN 978-85-6030-312-0

1. Liderança. 2. Organização. 3. Capacidade executiva. I. Título.

07-1021. CDD: 658.4092
CDU: 65:316.46

Todos os direitos reservados à Thomas Nelson Brasil
Rua Nova Jerusalém, 345 – Bonsucesso
Rio de Janeiro – RJ – CEP 21402-325
Tel.: (21) 3882-8200 – Fax: (21) 3882-8212 / 3882-8313
www.thomasnelson.com.br

Dedico este livro a Dan Reiland

Um amigo
Um aluno
Um professor
Um parceiro

Um Líder 360º

Sumário

Agradecimentos 13

1ª Seção: Os mitos de se liderar do escalão médio de uma organização 15

Mito nº 1 O mito da posição: "Não posso liderar se não estiver no topo" 18

Mito nº 2 O mito do destino: "Quando chegar ao topo, aí aprenderei a liderar" 22

Mito nº 3 O mito da influência: "Se eu estivesse no topo, as pessoas me seguiriam" 24

Mito nº 4 O mito da inexperiência: "Quando chegar ao topo, estarei no controle" 26

Mito nº 5 O mito da liberdade: "Quando chegar ao topo, não serei mais limitado" 28

Mito nº 6 O mito do potencial: "Não conseguirei atingir meu potencial se não for o líder máximo" 31

Mito nº 7 O mito do tudo ou nada: "Se eu não conseguir chegar ao topo, então não tentarei ser líder" 33

Revisão da 1ª seção 36

2ª SEÇÃO: OS DESAFIOS QUE LÍDERES 360° ENFRENTAM 37

DESAFIO Nº 1 O desafio da tensão: A pressão de ser surpreendido no escalão médio 39

DESAFIO Nº 2 O desafio da frustração: Seguindo um líder ineficiente 48

DESAFIO Nº 3 O desafio dos muitos chapéus: Uma cabeça... muitos chapéus 58

DESAFIO Nº 4 O desafio do ego: Você muitas vezes está escondido no escalão médio 65

DESAFIO Nº 5 O desafio da realização: Os líderes gostam mais de estar na frente do que de estar no escalão médio 72

DESAFIO Nº 6 O desafio da visão: Patrocinar a visão é mais difícil quando não foi você que a criou 80

DESAFIO Nº 7 O desafio da influência: Liderar quem está acima de sua posição não é fácil 89

Revisão da 2ª seção 96

3ª SEÇÃO: OS PRINCÍPIOS QUE LÍDERES 360° PÕEM EM PRÁTICA NA LIDERANÇA PARA CIMA 97

PRINCÍPIO DE LIDERANÇA PARA CIMA Nº 1
Lidere-se a si mesmo excepcionalmente bem 100

PRINCÍPIO DE LIDERANÇA PARA CIMA Nº 2
Alivie a carga de seu líder 110

PRINCÍPIO DE LIDERANÇA PARA CIMA Nº 3
Esteja disposto a fazer o que os outros não se dispõem a fazer 120

Princípio de liderança para cima nº 4
Faça mais do que gerenciar — lidere! 128

Princípio de liderança para cima nº 5
Invista na química relacional 135

Princípio de liderança para cima nº 6
Esteja preparado toda vez que usar o tempo de seu líder 142

Princípio de liderança para cima nº 7
Saiba quando avançar e quando recuar 150

Princípio de liderança para cima nº 8
Torne-se um membro de equipe confiável 161

Princípio de liderança para cima nº 9
Seja melhor amanhã do que hoje 167

Revisão da 3ª seção 174

4ª Seção: Os princípios que líderes 360º põem em prática na liderança para os lados 175

Princípio de liderança para os lados nº 1
Entenda, ponha em prática e complete o círculo de liderança 177

Princípio de liderança para os lados nº 2
Complementar seus colegas de liderança é mais importante que competir com eles 185

Princípio de liderança para os lados nº 3
Seja um amigo 191

Princípio de liderança para os lados nº 4
Evite a política de cargos 197

PRINCÍPIO DE LIDERANÇA PARA OS LADOS Nº 5
Amplie seu círculo de relações 205

PRINCÍPIO DE LIDERANÇA PARA OS LADOS Nº 6
Deixe que a melhor idéia prevaleça 213

PRINCÍPIO DE LIDERANÇA PARA OS LADOS Nº 7
Não finja ser perfeito 221

Revisão da 4ª seção 227

5ª SEÇÃO: OS PRINCÍPIOS QUE LÍDERES 360° PÕEM EM PRÁTICA NA LIDERANÇA PARA BAIXO 229

PRINCÍPIO DA LIDERANÇA PARA BAIXO Nº 1
Ande devagar pelos corredores 231

PRINCÍPIO DA LIDERANÇA PARA BAIXO Nº 2
Veja todos como um "10" 238

PRINCÍPIO DA LIDERANÇA PARA BAIXO Nº 3
Desenvolva cada membro da equipe como pessoa 246

PRINCÍPIO DA LIDERANÇA PARA BAIXO Nº 4
Ponha as pessoas onde elas tenham pontos fortes 255

PRINCÍPIO DA LIDERANÇA PARA BAIXO Nº 5
Seja exemplo do comportamento que você deseja 260

PRINCÍPIO DA LIDERANÇA PARA BAIXO Nº 6
Passe a visão 266

PRINCÍPIO DA LIDERANÇA PARA BAIXO Nº 7
Recompense os resultados 272

Revisão da 5ª seção 279

6ª Seção: O valor dos líderes 360° 281

Valor nº 1 Uma equipe de líderes é mais eficiente do que um único líder 282

Valor nº 2 Os líderes são necessários em todos os níveis da organização 286

Valor nº 3 Liderar com sucesso em um nível é o que qualifica para a liderança no nível seguinte 291

Valor nº 4 Bons líderes no escalão médio se tornam líderes melhores no topo 296

Valor nº 5 Líderes 360° possuem qualidades das quais toda organização precisa 302

Revisão da 6ª seção 313

Seção especial: Crie um ambiente que traga à tona líderes 360° 315

Notas 327

Sobre o autor 331

Agradecimentos

Gostaria de agradecer a

Charlie Wetzel, meu redator;
Stephanie Wetzel, que revisou os primeiros rascunhos do manuscrito;

Dan Reiland, que nos ajudou a pensar nos conceitos deste livro e a chegar a eles;

David Branker, Doug Carter, Chris Hodges, Billy Hornsby, Brad Lomenick, Rod Loy, David McKinley, Todd Mullins, Tom Mullins e Douglas Randlett por investirem tempo como Líderes 360º no escalão médio da organização de cada um deles para fornecerem seu precioso retorno sobre o perfil do livro; e

Linda Eggers, minha assistente.

1ª SEÇÃO

Os mitos de se liderar do escalão médio de uma organização

Estas são ilustrações clássicas de liderança: William Wallace no comando de seus guerreiros contra o exército que iria oprimir a ele e seu povo. Winston Churchill desafiando a ameaça nazista tanto quanto a da queda da Europa. Mahatma Gandhi liderando a marcha de aproximadamente trezentos e vinte quilômetros até o mar para protestar contra a Lei do Monopólio do Sal. Mary Kay Ash saindo de casa sozinha para criar uma organização da mais alta qualidade. Martin Luther King Jr. diante do Memorial Lincoln desafiando a nação com seu sonho de reconciliação.

Cada uma dessas pessoas foi um grande líder e impactou centenas de milhares, se não milhões, de pessoas. Contudo, essas ilustrações também podem induzir em erro. A realidade é que 99% de toda a liderança não acontece do topo, mas do escalão médio de uma organização. Normalmente uma organização tem alguém que é *o* líder. Então, o que fazer se você não for essa pessoa?

Noventa e nove por cento de toda a liderança não acontecem do topo, mas do escalão médio de uma organização.

Tenho ensinado sobre liderança há quase trinta anos. E, em quase todas as conferências que realizei, alguém se aproximou de mim e disse algo do tipo: "Gosto do que você ensina sobre liderança, mas não posso aplicá-lo. Não sou o principal líder. E a pessoa à qual sou subalterno é, *na melhor das hipóteses*, um líder mediano."

É aí que você está? Você está trabalhando em algum lugar no escalão médio de sua organização? Pode ser que você não siga o líder no nível mais baixo da organização, mas também não é o chefe — contudo, você ainda deseja ser líder, fazer as coisas acontecerem, dar sua contribuição.

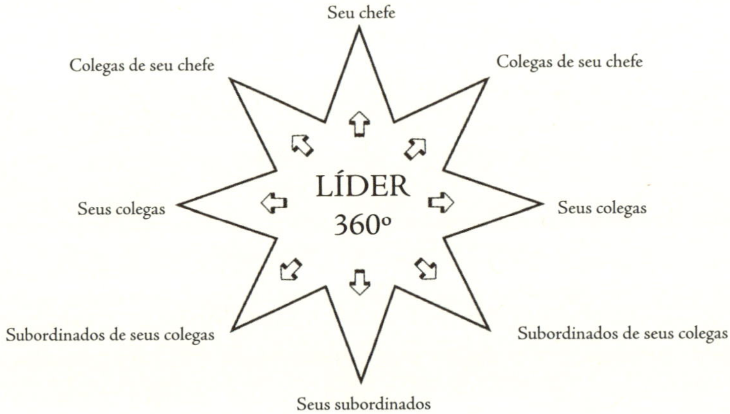

Suas circunstâncias ou posição não precisam mantê-lo como refém. Você não precisa ser o CEO para liderar com eficiência e pode aprender a causar um impacto por meio de sua liderança, ainda que você se reporte a alguém que não seja um bom líder. Qual é o segredo? Você aprende a desenvolver sua influência de onde estiver na organização, tornando-se um Líder 360º. Você aprende a liderar para cima, para os lados e para baixo.

Nem todo mundo entende o que significa influenciar os outros em todos os sentidos — aqueles para quem você trabalha, as pessoas que estão no mesmo nível que você e aqueles que trabalham para você. Algumas pessoas sabem liderar os membros de sua própria equipe, mas parecem alienar os líderes em outros departamentos da organização. Outros indivíduos destacam-se por construírem um bom relacionamento com o chefe, mas não têm influência alguma sobre qualquer pessoa que esteja abaixo deles na organização. Algumas pessoas conseguem se entender com quase todos, mas nunca parecem conseguir concluir um trabalho. Por outro lado, algumas pessoas são produtivas, mas não conseguem se entender com ninguém. Mas os Líderes 360º são diferentes. Somente os Líderes 360º influenciam pessoas em qualquer nível da organização. Ao ajudarem os outros, eles se ajudam.

Neste momento é possível que você esteja dizendo: "Liderar em todos os sentidos — falar é fácil, fazer é que são elas!" É verdade, mas não é impossível. Na realidade, tornar-se um Líder 360º está ao alcance de qualquer pessoa que possua habilidades de liderança de nível médio ou excelente e esteja disposta a se esforçar para isso. Portanto, mesmo que você se dê uma nota 5 ou 6 em uma escala de 1 a 10, pode melhorar sua liderança e desenvolver sua influência sobre as pessoas à sua volta em uma organização — e isso de qualquer lugar na organização.

Primeiramente, para fazer isso você tem de estar seguro de que não está ligado a nenhum dos sete mitos comuns das pessoas que administram no médio escalão da organização. E esse será o tema desta primeira seção do livro.

Mito nº 1

O Mito da Posição:
"Não posso liderar se não estiver no topo."

Se eu tivesse de identificar o primeiro conceito errado que as pessoas têm sobre liderança, seria a crença de que a liderança é algo que vem simplesmente de uma posição ou título. Mas nada poderia estar mais distante da verdade. Você não precisa ter uma posição no topo de seu grupo, departamento, repartição ou organização para ser líder. Se você acredita que precisa, então aceitou o mito da posição.

Um lugar no topo não fará automaticamente de alguém um líder. A Lei da Influência em *As 21 irrefutáveis leis da liderança* afirma claramente que "a verdadeira medida da liderança é a influência — nada mais, nada menos".

Uma vez que dirigi organizações voluntárias na maior parte de minha vida, vi muitas pessoas se prenderem ao mito da posição. Quando as pessoas que aceitam esse mito são identificadas como líderes em potencial e colocadas em uma equipe, elas ficam pouco à vontade se não lhes for dado algum tipo de título ou posição que as identifique como líderes aos olhos dos outros membros da equipe. Em vez de trabalharem para construir relacionamentos com os outros da equipe e ganhar influência naturalmente, elas esperam que o líder posicional as invista de autoridade e lhes dê um título. Após um tempo, elas ficam cada vez mais infelizes até que, por fim, decidem experimentar outra equipe, outro líder ou outra organização.

Pessoas que seguem este padrão não entendem como a liderança eficaz se desenvolve. Se você já leu um de meus outros livros sobre liderança, talvez esteja ciente de uma ferramenta de identificação da liderança que chamo de "Os cinco níveis de liderança", a qual apresento em *Developing the leader within you*. Ela capta a dinâmica do desenvolvimento da liderança bem como qualquer coisa que conheço. Caso você não esteja familiarizado com essa ferramenta, irei explicá-la brevemente aqui.

5. Personalidade

Respeito
As pessoas seguem você em razão de quem é e do que representa.
NOTA: Esse passo se destina a líderes que passaram anos promovendo o crescimento de pessoas e organizações. Poucos conseguem. Os que conseguem são muito bons.

4. Desenvolvimento Pessoal

Reprodução
As pessoas seguem você em razão daquilo que fez por elas.
NOTA: É aqui que acontece o crescimento de longo alcance. Seu compromisso com o desenvolvimento de líderes assegurará o crescimento contínuo da organização e do pessoal. Faça todo o possível para atingir e permanecer nesse nível.

3. Produçao

Resultados
As pessoas seguem você em razão daquilo que fez pela organização.
NOTA: É aqui que a maioria das pessoas percebe o sucesso. Elas gostam de você e daquilo que está fazendo. Problemas são solucionados com o mínimo esforço em virtude do momento.

2. Permissão

Relacionamentos
As pessoas seguem você porque querem.
NOTA: As pessoas irão segui-lo além de sua autoridade declarada. Esse nível permite que o trabalho seja divertido. Aviso: Permanecer por muito tempo nesse nível sem crescer fará com que pessoas altamente motivadas fiquem inquietas.

1. Posição

Direitos
As pessoas seguem você porque têm de fazê-lo.
NOTA: Sua influência não ultrapassará as linhas da descrição de seu trabalho. Quanto mais tempo permanecer nesse nível, maior será a rotatividade e mais baixo será o moral.

Liderança é algo dinâmico, e o direito de liderar deve ser conquistado individualmente com cada pessoa que você conhece. Onde você está na "escada da liderança" depende de sua história com essa pessoa. E com todas as pessoas, começamos pelo último dos cinco passos ou níveis.

Esse último nível é a posição. Você só pode começar com a posição que lhe foi dada, seja ela qual for: operário da linha de produção, assistente administrativo, vendedor, chefe de seção, pastor, gerente-adjunto, e assim por diante. Não importa qual é a sua posição. Desse lugar você tem certos direitos que vêm com seu título. Mas, se você lidera as pessoas usando somente sua posição, e não faz nada mais para tentar aumentar sua influência, então as pessoas irão segui-lo somente porque têm de fazê-lo. Irão segui-lo obedecendo somente aos limites da descrição de seu trabalho. Quanto mais baixa for sua posição declarada, menos autoridade na posição você tem. A boa notícia é que você pode fazer com que sua influência vá além de seu título e posição. Você pode "subir" na escada da liderança para níveis mais altos.

Se passar para o segundo nível, você começará a liderar além de sua posição porque terá construído relacionamentos com as pessoas das quais deseja ser líder. Você as trata com dignidade e respeito. Valoriza-as como seres humanos. Preocupa-se com elas, não apenas com o trabalho que podem fazer para você ou para a organização. Uma vez que você se preocupa com elas, elas começam a confiar mais em você. Conseqüentemente, elas lhe dão permissão para liderá-las. Em outras palavras, começam a segui-lo porque querem.

O terceiro nível é o nível de produção. Você passa para essa fase da liderança com os outros por causa dos resultados que alcança no trabalho. Se as pessoas que você lidera têm sucesso no término do trabalho porque você contribuiu com a equipe, então elas irão depender cada vez mais de você no sentido de mostrar-lhes o caminho. Elas o seguem em razão daquilo que você fez pela organização.

Para chegar ao quarto nível de liderança, você deve concentrar-se no desenvolvimento dos outros. Conseqüentemente, esse se chama o nível de liderança de desenvolvimento pessoal. Sua pauta é doar-se aos indivíduos a quem lidera — ser mentor deles, ajudá-los a desenvolverem suas habilidades e estimular a habilidade de liderança deles. O que você está fazendo, em essência, é a reprodução da liderança. Você os valoriza, agrega valor a eles e os torna mais valiosos. Nesse nível, eles o seguem em razão daquilo que você fez por eles.

O quinto e último nível é o nível da personalidade, mas não é um nível que você pode tentar alcançar, pois está fora de seu controle. Somente os outros podem colocá-lo nesse nível, e eles o fazem porque você sobressaiu ao liderá-los desde os quatro primeiros níveis por um longo tempo. Você conseguiu a reputação de um líder do quinto nível.

Mais Disposição do que Posição

Quando entendem a dinâmica de ganhar influência sobre as pessoas usando os Cinco Níveis de Liderança, os líderes em potencial chegam a perceber que posição tem pouco a ver com a verdadeira liderança. As pessoas precisam estar no topo do quadro organizacional para desenvolver relacionamentos com os outros e fazer com que os outros gostem de trabalhar com elas? Precisam ter o título máximo para alcançar resultados e ajudar os outros a serem produtivos? Precisam ser o presidente ou CEO para ensinar às pessoas que se reportam a elas a ver, pensar e trabalhar como líderes? É claro que não. Influenciar os outros é uma questão de disposição, não de posição.

Liderança é uma escolha que se faz, não um lugar em que se senta.

Você pode liderar os outros de onde estiver em uma organização. E, ao fazê-lo, você torna a organização melhor. David Branker, um líder que influenciou os outros do escalão médio de organizações durante anos e que, atualmente, ocupa o cargo de diretor-executivo de uma grande igreja, afirmou: "Não fazer nada no escalão médio é criar mais peso para o principal líder. Para alguns líderes, isso poderia até ser como um peso desnecessário. Os líderes que estão no escalão médio podem ter um profundo efeito sobre uma organização."

Todo nível de uma organização depende da liderança de alguém. O importante é que a liderança é uma escolha que se faz, não um lugar em que se senta. Qualquer pessoa pode optar por tornar-se um líder onde estiver. Você pode fazer diferença, independentemente de onde esteja.

Mito nº 2

O Mito do Destino:
"Quando chegar ao topo, aí aprenderei a liderar."

Em 2003, Charlie Wetzel, meu redator, decidiu que queria atingir um objetivo acalentado havia mais de uma década. Ele estava decidido a correr em uma maratona. Se você conhecesse Charlie, jamais diria que ele é um corredor. Os artigos em revistas sobre a modalidade dizem que, com 1,77 metro de altura, um corredor de distância deve pesar cerca de 75 quilos ou menos. Charlie pesa mais de 90 quilos. Mas ele normalmente corria uma média de 19 a 32 quilômetros por semana e participava de duas ou três corridas de dez quilômetros todos os anos, por isso escolheu a maratona de Chicago e decidiu investir no negócio.

Você acha que Charlie simplesmente apareceu na linha de largada no centro de Chicago no dia da corrida e disse: "Bom, acho que é hora de descobrir como se corre uma maratona"? É claro que não. Ele começou a se preparar um ano antes. Leu resenhas sobre maratonas realizadas nos Estados Unidos e descobriu que a de Chicago — em outubro — foi a que teve um clima excelente na maioria dos anos. Essa maratona utiliza uma pista de corrida rápida e plana. Tem reputação por ter o melhor suporte aos aficionados por maratonas no país. Era o lugar perfeito para um "maratonista de primeira viagem".

Também começou a aprender a treinar para uma maratona. Leu artigos. Pesquisou sites na internet. Conversou com corredores de maratonas. Até recrutou um amigo que correu duas maratonas para treinar com ele em Chicago no dia 12 de outubro. E, naturalmente, treinou. Começou o processo no meio de abril, aumentando sua quilometragem a cada semana e, por fim, partiu para duas corridas de treino de 32 quilômetros cada, além de suas outras sessões. Quando o dia da corrida chegou, ele estava preparado — e completou a corrida.

Liderança é algo muito parecido. Se quiser ter sucesso, você precisa aprender o máximo possível antes de assumir uma posição de liderança. Quando conheço pessoas em ambientes sociais e elas me perguntam o que faço para ganhar a vida, algumas delas ficam intrigadas quando digo que escrevo livros e faço palestras. E muitas vezes perguntam sobre o que escrevo. Quando digo que é sobre liderança, a resposta que mais me faz rir é algo assim: "Oh, bom, quando for um líder, lerei alguns de seus livros!" O que não digo, mas quero dizer, é: "Se você lesse alguns de meus livros, talvez se tornasse um líder."

A boa liderança é aprendida nas bases. Liderar tão bem quanto possível onde estiverem é o que prepara os líderes para responsabilidades maiores. Tornar-se um bom líder é um processo de aprendizagem que dura a vida toda. Se não puser em prática suas habilidades de liderança e o processo de tomada de decisão quando os investimentos forem pequenos e os riscos baixos, é provável que você se complique em níveis mais altos quando o preço pelos erros for alto, o impacto for de longo alcance e a exposição for maior. Erros cometidos em uma pequena escala podem ser facilmente superados. Erros cometidos quando se está no topo custam muito para a organização e prejudicam a credibilidade do líder.

Como se tornar a pessoa que você deseja ser? Você começa agora a adotar a idéia, aprender as habilidades e desenvolver os hábitos da pessoa que deseja ser. É um erro sonhar com "um dia, quando eu estiver no topo", em vez de cuidar para que o hoje prepare você para o amanhã. Como declarou John Wooden, um dos melhores técnicos de basquete: "Quando a oportunidade chega, é tarde demais para se preparar para ela." Se quiser ser um líder de sucesso, aprenda a ser líder antes de ter uma posição de liderança.

Mito nº 3

O Mito da Influência:
"Se eu estivesse no topo, as pessoas me seguiriam."

Certa vez, li que o presidente Woodrow Wilson tinha uma governanta que sempre lamentava que ela e o marido não tinham posições de maior prestígio na vida. Um dia, depois de ouvir que o ministro do trabalho havia renunciado à gestão, a mulher aproximou-se do presidente.

— Presidente Wilson — começou ela — meu marido é perfeito para o cargo que está aberto. Ele é um homem trabalhador, sabe o que é trabalhar e entende as pessoas trabalhadoras. Por favor, pense nele quando o senhor for indicar o novo ministro do trabalho.

— Agradeço pela sua recomendação — respondeu Wilson —, mas você deve se lembrar que o ministro do trabalho ocupa uma posição importante. Requer uma pessoa influente.

— Mas — argumentou a governanta — se o senhor colocasse meu marido como ministro do trabalho, ele seria uma pessoa influente.

As pessoas que não têm experiência na liderança têm uma tendência de superestimar a importância do título de líder. Esse foi o caso da governanta do presidente Wilson. Ela pensava que liderança era uma recompensa que alguém de importância podia dar. Mas a influência não funciona assim. Você talvez possa dar uma posição a alguém, mas não pode dar-lhe a verdadeira liderança. A influência deve ser conquistada.

A posição proporciona a você a oportunidade de testar sua capacidade de liderar. É também um pedido de confiança, que vigora durante um certo tempo. Passado esse tempo, você terá verificado seu nível de influência — para melhor ou pior. Bons líderes irão receber uma influência que excederá sua posição declarada. Maus líderes irão diminuir sua influência de modo que ela seja, de fato, menor do que a que, no começo, veio com a posição. Lembre-se de que a posição não faz um líder, mas um líder pode fazer uma posição.

Você talvez possa dar uma posição a alguém, mas não pode dar-lhe a verdadeira liderança. A influência deve ser conquistada.

Mito nº 4

O Mito da Inexperiência:
"Quando chegar ao topo, estarei no controle."

Você já se viu dizendo algo assim: "Sabe, se eu estivesse no comando, não teríamos feito isso e não teríamos feito aquilo. As coisas, com certeza, seriam diferentes por aqui se eu fosse o chefe"? Nesse caso, deixe-me dizer que há uma boa notícia e uma má notícia. A boa notícia é que o desejo de melhorar uma organização e a crença de que se é capaz de fazê-lo costumam ser as marcas de um líder. Andy Stanley observou: "Se você é um líder e tem líderes trabalhando para você, é inevitável que eles pensem poder fazer melhor que você, assim como você pensará o mesmo. E isso não é errado; isso é liderança."[1] Os desejos de inovar, melhorar, criar e encontrar uma melhor forma são inerentes ao líder.

Agora aqui está a má notícia. Sem a experiência de ser a principal pessoa em uma organização, você provavelmente superestimaria o grau de controle que tem no topo. Quanto mais longe você for — e maior for a organização —, mais perceberá que são muitos os fatores que têm ascendência no local. Mais do que nunca, quando você está no topo, precisa de toda a influência que puder reunir. Sua posição não lhe dá total controle — ou o protege.

Enquanto escrevo isso, surgiu uma notícia no mundo corporativo que oferece uma boa ilustração desse fato. Talvez você esteja familiarizado com o nome Carly Fiorina. Ela é considerada uma das principais executivas dos Estados Unidos e, em 1998, a revista *Fortune* a citou como a mulher mais poderosa do país. Naquela época, ela era presidenta do provedor de internet da Lucent Technologies, mas, logo depois, tornou-se CEO da Hewlett-Packard, então a décima primeira maior companhia do país.[2]

Em 2002, Fiorina tomou uma atitude ousada que, segundo ela, renderia grandes lucros para sua organização. Orquestrou uma fusão entre a Hewlett-Packard e a Compaq na tentativa de tornar essas empresas mais competitivas com relação a sua principal concorrente, a Dell. Infelizmente, os rendimentos e lucros não corresponderam às expectativas durante os dois anos que sucederam a fusão, mas, ainda no final de dezembro de 2004, Fiorina estava otimista com relação ao seu futuro. Quando perguntada sobre os rumores de que ela poderia migrar sua carreira para a política, ela respondeu: "Sou a CEO da Hewlett-Packard. Gosto da empresa. Gosto do trabalho — e não terminei ainda."[3] Três meses depois ela chegou ao fim. A diretoria da Hewlett-Packard pediu a demissão de Fiorina.

Pensar que a vida "no topo" é mais fácil equivale a pensar que a grama é mais verde do outro lado da cerca. Estar no topo é algo que tem seu próprio conjunto de problemas e desafios. Na liderança — independentemente de onde você esteja em uma organização —, o importante sempre é a influência.

Mito nº 5

O Mito da Liberdade:
"Quando chegar ao topo, não serei mais limitado."

Às vezes penso que as pessoas fazem uma idéia errada sobre liderança. Muitas pessoas esperam que ela seja um bilhete para a liberdade, que ofereça uma solução para seus problemas profissionais e de carreira. Contudo, estar no topo não é um remédio para todos os males.

Você já cogitou a idéia de que estar no comando é algo que mudará sua vida? Pensamentos desse tipo vêm à sua mente de vez em quando?

Quando chegar ao topo, eu me darei bem.
Quando, finalmente, acabar de subir a escada empresarial, terei tempo para descansar.
Quando tiver minha própria empresa, poderei fazer o que quiser.
Quando eu estiver no comando, o céu será o limite.

Qualquer pessoa que já teve uma empresa ou foi o principal líder de uma organização sabe que essas idéias são um pouco mais que fantasias. Ser o principal líder não significa não ter limites. Não remove a tampa de seu potencial. Não importa o trabalho que você faça ou a posição que tenha; você terá limites. Assim é a vida.

Quando você sobe em uma organização, o peso de sua responsabilidade aumenta. Em muitas organizações, à medida que você sobe a escada, pode até descobrir que o nível de responsabilidade que você assume aumenta mais rápido do que o grau de autoridade que recebe. Quando você chega mais alto, espera-se mais de você, a pressão é maior e o impacto de suas decisões pesa muito mais. Você deve levar esses fatores em consideração.

Para ver como isso pode acabar, digamos, por exemplo, que você tenha uma posição na área de vendas, e realmente sabe vender. Você faz vendas, faz um bom trabalho com os clientes e gera uma receita de cinco milhões de dólares para sua empresa todos os anos.

Como vendedor, você pode ter muita liberdade. Talvez possa fazer seu próprio horário como bem quiser ou trabalhar em casa. Não importa se quer trabalhar às 5 ou às 22 horas, desde que atenda bem a seus clientes e à empresa. Você pode fazer as coisas à sua própria maneira e, se pisar na bola, é provável que possa recuperar-se com muita facilidade.

> *Em muitas organizações, à medida que você sobe a escada, pode até descobrir que o nível de responsabilidade que você assume aumenta mais rápido do que o grau de autoridade que recebe.*

Mas imagine que você se torna um gerente de vendas responsável por seis pessoas que fazem o que você costumava fazer. Estaria bem mais limitado do que antes. Não poderia mais organizar seus horários como bem quisesse porque teria de se adequar aos horários de seus seis funcionários, ainda trabalhando com os clientes deles. Além disso, sendo um bom líder, você incentivaria em cada um dos membros de sua equipe o uso de um estilo próprio para maximizar seu potencial, o que tornaria tudo muito mais complexo. Somem-se a isso as pressões financeiras agravadas que a posição traria, uma vez que você seria responsável por talvez 25 milhões de dólares da receita de sua empresa.

Em uma nova promoção, digamos, para o nível de um gerente de seção, você seria ainda mais exigido. Trabalharia com vários departamentos diferentes, cada um com seus próprios problemas, conjuntos de habilidades e culturas. Bons líderes procuram as pessoas, relacionam-se, descobrem interesses compartilhados e as capacitam para que tenham sucesso. Por isso, em alguns sentidos, os líderes têm menos, e não mais, liberdade quando são promovidos.

Quando ensino sobre liderança, muitas vezes uso o seguinte diagrama para ajudar líderes em potencial a perceberem que, à medida que sobem na organização, seus direitos, na verdade, diminuem, em vez de crescerem:

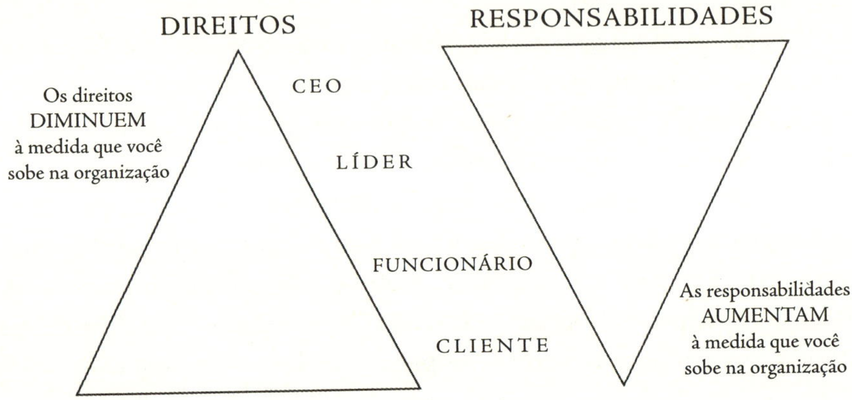

Os clientes têm grande liberdade e podem fazer quase tudo o que desejam. Eles não têm uma verdadeira responsabilidade para com a organização. Os funcionários têm mais obrigações. Os líderes têm ainda mais e, por causa disso, têm sua liberdade mais limitada. É uma limitação que eles escolhem por vontade própria, mas estão limitados da mesma forma. Se você quiser ampliar o alcance de sua eficiência, há uma solução melhor. Aprender a ser líder é o que abrirá a gaiola que limita seu potencial.

Mito nº 6

O Mito do Potencial:
"Não conseguirei atingir meu potencial se não for o líder máximo."

Quantas crianças dizem: "Algum dia quero crescer para ser vice-presidente dos Estados Unidos?" Provavelmente nenhuma. Se tiver aspirações políticas, a criança irá querer ser presidente. Se tiver uma inclinação para negócios, ela irá querer ser o dono ou CEO de uma empresa. Poucas pessoas aspiram chegar ao nível médio. Na verdade, há muitos anos, o Monster.com, um serviço de busca de emprego on-line, satirizou essa idéia passando um anúncio de televisão com crianças dizendo coisas do tipo: "Quando eu crescer, quero arquivar coisas o dia todo" e "quero vencer com garra até chegar à gerência média".

> *Acredito que as pessoas devam se esforçar para chegar ao topo de seu empreendimento, não ao topo da organização.*

Contudo, a realidade é que a maioria das pessoas nunca será o principal líder em uma organização. Elas irão consumir sua carreira em algum lugar no escalão médio da organização. Isso é bom? Ou todos deveriam bancar o "rei do pedaço" na carreira e tentar chegar ao topo?

Acredito que as pessoas devam se esforçar para chegar ao topo de seu empreendimento, não ao topo da organização. Cada um de nós deveria esforçar-se para alcançar seu potencial, não necessariamente para virar chefe. Às vezes você pode causar o maior impacto de algum lugar que não seja o topo. Um excelente exemplo disso é o vice-presidente

Dick Cheney. Ele tem tido uma carreira extraordinária na política: foi chefe de equipe da Casa Branca no governo do presidente Gerald Ford, teve seis mandatos no congresso de Wyoming, assumiu a Secretaria de Defesa do presidente George H. W. Bush e é vice-presidente do presidente Bush filho. Tem todas as credenciais de que alguém precisaria para concorrer à presidência dos Estados Unidos. Contudo, ele sabe que a posição máxima não é seu melhor papel. Um artigo na revista *Time* descreveu Cheney desta forma:

> Quando estudava no colégio de Natrona County, em Casper, Wyoming, Richard Bruce Cheney era um forte jogador de futebol, o líder da turma do último ano e um aluno acima da média. Mas ele não era a estrela... Discreto, reservado, apoiando um parceiro mais carismático, apagando incêndios quando chamado — esse foi um papel que Dick Cheney desempenhou durante toda a sua vida. Ao longo de sua notável carreira (...) o sucesso de Cheney resultou de sua inigualável habilidade de atuar como conselheiro discreto, eficiente e leal de líderes de alta visibilidade. Certa vez, interessou-se pela idéia de brincar com fogo, considerando uma candidatura à presidência em 1996. Mas a idéia de se colocar naquele palco(...) teria exigido uma reestruturação do DNA político de Cheney. Em vez disso, ele aceitou a oferta de trabalho na indústria, imaginando que se aposentaria no trabalho e depois caçaria e pescaria muito. Mas George W. Bush tinha um plano diferente, um plano que fez Cheney voltar ao papel que ele melhor desempenha. Como contou Lynne Cheney à revista *Time*, seu marido "nunca pensou que esse seria seu trabalho. Mas se relembrarmos toda a sua carreira, ela o preparou para isso".[1]

Cheney atingiu seu potencial na posição de vice-presidente, uma posição que poucos definiriam como uma meta profissional para toda a vida. Ele é altamente eficiente e, ao que parece, está satisfeito. Mary Kay Hill, assistente de longa data do ex-senador de Wyoming, Alan Simpson, que trabalhou com Cheney em Capitol Hill, afirmou: "Você o pluga, e ele trabalha em qualquer lugar. Tem uma capacidade incrível de se adaptar e trabalhar em todo ambiente." Cheney parece ser um excelente exemplo de um Líder 360°, alguém que sabe influenciar os outros de qualquer posição em que se encontra.

Mito nº 7

O Mito do Tudo ou Nada:

"Se eu não conseguir chegar ao topo, então não tentarei ser líder."

Quais são as suas chances de chegar ao topo de sua organização, de algum dia tornar-se *o* líder? A realidade para a maioria das pessoas é que elas jamais serão CEOs. Isso significa que elas devem simplesmente desistir de todo de serem líderes?

Isso é o que algumas pessoas fazem. Olham para uma organização, reconhecem que não poderão chegar ao topo e desistem. Sua atitude é: "Se eu não conseguir ser o líder da equipe, então vou pegar minhas coisas e ir para casa."

Outras entram no processo de liderança, mas depois se frustram com sua posição em uma organização. Por quê? Porque definem *sucesso* como estar "no topo". Conseqüentemente, elas acreditam que, se não estiverem no topo, não têm sucesso. Se essa frustração durar um tempo considerável, elas podem ficar desiludidas, mais amargas e céticas. Se as coisas chegam a esse ponto, em vez de ajudarem a si mesmas e à sua organização, elas se tornam um obstáculo.

Mas que bem as pessoas podem fazer se estiverem de fora?

Considere o caso de seis homens que foram destaque na revista *Fortune* em agosto de 2005. No artigo, eles são aclamados como heróis desconhecidos do movimento de direitos civis, mas não há evidência alguma de que participaram de uma passeata ou se sentaram a uma mesa de restaurante para almoçar. Suas contribuições — e suas batalhas —

ocorreram no mundo empresarial dos Estados Unidos. Eles chegaram à sala executiva de empresas como Exxon, Phillip Morris, Marriott e General Foods.

Clifton Wharton, que se tornou o primeiro CEO negro de uma grande empresa (TIAA-CREF), explicou: "Gordon Parks usa esta maravilhosa expressão: 'escolha de armas'. Em termos de guerra, você sempre tem uma escolha de armas. Alguns de nós optam por fazer nossa guerra do lado de dentro."[1]

Quando Wharton e seus companheiros precursores Darwin Davis, James Avery, Lee Archer, James "Bud" Ward e George Lewis entraram no mundo corporativo dos Estados Unidos na década de 50 e de 60, que chance eles achavam que tinham de se tornarem o CEO da organização em que trabalhavam: Equitable, Exxon, General Foods, Marriott e Phillip Morris? Não muita! Quando começou a trabalhar na Esso (atual Exxon), Avery nem podia usar o mesmo toalete ou bebedouro que os outros cidadãos usavam. Contudo, seu objetivo era liderar. Este desejo fazia parte de sua primeira escolha profissional: ensinar. E isso o levou a mudar de carreira em 1956, quando um executivo da Esso o abordou.

"Eu gostava de ser professor", conta Avery. "Mas se pude usar uma camisa e gravata e trabalhar para uma empresa grande... Fazer isso era muito mais importante."[2] Avery teve sucesso como líder a despeito dos terríveis obstáculos e preconceitos da época, e chegou ao cargo de vice-presidente sênior. Aposentou-se em 1986.

Bud Ward, que se aposentou como vice-presidente sênior da Marriott, tem uma história semelhante. Quando foi contratado por Bill Marriott, Ward tornou-se o primeiro vice-presidente negro do ramo de hotelaria. Durante seus vinte anos de liderança na Marriott, ele abriu 350 hotéis, ajudou a desenvolver a rede de hotéis Courtyard by Marriott e supervisou a equipe de informática da empresa.

Ward está ciente do impacto que causou. "Foi algo bilateral", explica. "É você quem marcha, faz loucuras e sei lá mais o quê, mas precisa ter alguém do lado de dentro que interprete isso para as pessoas que você está tentando alcançar. Vi que aquele era o meu papel."

O que esses homens — e muitos outros — fizeram causou um impacto duradouro. Na mesma edição da revista *Fortune* havia uma seção especial intitulada "The Diversity List" [A lista das diversidades]. Ela perfilava os afro-americanos, latinos e asiáticos americanos mais influentes do país. As pessoas na lista, na maioria, são CEOs, presidentes, diretores ou fundadores de sua organização, posições que teriam sido mais difíceis de se ocupar se outros não tivessem feito isso antes e sido bons líderes.

Você não precisa ser o chefe para fazer diferença. A liderança não se baseia em fórmulas do tipo ou tudo ou nada. Se estar em algum lugar que não seja o topo tem sido uma grande frustração para você, por favor, não se dê por vencido. Por quê? Porque você pode causar impacto do lugar onde estiver em uma organização, mesmo enfrentando mais obstáculos, como enfrentaram esses seis homens.

Ser um líder preso no escalão médio da organização traz muitos desafios. Você pode aprender a superá-los. Tornar-se um Líder 360º eficiente requer princípios e habilidades para liderar as pessoas que estão acima, ao lado e abaixo de você na organização. Você pode aprendê-los.

Creio que as pessoas podem tornar-se líderes melhores onde quer que estejam. Melhore sua liderança, e você poderá impactar sua organização. Você pode mudar a vida das pessoas. Você pode ser alguém que agregue valor. Você pode aprender a influenciar pessoas em todos os níveis da organização — mesmo que nunca chegue ao topo. Ao ajudar os outros, você pode ajudar a si mesmo.

O ponto de partida é aprender a superar os desafios que todo Líder 360º enfrenta. Então, vire a página e vamos começar.

Revisão da 1ª seção

Os mitos de se liderar do escalão médio de uma organização

Aqui está uma breve revisão dos sete mitos que todo líder no escalão médio da organização enfrenta:

Mito nº 1	O mito da posição: "Não posso liderar se não estiver no topo."
Mito nº 2	O mito do destino: "Quando chegar ao topo, aí aprenderei a liderar."
Mito nº 3	O mito da influência: "Se eu estivesse no topo, as pessoas me seguiriam."
Mito nº 4	O mito da inexperiência: "Quando chegar ao topo, estarei no controle."
Mito nº 5	O mito da liberdade: "Quando chegar ao topo, não mais serei limitado".
Mito nº 6	O mito do potencial: "Não conseguirei atingir meu potencial se não for o líder máximo."
Mito nº 7	O mito do tudo ou nada: "Se eu não conseguir chegar ao topo, então não tentarei ser líder."

2ª SEÇÃO

Os Desafios que Líderes 360º Enfrentam

Se você for um líder no escalão médio de uma organização, não precisa que eu lhe diga que você tem um trabalho desafiador. Muitos dos líderes nessa posição que conheço são frustrados, tensos e às vezes tentados a desistir. Eu os ouço dizerem coisas do tipo: "É como bater minha cabeça contra uma parede de tijolos", "Independentemente de minhas tentativas, parece que nunca chego a lugar algum", "Eu realmente gostaria de saber se tudo isso vale a pena".

Se você e eu nos sentássemos para conversar por alguns minutos, aposto que você poderia listar, pelo menos, meia dúzia de problemas que enfrenta por tentar liderar do escalão médio da organização. Talvez você até tenha a sensação de que estava se esforçando para ter sucesso onde está. Mas você sabia que as coisas que o frustram também frustram quase todos os outros líderes nessa posição? Todos que tentam liderar do escalão médio da organização enfrentam desafios comuns. Você não é o único.

Como mencionei, a melhor oportunidade para ajudar a si mesmo — e sua organização — é tornar-se um Líder 360º. No entanto, antes de você se aprofundar nos princípios que os Líderes 360º põem em prática para liderarem para cima, para os lados e para baixo, penso que você deveria se inteirar dos sete desafios mais comuns que os líderes no escalão médio da organização enfrentam. Defini-los e reconhecê-los irá ajudá-lo a navegar pelo mundo no escalão médio da organização, onde você está tentando ser um bom líder mesmo não sendo *o* líder.

Creio que os desafios vão ao seu encontro, e você se verá dizendo: "Vamos lá!" Sem dúvida, ofereci algumas sugestões para ajudá-lo, uma vez que reconhecer os desafios pouco adianta sem soluções. Continue a leitura para que você possa solucionar algumas destas questões e se preparar para ser um Líder 360º.

Desafio nº 1

O Desafio da Tensão:
A pressão de ser surpreendido no escalão médio

A chave para atravessar com sucesso o Desafio da Tensão:

Aprenda a ser líder a despeito das restrições que os outros lhe impuseram.

Uma das coisas mais difíceis com relação a ser um líder no escalão médio de uma organização é que não dá para você ter certeza de onde está. Como líder, você tem certo poder e autoridade. Pode tomar algumas decisões. Tem acesso a alguns recursos. Pode chamar as pessoas de sua área para tomarem uma atitude e orientá-las no trabalho. Ao mesmo tempo, também lhe falta poder em outras áreas. E se abusar de sua autoridade, você pode de fato se complicar.

Meu amigo e colega Dan Reiland chama isso de "a pressão de se sentir como se você tivesse todo o poder e nenhum poder". Se você não é o líder máximo, você não está dando o show, mas talvez seja responsável por ele. Mesmo que você pense que tem a visão e a habilidade para levar a organização a um nível superior, se, para isso, é preciso que a organização siga uma direção diferente de seu presente curso, você não tem a autoridade para fazer tais mudanças sozinho. E isso pode levá-lo a se sentir como se estivesse preso no escalão médio da organização.

Como líder em um lugar longe dos holofotes, a autoridade que você tem não é sua. A menos que você seja o dono e CEO da empresa, o poder que você tem lhe foi emprestado por alguém que tem mais autoridade. E essa pessoa tem o poder de tirar-lhe essa autoridade ao demiti-lo, rebaixá-lo ou transferi-lo para outra área da empresa. Se isso não criar tensão, nada irá.

Fatores que Impactam a Tensão

Os efeitos do Desafio da Tensão não são experimentados da mesma forma por todos que estão tentando liderar do escalão médio de uma organização. O temperamento e habilidade de um líder certamente entram em jogo. Além disso, os cinco fatores seguintes afetam o modo como a tensão impacta um líder:

1. Capacitação — Até onde a pessoa que está acima de você lhe dá autoridade e responsabilidade, e até que ponto os limites estão claros?

Em seu livro *Este barco é seu também*, o ex-capitão da Marinha D. Michael Abrashoff conta como mudou a atuação da tripulação do USS Benfold usando a capacitação.

> Quando assumi o comando do *Benfold*, percebi que ninguém, incluindo eu, é capaz de tomar todas as decisões. Tive de treinar minha equipe para que pensasse e fizesse julgamentos sozinha. Capacitar significa definir os parâmetros nos quais as pessoas têm permissão para trabalhar, e depois deixá-las livres.
>
> Mas até onde chegava essa liberdade? Quais eram os limites?
>
> Escolhi meu limite na areia. Toda vez que as conseqüências de uma decisão tinham o potencial de matar ou ferir alguém, desperdiçar o dinheiro dos contribuintes ou prejudicar o navio, eu tinha de ser consultado. À parte dessas contingências, a tripulação era autorizada a tomar suas próprias decisões. Ainda que as decisões estivessem erradas, eu dava apoio à minha

> tripulação. Com otimismo, eles aprendiam com seus erros. E, quanto mais responsabilidade lhes era dada, mais eles aprendiam.[1]

Nem todos experimentam o tipo de liberdade para o sucesso — e seguramente fracassam — que a tripulação de Abrashoff experimentou. O grau de clareza com que os limites de autoridade e responsabilidade foram traçados impacta consideravelmente a força com que sentimos o Desafio da Tensão. Quanto mais vagamente os limites são traçados, maior é a possibilidade de estresse.

Se você já foi líder de uma organização de voluntários, como eu fui, então talvez tenha observado que líderes e empreendedores de sucesso muitas vezes experimentam o Desafio da Tensão quando saem de seu mundo corporativo e se tornam voluntários. Como líderes máximos, eles estavam acostumados a ter o mesmo grau de autoridade e responsabilidade. Estavam acostumados a apresentar a visão, definir a direção e fazer as coisas acontecerem. Quando se tornam voluntários para servirem em uma organização, eles não mais têm toda a autoridade e se vêem na área cinza do escalão médio da organização. Muitos não sabem ao certo navegar nesse ambiente. (Isso se aplica sobretudo quando eles são melhores na liderança do que a pessoa que está dirigindo a organização de voluntários.) Muitos desses líderes empresariais respondem tentando assumir o comando ou seguindo sua própria direção. Outros simplesmente desistem e voltam para o mundo que melhor conhecem.

Bons líderes raramente pensam em termos de limites; em vez disso, pensam em termos de oportunidades.

2. Iniciativa — como você toma a iniciativa sem passar de seus limites?

Bons líderes raramente pensam em termos de limites; em vez disso, pensam em termos de oportunidades. São empreendedores. Afinal, a primeira característica dos líderes é a habilidade de fazer as coisas acontecerem. Às vezes aquele desejo de iniciativa leva à expansão de suas responsabilidades — e seus limites. Em outras, leva ao conflito com os liderados.

Você precisa perceber que quanto mais forte for seu desejo de iniciativa, maior será a possibilidade de tensão. Se você constantemente estender os limites, é provável que irrite os outros. A boa notícia é que, se você trabalhar em um ambiente no qual os líderes em todos os níveis são capacitados, as pessoas talvez lhe permitam desafiar o processo de como as coisas devem ser feitas. No entanto, se desafiar a visão ou a autoridade de seus líderes, é possível que você saia do escalão médio da organização e passe a atuar fora dela, procurando outro emprego.

3. Ambiente — qual é o DNA da liderança da organização e do líder?

Toda organização tem seu próprio ambiente. Se tiver uma formação militar, você não pode entrar em um ambiente empresarial e esperar que ele funcione como o Exército ou a Marinha. Se sua experiência se concentra em empresas grandes e você vai trabalhar em um negócio da família, terá problemas se não se adaptar. Isso é simplesmente senso comum.

De igual modo, uma organização assume a personalidade de seu líder. O DNA da liderança do Benfold mudou durante o curso do comando de Abrashoff. Ele queria criar um ambiente de capacitação onde a iniciativa e a propriedade fossem valorizadas. As pessoas que demonstravam essas características eram recompensadas e, enquanto Abrashoff esteve no comando, o ambiente do navio exibiu essas características.

Se você é um líder no escalão médio da organização, avalie seu ambiente. É um ambiente que aumenta ou diminui o Desafio da Tensão? Você consegue ser bem-sucedido no seu ambiente com o nível de tensão que ele apresenta? Os aspectos positivos da organização pesam mais sobre você do que os efeitos negativos do ambiente? Um ambiente pode ser bom para um líder, mas não para outro. Somente você pode fazer a avaliação por si mesmo.

4. Parâmetros de trabalho — até onde você conhece seu trabalho e sabe realizá-lo?

Você já notou o nível de tensão que experimenta quando está começando um trabalho novo? É muito alto, não é? Quanto menos familiar for o trabalho, maior será a tensão. Se você não sabe realizar o trabalho, vai ficar estressado, ainda que aprenda rápido e tenha uma atitude receptiva ao ensino. Mesmo depois de saber realizar o trabalho, se você não tiver idéia do que os outros esperam de você, não saberá onde pisa. Somente quando você realmente passa a entender seu trabalho e sabe realizá-lo é que ele reduz a tensão que você sente por estar no escalão médio da organização.

5. Apreciação — você consegue viver sem o crédito?

Alguém já afirmou: "O que causa tanta desarmonia entre as nações é o fato de que alguns querem estar em posição de destaque, poucos estão dispostos a segurar as pontas e ninguém quer estar em segundo plano." Quando lidera do miolo de uma organização, você não recebe tanto reconhecimento público e apreciação quanto os líderes que estão no topo. É assim que as coisas funcionam. Quanto mais você deseja receber crédito e reconhecimento, mais frustrado poderá ficar, se trabalha no miolo de uma organização. Você precisa decidir por si mesmo se está satisfeito o bastante para continuar onde está.

Como Aliviar o Desafio da Tensão

Não basta simplesmente reconhecer que liderar de algum lugar no escalão médio de uma organização pode ser estressante. Não basta simplesmente sobreviver. Você deseja ter sucesso e, para isso, precisa aprender a aliviar a tensão. Aqui estão cinco sugestões:

1. Fique à vontade no escalão médio da organização

Muitas vezes pensamos que a liderança é mais fácil no topo. A realidade é que, de fato, é mais fácil liderar do escalão médio da organização — se um líder realmente bom estiver acima de você. Bons líderes no topo abrem caminho para seu pessoal e dão impulso para toda a organização. Você já viu líderes na média ou até abaixo da média terem sucesso porque faziam parte de uma organização que era bem liderada no geral? Você já viu colegas realizarem mais do que o esperado porque o líder deles fez com que eles fossem melhores do que quando eram sozinhos?

Quando você tem líderes excelentes, não precisa de tanta habilidade e energia para fazer as coisas acontecerem. Você se beneficia com tudo o que eles fazem. Então por que não desfrutar disso — e aprender com eles também? Há muito admiro o seguinte poema de Helen Laurie:

Quantas vezes fui submetida à prova
Para fazer o melhor possível do que não era o melhor,
E acabei por acordar um dia e ver
Que o que não é o melhor é melhor para mim.

Estar no escalão médio da organização pode ser um grande lugar — desde que você tenha aceitado a visão e acreditado no líder.

O conforto realmente cria expectativas.

Assim, como ficar à vontade no escalão médio da organização? O conforto realmente cria expectativas. Quanto maior for a lacuna entre o que você imagina ser e a realidade, mais desapontado é provável que fique. Converse com seu chefe. Quanto mais você souber sobre o que esperam de você, o que é normal na organização, e até onde vai sua autoridade, mais à vontade você ficará.

2. Saiba o que "ter" e o que largar

Nada livra uma pessoa da tensão como limites claros de responsabilidade. Quando me tornei pastor sênior da Skyline Church, na Califórnia, em 1981, mesmo antes de meu primeiro dia, descobri o que precisava ter em termos pessoais. (Até líderes no topo podem ainda estar no escalão médio — meu chefe era a diretoria.) Pedi aos membros do conselho que passassem para mim uma lista feita por eles das minhas tarefas — coisas que nenhuma outra pessoa poderia fazer por mim. A lista se compôs de quatro itens:

- *Assumir a responsabilidade final.* A responsabilidade era minha. Eu respondia por tudo aquilo que acontecia na igreja.
- *Ser o principal comunicador.* Eu precisava determinar o que seria comunicado durante os cultos, e precisava estar no púlpito na maioria dos domingos.
- *Ser o principal representante da igreja.* Eu deveria ser o primeiro rosto e voz da igreja, dentro da congregação e para a comunidade.
- *Levar uma vida íntegra.* Byrd Baggett, autor e empreendedor, define *integridade* como "fazer o que você disse que faria, quando disse que faria e como disse que faria". Nada é mais importante do que a integridade na vida de um líder que deseja ser representante de Deus para os outros.

Uma das melhores coisas que você pode fazer é perguntar o que esperam de você e depois manter um diálogo acerca das expectativas com as pessoas a quem você deve responder. Todd Mullins, que trabalha na equipe de seu pai, Tom Mullins, na Christ Fellowship, em West Palm Beach, na Flórida, muitas vezes descobriu que a constante comunicação os ajudou a resolver essa tensão em seu ambiente um tanto variável. Tom dá muitas palestras pelo país e, quando volta para a igreja, tem vontade de reassumir a liderança em algumas áreas em que outros vinham liderando. Todd aprendeu a perguntar: "Isto é meu ou seu?" (E, a propósito, em casos como esse, é da responsabilidade da equipe comunicar-se com seu líder.) Isso possibilitou a Todd recuar quando Tom entrava em cena, ou a Tom ser elegantemente lembrado de que não deveria atrapalhar uma área que ele realmente não queria liderar.

3. Encontre rápido acesso às respostas quando estiver no escalão médio da organização

Creio que poucas pessoas se prendem mais ao escalão médio da organização que os assistentes executivos. Eles experimentam o Desafio da Tensão em um nível alto todos os dias. Sei que isso acontece com minha assistente, Linda Eggers. As pessoas com quem ela interage em meu nome são muito exigentes. E, no que diz respeito ao assunto, eu também. Uma das melhores maneiras pelas quais posso ajudar Linda é fornecer-lhe informações o mais rápido possível. Se ela me faz uma pergunta, tento dar-lhe uma resposta no mesmo instante. Quando estou viajando e não nos falamos em vinte e quatro horas, telefono para ela. Ela sempre tem uma lista de perguntas para fazer e problemas para discutir. Se não a deixo sem recursos, ela pode fazer seu trabalho com muito mais eficiência.

Todos precisam encontrar uma forma de obter respostas rápidas para terem sucesso quando estiverem presos no escalão médio da organização. Às vezes isso pode ser difícil, principalmente se as pessoas para quem você trabalha não forem comunicativas. Nesses casos, você precisa encontrar quem possa ajudá-lo. Isso pode levar tempo, e requererá que você se dê bem com as pessoas à sua volta. À medida que desenvolver sua habilidade como Líder 360º, isso ficará muito mais fácil para você.

4. Nunca viole sua posição ou a confiança do líder

Se você quiser saber o que levará o Desafio da Tensão ao limite, é violar a confiança que lhe foi dada com sua autoridade ou posição. Enfraquecer intencionalmente seu líder ou usar os recursos da organização para ganho pessoal é o mesmo que abuso de poder. David Branker, diretor-executivo de uma grande organização em Jacksonville, na Flórida, afirmou: "Confiança é algo que se constrói com um bloco de cada vez, mas, quando é violada, a parede inteira vem abaixo. Quando lhe é dada autoridade, você a exerce em nome daqueles a quem deve se reportar. Sua posição nunca tem por objetivo servir aos seus próprios interesses. Ao longo do curso de sua jornada como líder, seu caráter e integridade serão invariavelmente testados."

> *"Confiança é algo que se constrói com um bloco de cada vez, mas, quando é violada, a parede inteira vem abaixo."*
> — David Branker

Como alguém que está liderando do escalão médio de uma organização, sua habilidade de manter a autoridade que lhe foi dada depende inteiramente de sua fidelidade em servir às pessoas que lhe deram essa autoridade. Sendo assim, você deve se prevenir contra a tentação de se esforçar para progredir às custas de seu líder. E seria prudente não se permitir ter uma conversa do tipo "se eu estivesse no comando" com outro membro da equipe. Se você tiver dificuldades com seus líderes, converse com eles a respeito.

5. Encontre uma maneira de aliviar o estresse

Você nunca eliminará totalmente o estresse do Desafio da Tensão, por isso precisa encontrar uma maneira de aliviá-lo. Rod Loy, que é líder de uma grande organização em Little Rock, em Arkansas, diz que quando era líder no escalão médio da organização, ele mantinha um arquivo chamado "Coisas que nunca farei à minha equipe quando me tornar o líder máximo". Como líder no escalão médio da organização, ele sabia que sua tentação natural seria explodir com seus colaboradores. Interrompeu essa tendência de descarregar suas frustrações nos outros simplesmente escrevendo suas observações e colocando-as em um arquivo. Isso clareou as coisas para ele, impediu-o de violar a confiança de seu líder e assegurou que ele se lembraria da lição de qualquer erro cometido por seu líder.

Esse tipo de recurso pode funcionar com você. Se não funcionar, encontre outra coisa: jogue golfe, corra devagar, faça artes marciais, aeróbica, caminhada, massagem — não importa o que seja, desde que seja uma boa e saudável válvula de escape para quando o estresse do Desafio da Tensão for muito grande para você.

Ninguém disse que se tornar um Líder 360° seria fácil. Liderar do escalão médio de uma organização é estressante, mas o mesmo acontece com o líder máximo. E o mesmo acontece com um trabalhador a quem nunca foi dito como seu trabalho deveria ser feito. A chave para você ter sucesso é aprender a lidar com a tensão de qualquer posição em que estiver, superar seus obstáculos e aproveitar ao máximo suas vantagens e oportunidades. Se fizer isso, você poderá ter sucesso de qualquer lugar na organização.

Desafio nº 2

O Desafio da Frustração:
Seguindo um líder ineficiente

A chave para atravessar com sucesso o Desafio da Frustração:

Não é seu trabalho consertar o líder; é agregar valor. Se o líder não mudar, então mude sua atitude ou seu endereço de trabalho.

Em 6 de fevereiro de 1865, o Congresso dos Estados Confederados da América, o governo dos estados que vinha lutando para desligar-se dos Estados Unidos por quase quatro anos, fez algo que Robert E. Lee esperava impedir. Adotou uma resolução tornando-o general supremo — líder de todos os exércitos da nação, não só do Exército da Virgínia do Norte.

Por que os líderes do sul fariam isso? Porque puderam ver que Lee, um grande líder militar, estava seguindo um líder ineficiente — seu presidente, Jefferson Davis — e ainda esperavam conquistar sua independência dos Estados Unidos naquilo que pensavam ser a segunda Revolução Americana.

A maioria das pessoas concorda que Lee foi o líder militar mais talentoso de qualquer um dos lados durante a Guerra Civil americana. Na verdade, uma vez que os estados do sul se separaram, o presidente Lincoln ofereceu a Robert E. Lee o comando de todas as forças da

União no campo. Mas Lee recusou a oferta de Lincoln. Sua lealdade era ao seu estado natal da Virgínia. Preferiu lutar pela Confederação. Lee, formado pela famosa academia militar de West Point e um experiente oficial do exército, rapidamente se distinguiu no campo de batalha e logo se tornou comandante do Exército da Virgínia do Norte.

Enquanto a guerra continuava, líderes dentro dos Estados Confederados da América ficaram impacientes porque não conseguiam vencer. Jefferson Davis, segundo eles, não tinha as habilidades de liderança necessárias para vencer a guerra, a despeito de suas credenciais — formação na academia de West Point, serviço militar respeitado, experiência como representante dos Estados Unidos, senador e ministro de defesa. Muitos líderes da Confederação queriam transformar Lee em comandante supremo, uma ação que teria usurpado a autoridade de Davis e lhe tirado o poder sobre o exército. Mas Lee não permitiria isso. Ele era leal ao seu estado, sua causa e seu líder. Trabalhava dentro da hierarquia. Por isso, finalmente, em desespero, o congresso da Confederação fez o que pôde — fez de Lee general supremo, esperando que isso mudasse o destino do sul.

Era óbvio para muitos líderes bons que Lee estava sendo solicitado a seguir alguém que não poderia liderar tão bem quanto ele. Até os oponentes de Lee, incluindo o general e mais tarde presidente Ulysses S. Grant, observaram isso. Grant observou em sua autobiografia: "A Confederação fez muita coisa que escapou ao alcance do presidente Davis, e não havia muitas opções. Lee fez o que pôde para beneficiar o povo do sul." Para Lee era terrível não ultrapassar seus limites. Aquela é uma das razões por que a Confederação perdeu a guerra e a União foi preservada. Lee foi fiel e peculiar, mas é impossível dizer como as coisas poderiam ter sido diferentes se Lee tivesse desenvolvido a habilidade de liderar!

Líderes que Ninguém Deseja Seguir

Poucas coisas podem ser mais insanas para um bom líder no escalão médio de uma organização do que trabalhar para um líder ineficiente. Não li nada indicando como Robert E. Lee se sentia por seguir Jefferson

Davis. Ele devia ser extremamente polido para expressar qualquer sentimento negativo em público. Mas sei que deve ter sido frustrante.

Há muitos tipos diversos de líderes ineficientes a quem é frustrante seguir. Aqui estão alguns exemplos especialmente difíceis:

O líder inseguro

Líderes inseguros são autocentrados e, conseqüentemente, toda ação, toda informação e toda decisão passam pelo seu filtro de egocentrismo. Quando o desempenho de alguém em sua equipe é excepcionalmente bom, eles têm medo de ser ofuscados e muitas vezes tentam impedir essa pessoa de subir. Quando o desempenho de alguém em sua equipe é insatisfatório, eles reagem com raiva porque isso os faz parecerem maus líderes.

Mais do que qualquer outra coisa, líderes inseguros desejam o *status quo* — para todos, menos para eles mesmos. São como o presidente da empresa que, segundo o que se conta, enviou um memorando para o gerente de pessoal com a seguinte mensagem: "Procure pela organização líderes jovens, dinâmicos e alertas que sejam capazes de assumir o meu lugar. E quando os encontrar, demita-os!"

Líderes inseguros são autocentrados e, conseqüentemente, toda ação, toda informação e toda decisão passam pelo seu filtro de egocentrismo.

Um amigo com quem conversei enquanto escrevia este livro disse que, certa vez, trabalhou para um líder que tinha um único princípio básico de liderança: deixe todos desnorteados. Se alguém que estivesse trabalhando para ele começasse a se sentir um pouco seguro demais, ele "o estremecia".

Em uma organização, a segurança flui para baixo. Quando estão inseguros, os líderes muitas vezes projetam essa insegurança nas pessoas que estão abaixo deles. Se você está subordinado a um chefe inseguro, não só terá de se esforçar para desviar de você a insegurança desse indivíduo, mas também terá de trabalhar com mais afinco para "quebrar a corrente" e criar segurança para as pessoas que trabalham para você, por sua vez. Do contrário, seus subordinados irão sofrer.

O líder sem visão

Líderes que perdem a visão criam dois problemas imediatos para seus subordinados. Primeiro, não conseguem prover direção ou incentivo para que eles sigam em frente. O antigo autor de Provérbios escreveu: "Onde não há revelação divina, o povo se desvia."[1] Por quê? Porque as pessoas não vão a lugar algum ou fazem coisa alguma. E não há como viver. Segundo, pessoas que perdem a visão quase sempre perdem a paixão. Não têm fogo — e não têm combustível para continuarem em frente e fazer o mesmo por seu pessoal. Isso não cria o tipo de ambiente positivo no qual é estimulante trabalhar.

A boa notícia é que, se você tiver visão quando seu líder não tiver, você pode contar com sua visão para criar um ambiente de produtividade e sucesso para as pessoas que estão trabalhando dentro de sua área de responsabilidade. A má notícia é que outras pessoas com uma visão diferente — até uma visão destrutiva — podem tentar se antecipar e preencher a lacuna criada por seu líder. Você deve ter cuidado com o conflito que isso pode criar.

> *"Conselhos quase nunca são bem-vindos, e aqueles que mais precisam são os que menos gostam de recebê-los."*
> — Samuel Johnson

O líder incompetente

Há vários anos, em viagens pela Turquia, ouvi histórias de um guia turístico sobre sultãos turcos e a terrível pressão que exerciam sobre o povo. Era comum que alguém que não correspondesse às expectativas do sultão fosse simplesmente executado.

O guia contou o caso do sultão responsável pela construção da Mesquita Azul, em Istambul. Ele queria que os minaretes fossem feitos de ouro, mas o arquiteto sabia que não havia dinheiro suficiente para isso, assim como sabia que, se discordasse do sultão, muito provavelmente perderia a cabeça. Para sair do dilema, o arquiteto pensou em uma solução engenhosa. Como a palavra *alti*, "seis" em árabe, era muito parecida com a palavra *altin*, "ouro", o arquiteto construiu seis torres feitas de pedra. Quando o sultão o questionou, o arquiteto fingiu ter entendido mal e explicou que achava que o sultão havia dito *alti*, não *altin*.

Líderes que seguem pessoas incompetentes muitas vezes sentem a pressão que o arquiteto do sultão sentiu — embora normalmente não enfrentem conseqüências tão mortíferas. Líderes incompetentes são ineficientes e muitas vezes continuam assim. O poeta e crítico Samuel Johnson disse: "Conselhos quase nunca são bem-vindos, e aqueles que mais precisam são os que menos gostam de recebê-los."

Líderes incompetentes são um problema não só para as pessoas a quem lideram, mas também para toda a organização. São as "tampas" sobre os setores da organização aos quais lideram. A Lei da Tampa afirma, em *As 21 irrefutáveis leis da liderança*, que "a capacidade de liderança é a tampa que determina o nível de eficácia de uma pessoa".

O líder egoísta

Em *O círculo da inovação*, Tom Peters, autor e guru empresarial, escreve:

> O líder egoísta tentará exercer sua liderança para seu próprio ganho e para o prejuízo dos outros. Essas pessoas acreditam que a vida é um jogo de soma zero movido a pontos, com vencedores e perdedores. Incentivam os outros a serem perdedores no jogo da vida para que elas possam juntar todos os despojos para si mesmas. É a empresária que engana fornecedores para fazer com que seu departamento pareça bom na esperança de conseguir um aumento. É o pai que, de modo egoísta, motiva o filho a se distinguir nos esportes para que possa ter um prazer indireto às custas do filho.[2]

> *"O líder egoísta tentará exercer sua liderança para seu próprio ganho e para o prejuízo dos outros."*
> — Tom Peters

Um líder egoísta avança às custas de todos os que estão à sua volta. Um executivo que entrevistei disse que um dos líderes para quem ele trabalhava no início de sua carreira era alguém que, egoisticamente, ficava com todas as bonificações que acompanhavam sua posição de liderança. Em compensação, agora que é um líder máximo, esse executivo faz questão de compartilhar as bonificações da liderança com as pessoas que trabalham para ele. Esse é um bom conselho para qualquer pessoa em posição de liderança em qualquer área de uma organização. Compartilhe tudo o que você tiver com quem está abaixo de você. O lendário treinador de basquete John Wooden afirmou que, para ter sucesso, "você deve se interessar por descobrir o melhor caminho, não fazer o que quer".

O líder camaleão

O presidente Lyndon Baines Johnson costumava contar a história de um jovem professor desempregado que tinha ido procurar trabalho na região montanhosa do Texas durante a Depressão. Quando a diretoria da escola local perguntou ao jovem se o mundo era redondo ou plano, o pretenso professor entrou em pânico, temendo uma armadilha, e deixou escapar: "Posso ensinar as duas coisas!"

Essa é a reação do líder camaleão quando você tenta identificá-lo. Quando as pessoas seguem um líder camaleão, elas nunca sabem como ele reagirá. Conseqüentemente, tempo e energia preciosos que poderiam ser usados na conclusão do trabalho muitas vezes são desperdiçados na tentativa de prever e antecipar o próximo passo do líder.

O líder político

Iguais ao líder camaleão são os líderes políticos. Pode ser difícil identificá-los, mas, em situações em que as questões emocionais muitas vezes fomentam os problemas do líder camaleão, os líderes políticos são motivados pelo desejo de seguir em frente. É difícil seguir pessoas cujas decisões estão baseadas em ambições políticas, e não na missão ou no sucesso da organização. Elas são como o prefeito a quem perguntaram qual era sua posição em uma questão específica. Ele respondeu: "Bem, alguns de meus amigos são a favor. Outros são contra. Quanto a mim, sou a favor de meus amigos."

O LÍDER CONTROLADOR

Você já trabalhou para alguém que quer se meter em tudo o que você faz? Poucas coisas são mais frustrantes para o profissional competente. E poucas coisas são mais irritantes para um bom líder. É difícil gerar dinamismo quando a pessoa para quem você trabalha está sempre interrompendo seu progresso, supervisionando-o de modo meticuloso.

As pessoas que microgerenciam os outros muitas vezes são motivadas por uma das duas coisas seguintes: o desejo de perfeição, que é inalcançável, ou a crença de que ninguém pode fazer um trabalho tão bem quanto elas. Crêem assim que as contribuições dos outros estão sempre em um patamar inferior, ainda deixando de contribuir para que as condições de trabalho de seus liderados sejam mais favoráveis.

A Solução para o Desafio da Frustração Agregando Valor

Uma reação normal ao Desafio da Frustração é consertar ou substituir o líder para quem você está trabalhando, mas essa não costuma ser uma opção válida para líderes de nível médio. Além disso, ainda que fosse, seria inadequada. Independentemente de quais sejam nossas circunstâncias, nossa maior limitação não é o líder que está acima de nós — é o espírito dentro de nós. Lembre-se de que sua liderança tem muito mais a ver com disposição do que com posição. O papel dos líderes no escalão médio da organização — em quase todas as circunstâncias — é agregar valor à organização e ao líder. A única vez em que isso não se aplica é quando o líder acima de você é antiético ou age contra a lei.

> *Independentemente de quais sejam nossas circunstâncias, nossa maior limitação não é o líder que está acima de nós — é o espírito dentro de nós.*

O que você deve fazer quando se vê seguindo um líder que é ineficiente? Como agregar valor em tais circunstâncias? A maioria dos bons líderes teve de fazer para si mesmos essas perguntas em algum momento da vida. Na verdade, quanto mais forte você for como líder, mais enfrentará situações em que possa liderar com mais eficiência do que a pessoa a quem se reporta.

Talvez não seja fácil, mas é possível sobreviver — e até ter sucesso — em uma situação como essa. Eis o que recomendo:

1. Desenvolva um relacionamento sólido com seu líder

A primeira reação de quem trabalha para um líder ineficiente é muitas vezes afastar-se dele e criar barreiras de relacionamento. Lute contra esse desejo. Se fizer de seu líder seu adversário, você criará uma situação em que não terá opções. Em vez disso, construa uma ponte para o relacionamento entre vocês. Tente conhecê-lo, descubra interesses comuns e construa um relacionamento profissional sólido. E, nesse processo, reafirme seu compromisso com a missão da organização. Isso irá colocá-lo na mesma equipe.

2. Identifique e aprecie os pontos fortes de seu líder

Todos têm pontos fortes — até um líder ineficiente. Esforce-se para descobri-los na pessoa para quem você trabalha. Talvez não seja fácil. Talvez os pontos fortes dele não sejam qualidades que você valorize ou admire. Isso não tem importância. Descubra-os e depois pense de que forma eles poderiam beneficiar a organização.

3. Comprometa-se a agregar valor aos pontos fortes de seu líder

O caminho para o sucesso em sua carreira está em maximizar seus pontos fortes. Isso também se aplica ao seu líder. Uma vez reconhecidos os pontos fortes de seu líder e como essas características podem beneficiar a organização, procure formas para ajudar a alavancar esses pontos fortes.

4. Obtenha permissão para desenvolver um plano estratégico para completar os pontos fracos de seu líder

Além de alavancar seus pontos fortes, um dos outros segredos para o sucesso no trabalho é pôr pessoas nas áreas de seus pontos fracos.

Como líder, seria sensato de sua parte capacitar alguns de seus subordinados para que preencham suas lacunas de talento. Por exemplo, se você não é bom em detalhes, então contrate alguém que seja e o faça trabalhar perto de você.

Você pode desempenhar esse mesmo papel de preencher lacunas com seu líder. Você deve ter muito cuidado, no entanto, no modo de abordar esse assunto. Não ofereça sua opinião sobre os pontos fracos dele a menos que ele peça e, ainda assim, seja educado. Se ele identificar um de seus pontos fracos, pergunte-lhe em particular se ele estaria disposto a deixá-lo assumir aquela área. A idéia é fazer o que ele não pode para que ele possa fazer o que faz melhor.

5. Exponha seu líder a bons recursos de liderança

Se estiver se esforçando para melhorar suas habilidades de liderança, você provavelmente já tem muitos recursos de qualidade para indicar, como livros, CDs ou DVDs. Compartilhe-os com seu líder. Mais uma vez, a abordagem a ser adotada é muito importante. Em vez de dizer: "Rapaz, você precisa disso!", diga algo do tipo: "Acabei de ler este livro e imaginei que você gostaria de ler também." Ou, se encontrar algum tipo de conexão ou gancho que, em sua opinião, poderia interessá-lo, você pode dizer: "Eu estava lendo este livro maravilhoso e pensei em você; o autor tem a mesma formação que a sua. Acho que você iria gostar." E então dê a ele um exemplar. Se esse recurso for bem aceito, você pode sugerir outros.

6. Dê afirmação ao seu líder em público

Algumas pessoas temem que, se disserem coisas positivas sobre um líder ineficiente para quem trabalham, estarão enganando os outros. Ou têm a preocupação de que os outros irão pensar que elas julgam mal. Porém, a primeira objeção não cabe porque as limitações de um líder ineficiente são sempre visíveis; quanto à segunda, se seu reforço positivo for verdadeiro, concentrando-se nos pontos fortes de seu líder, sua atitude será vista com bons olhos e irá gerar o respeito dos outros. Além disso, ao afirmar em público seu líder, você irá ajudá-lo a desenvolver confiança, não só em si mesmo, mas também em você.

É difícil encontrar um aspecto negativo no ato de agregar valor ao seu líder e à organização, principalmente no longo prazo. Com o tempo, as pessoas irão reconhecer seu talento, enquanto outras irão valorizar sua contribuição e admirar sua habilidade de ter sucesso e ajudar os outros — até os menos talentosos que você — a terem sucesso. Você só não pode se permitir entregar-se à frustração no curto prazo. Se perceber que a frustração está vencendo você, talvez seja o momento de trocar de emprego.

Desafio nº 3

O Desafio dos Muitos Chapéus:
Uma cabeça... muitos chapéus

A chave para atravessar com sucesso o Desafio dos Muitos Chapéus:

Saber qual chapéu colocar e depois aproveitar o desafio.

Ocupei minha primeira posição de liderança em 1969, mas foi só em 1974 que contratei meu primeiro funcionário, Stan Toler. Tendo percebido que não podia fazer meu trabalho sozinho, contratei Stan como meu pastor assistente e fiquei encantado em ter alguém trabalhando comigo. Dito assim, o processo parece ter sido bastante simples, mas não do ponto de vista de Stan. Segundo ele, seu trabalho era multifuncional: ele era ao mesmo tempo diretor do coral, pastor de jovens, pastor sênior de adultos, diretor da escola dominical, diretor da Escola Bíblica de Férias, pastor do ministério de excursões, zelador e encarregado geral (incluindo pegar minhas roupas na lavanderia e abastecer meu carro). Se já houve um líder no meio da organização que teve de lidar com o Desafio dos Muitos Chapéus, esse líder foi Stan!

A Pressão de se Usar Muitos Chapéus

A situação difícil que Stan enfrentou não é incomum para a maioria dos líderes no escalão médio de uma organização. Embora seja verdade que são impostas fortes exigências a pessoas em todos os níveis de uma organização, os líderes no escalão médio da organização que desejam praticar a Liderança 360° experimentam pressões que outros não experimentam. Eis o que quero dizer:

As pessoas na base de uma organização

Quando estão começando na base de uma organização, as pessoas normalmente são encarregadas de um número limitado de tarefas — que podem ser desafiadoras, requerer grande habilidade ou exigir esforço físico ou mental, mas, na maioria das vezes, exigem apenas um "chapéu". Por exemplo, graças a Henry Ford, os trabalhadores na linha de produção receberam uma única tarefa para fazer, e elas a executavam repetidas vezes, embora algumas empresas agora tentem aliviar um pouco essa interminável repetição.

Cozinheiros que trabalham lado a lado em um restaurante, como no setor de grelhados, têm um conjunto mais restrito de responsabilidades: preparam seus setores antes do serviço, grelham os alimentos pedidos durante o serviço e limpam seus setores quando acabam. Não são todos que podem fazer o trabalho deles — esse trabalho exige velocidade, habilidade e força. Mas trabalhar lado a lado em um setor exige um conjunto de habilidades. De igual modo, representantes em uma central de atendimento fazem uma coisa importante — conversam com clientes e vendem produtos, marcam visitas ou solucionam problemas. Mais uma vez, não é algo em que todos podem sobressair, mas é uma responsabilidade que é muito focada.

Pessoas que conhecem seu trabalho e executam-no bem podem tornar-se excelentes profissionais em sua atividade. Podem contentar-se com seu trabalho e alcançar o sucesso. Mas se puderem fazer uma única coisa — ou estiverem dispostas a fazer uma única coisa —, elas provavelmente não "chegarão" a líderes. A liderança requer a habilidade de fazer bem muitas coisas. Usando a analogia dos esportes, tem menos a ver com tentar vencer uma única corrida e mais a ver com tentar competir no decátlon.

As pessoas no topo de uma organização

Líderes no topo de uma organização têm seus próprios conjuntos de desafios. Por exemplo, sentem o peso do sucesso ou do fracasso por toda a organização — não há dúvida disso. Mas também têm um luxo que os líderes no escalão médio o da organização não têm: podem escolher o que fazer. Ou seja, podem determinar suas prioridades, concentrar-se em seus pontos fortes e direcionar seu tempo e energia somente para aquelas coisas que dão o maior retorno para a organização. Qualquer outra coisa eles podem delegar ou descartar.

É irônico que, para tornarem-se líderes, as pessoas devam ser capazes de fazer bem muitas coisas, mas, para se tornarem líderes no topo, elas devem fazer menos coisas com grande excelência. Na verdade, líderes de sucesso compreendem isso enquanto passam do escalão médio para o topo de uma organização. Não conheci ainda um CEO de sucesso que não seja focado e que não se limite a uma, duas ou três coisas que faz com eficiência.

Líderes no escalão médio da organização normalmente experimentam o Desafio dos Muitos Chapéus em uma base diária.

As pessoas no escalão médio da organização

Líderes no escalão médio da organização, por outro lado, normalmente experimentam o Desafio dos Muitos Chapéus em uma base diária. Devem executar tarefas, e seu conhecimento deve exceder sua experiência pessoal. E muitas vezes são forçados a lidar com diversas prioridades, freqüentemente com tempo e recursos limitados. Meu amigo Douglas Randlett chama isso de "síndrome do faz-tudo".

O seguinte diagrama ilustra a dinâmica com a qual a maioria dos líderes no escalão médio de uma organização tem de lidar:

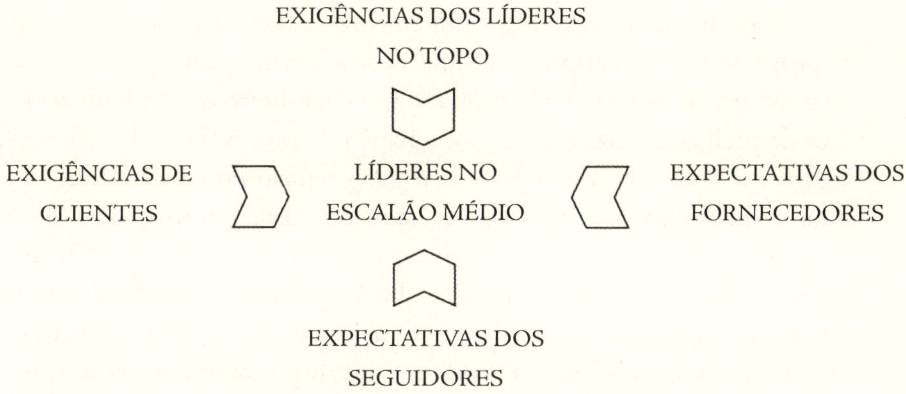

Tomemos o exemplo de um cozinheiro que decide subir na vida e se tornar um *sous chef* (subchefe, a pessoa que normalmente administra a cozinha em um restaurante). Quando era cozinheiro, ele tinha de agradar somente a uma pessoa, o *sous chef*, e recebia ordens somente dele. Mas, quando ele passa a ser *sous chef*, seu mundo muda porque ele agora é a pessoa que administra a cozinha diariamente. Como *sous chef*, há tarefas específicas durante o serviço. À medida que cada pedido chega à cozinha, ele deve informar aos cozinheiros em cada setor o que preparar. Cabe a ele coordenar os vários esforços de todos os cozinheiros para que a comida preparada nos diversos setores esteja pronta ao mesmo tempo para o pedido de uma mesa. Ele também é responsável pela interação com os garçons, ajudando-os a satisfazerem os clientes e resolvendo seus problemas. Quando os garçons estão sob pressão e sentindo as exigências dos clientes, o *sous chef* percebe isso.

Mas essas não são as únicas pressões nas experiências do *sous chef*. Cada cozinheiro na cozinha recorre a ele em busca de liderança. Durante o serviço, ele determina como a cozinha é administrada e define o padrão de preparo da comida. Ele também monta o cronograma de trabalho dos cozinheiros, certifica-se de que foram pagos e medeia as discussões que sempre ocorrem.

Quando não está, de fato, trabalhando ao lado dos cozinheiros durante o serviço, o *sous chef* também tem a responsabilidade de fazer o pedido de comida e mantimentos aos fornecedores. Suas prioridades são qualidade e preço, mas cada fornecedor tem expectativas com relação a ele. Eles querem fazer negócio com ele e seu tempo.

Sem dúvida, o *sous chef* também presta contas ao *chef de cuisine* ou proprietário do restaurante, que deseja um negócio que seja bem administrado e lucrativo. Quando era um cozinheiro que trabalhava no setor de grelhados, ele só usava um chapéu. Estava isolado dos clientes. Raramente tinha de interagir com o proprietário do restaurante. Não tinha de lidar com fornecedores. E não tinha uma equipe para liderar. A vida era muito mais simples como cozinheiro. Na verdade, o Desafio dos Muitos Chapéus é um dos grandes impeditivos para a subida em uma organização. Geralmente, prefere-se optar por rejeitar as dores de cabeça da liderança e manter-se no mesmo lugar, com apenas algumas tarefas e poucos chapéus.

Como Lidar com o Desafio dos Muitos Chapéus

Billy Hornsby, co-fundador da ARC e diretor da iniciativa de desenvolvimento da liderança européia da EQUIP, disse que estar no escalão médio de uma organização é como ser o filho do meio em uma família. Esses líderes têm de aprender a se entender com todos que estão à sua volta e sobreviver às várias dinâmicas "familiares" — seguindo, liderando, adulando, apaziguando e sendo parceiro quando necessário. Não é uma tarefa fácil.

> *"Estar no escalão médio de uma organização é como ser o filho do meio em uma família."*
> — Billy Hornsby

Por isso, o que os líderes no escalão médio de uma organização devem fazer quando lhes é exigido usar muitos chapéus quando eles só têm uma cabeça? Aqui estão minhas sugestões:

1. Lembre-se de que o chapéu define o contexto quando você estiver interagindo com os outros

Todo papel ou "chapéu" que você é solicitado a usar tem suas próprias responsabilidades e objetivos. Se você trocar de chapéu, lembre-se de que o contexto muda. Você não interagiria da mesma forma com seu cônjuge, seus filhos, seu chefe e seus funcionários, certo? O objetivo muitas vezes determina o papel e a abordagem.

2. Não use um chapéu para realizar uma tarefa que exige outro chapéu

Em sua posição como minha assistente, Linda Eggers sempre participa das reuniões dos líderes máximos de minha organização quando estou viajando. Ela faz isso para deixar-me a par da estratégia e das mudanças importantes que estão ocorrendo. Quando está trabalhando naquela posição, Linda nunca abusa de seu chapéu "elo de comunicação" para fazer as coisas à sua maneira, nem coloca o chapéu "falando em nome de John" para, antecipadamente, impedir os líderes de agirem, dizendo algo do tipo: "John não iria querer isso." Ela é muito competente e suas palavras têm grande peso.

De igual modo, após participar desses tipos de reuniões e colocar-me a par do que aconteceu, Linda também tem o cuidado de representar as pessoas na reunião de modo justo e preciso. Ela dá suas opiniões, mas não trabalha para "disfarçar" o que foi dito ou feito.

Linda, como muitas assistentes, usa muitos chapéus. Ela se tornou uma especialista em saber qual chapéu usar em uma determinada situação, e pode trocar de chapéu em um minuto. Tem uma posição muito influente, mas nunca usa um chapéu para realizar tarefas que possam ser exigidas dela em outra posição. Reserva tempo para cultivar cada relacionamento de trabalho com base nas condições de cada um deles e age de acordo. Muitas vezes faz o papel do meio-termo, mas é algo que ela faz excepcionalmente bem.

3. Quando trocar de chapéu, não mude sua personalidade

Mencionei que você não deveria tratar seu cônjuge do mesmo modo como trata seus funcionários. Isso é um consenso. Não significa, no entanto, que você deva mudar sua personalidade de acordo com a pessoa com quem está. Sua atitude e comportamento devem ser consistentes e previsíveis com todos. Do contrário, você não será confiável aos olhos de ninguém no trabalho.

4. Não negligencie nenhum chapéu que você tem a responsabilidade de usar

Antes de se tornar líder máximo, Rod Loy atuava como executivo em uma grande empresa. Por seis meses, durante a falta de liderança, ele também atuou como líder interino de outros dois departamentos diferentes. Para certificar-se de que não pisaria na bola, ele literalmente assumiu três escritórios. Passava cinco horas por dia no escritório executivo e trabalhava somente naquelas responsabilidades. Depois ia para um dos escritórios do outro departamento e ficava ali por duas horas para fazer aquelas obrigações e, por fim, ia para o terceiro escritório e ficava ali por duas horas para realizar aqueles deveres.

Por que fez isso? Ele descobriu que, se negligenciasse as obrigações de qualquer chapéu em um dia, ficaria para trás. A separação física dos três escritórios ajudou-o a dar o salto mental necessário para levar adiante todas as suas responsabilidades. Você talvez não precise ou queira fazer todo esse esforço. No entanto, se as pessoas em sua organização pedirem para você usar muitos chapéus, então você deve ter certeza de que não negligenciará nenhum deles.

5. Continue flexível

A chave para enfrentar o Desafio dos Muitos Chapéus é saber qual chapéu usar em qualquer momento e aproveitar o desafio que ele oferece. Como se faz isso? O segredo é continuar flexível. Uma vez que se exige tanto dos líderes no escalão médio de uma organização, eles não podem se dar ao luxo de ser rígidos; precisam ser capazes de mudar rapidamente ou trocar de chapéu a qualquer momento.

Algumas pessoas gostam de um novo desafio e têm sucesso nas exigências de rápida mudança e na natureza da liderança no escalão médio de uma organização. Isso lhes dá energia. Outras o consideram menos atraente. Mas é algo que todos os Líderes 360° devem aprender a superar se quiserem ter sucesso e influenciar os outros do lugar onde estão na organização.

Desafio nº 4

O Desafio do Ego:
Você muitas vezes está escondido no escalão médio

A chave para atravessar com sucesso o Desafio do Ego:

Lembre-se de que a liderança consistentemente boa é notada.

Às vezes, quando estou fazendo uma conferência sobre liderança que dura o dia todo, um participante aparece durante o intervalo, olha para mim e exclama: "Que trabalho maravilhoso. Eu gostaria de fazer o que você faz!"

Meu trabalho é maravilhoso, e admito isso. Porém, sempre respondo: "Sim, mas você quer fazer o que fiz para poder fazer o que faço?" As pessoas que me conhecem hoje só vêem as coisas boas, o fruto de trinta anos de trabalho. Olham para o palco bem iluminado, os grandes públicos e a recepção afetuosa e calorosa que muitas vezes recebo, e acham que, enquanto todo mundo dá duro lá fora, tudo o que tenho de fazer é ensinar.

Mas é ingenuidade pensar que as coisas sempre foram assim. Quando comecei a ensinar sobre liderança, eu ia para os compromissos no meu Ford. Dava palestras para grupos de aproximadamente doze pessoas, e não era pago para isso. Ensinava as pessoas porque queria ajudá-las. Aos poucos, minha reputação foi aumentando, e o número de convites também. No entanto, isso significava encontrar uma forma de encaixar mais viagens em uma agenda já apertada com vôos cansativos, comida prejudicial à saúde e muitas horas de trabalho. Em minhas primeiras conferências sobre liderança, pelo preço do ingresso, eu dava palestras de aproximadamente trinta horas sobre o material ao longo de cinco dias.

Quando fiquei "popular", minha esposa, Margaret, muitas vezes teve de viajar comigo, significando que agora nós dois tínhamos de trabalhar para que o trabalho fosse feito, e não apenas um. (E tínhamos de pagar babás para cuidarem das crianças.) Passávamos horas arrumando caixas com suprimentos, notebooks e livros, as quais tínhamos de colocar no porta-malas do nosso carro ou arrastar até aviões. As poucas horas que eu passava em um banco ensinando provavelmente pareciam muito glamourosas para algumas pessoas. Os dias gastos na preparação das lições e as inúmeras horas investidas em logísticas e viagens não eram.

Líderes de sucesso são como *icebergs*. Ao olhar para um *iceberg*, você só vê cerca de 10% dele, e o restante fica escondido sob a água. Ao olhar para líderes de sucesso, você só vê uma fração da vida deles. Você vê a parte que parece de fato boa, mas normalmente há muita coisa que permanece escondida que não é excitante nem glamourosa. O astro do tênis Arthur Ashe afirmou: "O verdadeiro heroísmo é extraordinariamente sóbrio, sem dramatismos. Não é o desejo de ultrapassar todos os outros a todo custo, mas o desejo de servir a todos os outros a todo custo." Com a verdadeira liderança acontece a mesma coisa.

"O verdadeiro heroísmo é extraordinariamente sóbrio, sem dramatismos. Não é o desejo de ultrapassar todos os outros a todo custo, mas o desejo de servir a todos os outros a todo custo."
— Arthur Ashe

Como Lidar com o Desafio do Ego

É normal para qualquer pessoa querer reconhecimento, e com os líderes é a mesma coisa. O fato de os líderes de nível médio freqüentemente estarem escondidos — e, conseqüentemente, não receberem o crédito ou reconhecimento que desejam e muitas vezes merecem — pode de fato acabar com o ego. O desafio é ser um membro da equipe e continuar satisfeito enquanto estiver contribuindo. Eis como fazer isso:

1. Concentre-se mais em seus deveres do que em seus sonhos

Certa vez, perguntaram ao famoso compositor e regente Leonard Bernstein que instrumento ele considerava ser o mais difícil de ser tocado. Um minuto depois, ele respondeu: "Segundo violino. Consigo muitos primeiros violinos, mas encontrar um músico que possa tocar o segundo violino com entusiasmo é um problema." Podemos muitas vezes ficar tão concentrados em nossos sonhos e objetivos a ponto de perdermos de vista as responsabilidades que estão bem à nossa frente.

> *Podemos muitas vezes ficar tão concentrados em nossos sonhos e objetivos a ponto de perdermos de vista as responsabilidades que estão bem à nossa frente.*

Líderes eficientes prestam mais atenção na produção do que na promoção. Eles fazem o que têm de fazer. O poeta Walt Whitman escreveu:

> Existe um homem no mundo que nunca se enfraquece;
> onde quer que se arrisque desviar;
> Ele recebe a mão alegre na populosa cidade,
> ou lá onde os lavradores preparam o feno;
> Ele é recebido com prazer nos desertos de areia,
> e nos corredores das florestas;
> Onde quer que ele vá, há uma mão acolhedora
> ele é o homem que corresponde às expectativas.

Se você sempre corresponder às expectativas, será notado. E, o mais importante, irá contentar-se com o trabalho que faz mesmo naqueles momentos em que os outros não reconhecem seus esforços.

2. Aprecie o valor de sua posição

Nem todos irão entender ou apreciar o trabalho que você faz. Por isso é importante que você faça. Uma bela anedota de Charles H. Townes, vencedor do prêmio Nobel, ilustra isso muito bem. Townes comentou: "É como o castor disse para o coelho quando se depararam com a imensa parede de Hoover Dam: 'Não, eu mesmo realmente não a construí. Mas a concepção é toda minha'."

Toda posição tem valor, mas quase sempre não valorizamos essa posição. Você a torna importante quando a valoriza. Se desprezamos a posição que temos, talvez seja por causa daquilo que chamo de "doença do destino", que também pode ser chamada de a síndrome da grama mais verde. Se focarmos estar em algum outro lugar porque o consideramos melhor, então não aproveitaremos o lugar onde estamos nem faremos o que devemos fazer para termos sucesso.

3. Encontre satisfação em conhecer a verdadeira razão para o sucesso de um projeto

Em seu livro, *Empresas feitas para vencer*, Jim Collins escreve sobre os líderes do "nível cinco". Ele diz que esses líderes, que encabeçavam suas organizações calma e humildemente, eram muito mais eficientes do que líderes ostentosos, carismáticos, de destaque. Uma das razões por que acredito que isso seja verdade é que bons líderes entendem que realmente não merecem todo o crédito pelo sucesso de uma organização. O sucesso vem das pessoas que realizam o trabalho — principalmente os líderes no escalão médio da organização.

> *Se focarmos estar em algum outro lugar porque o consideramos melhor, então não aproveitaremos o lugar onde estamos nem faremos o que devemos fazer para termos sucesso.*

Quando você faz um bom trabalho e sabe qual foi o impacto do trabalho que realizou, isso deve lhe dar uma grande satisfação e também deve motivá-lo. Quando sabe que está dando uma contribuição significativa, você precisa de menos motivação externa. A definição de moral alto é: "Faço diferença."

4. Aceite os elogios dos outros de nível médio

Não há maior elogio do que reconhecimento e apreciação de alguém cujas circunstâncias, posição ou experiência são semelhantes às suas. Não é verdade? Um músico talvez goste de um elogio de um fã, mas receber elogios de outro músico significa mais. Quando um empreendedor diz que alguém sabe reconhecer uma oportunidade, você acredita nele. De igual modo, quando uma outra pessoa que está liderando do escalão médio da organização disser "Parabéns", preste muito atenção.

O romancista Mark Twain observou: "De um elogio posso viver o mês inteiro." Com base nesse comentário, propus uma escala que mede o poder de um elogio e o que desconfio ser a duração de seu impacto, dependendo de quem o faz.

FONTE DO ELOGIO	DURAÇÃO
Aqueles que fizeram seu trabalho	um ano
Aqueles que viram seu trabalho	um mês
Aqueles que conhecem seu trabalho	uma semana
Aqueles que pensam conhecer seu trabalho	um dia
Aqueles que não conhecem seu trabalho	uma hora
Aqueles que não trabalham	um minuto

Todos gostam de ouvir palavras agradáveis do chefe, e muitos procuram ouvi-las. Mas o elogio de um colega que ocupou seu lugar realmente significa mais.

5. Entenda a diferença entre autopromoção e promoção sem interesse

Sir Isaac Newton descobriu as leis da gravidade nos idos de 1600. As leis que ele introduziu no mundo científico revolucionaram os estudos astronômicos. Mas, não fosse Edmund Halley, poucas pessoas teriam ouvido falar das leis de Newton.

Halley ouviu as idéias de Newton, desafiou as suposições de Newton, corrigiu os cálculos matemáticos de Newton quando estavam errados e até traçou diagramas geométricos para sustentar o trabalho de Newton. Quando Newton se mostrou indeciso para publicar suas idéias, Halley, primeiro, convenceu-o a escrever o manuscrito, depois o editou e supervisionou sua publicação. Halley até financiou a impressão do trabalho, mesmo tendo menos recursos financeiros que Newton. O trabalho final, *Princípios matemáticos da filosofia natural*, fez de Newton um dos pensadores mais respeitados na história.

Halley entendia a diferença entre autopromoção e promoção sem interesse. Para ele, era mais importante ver as idéias de Newton compartilhadas do que receber reconhecimento pessoal por ajudá-lo. Ele sabia o quanto aquelas idéias eram importantes e queria expô-las ao mundo.

É isso que fazem as pessoas que entendem a promoção sem interesse. Observe a diferença entre os dois tipos de promoção:

AUTOPROMOÇÃO	*versus*	PROMOÇÃO SEM INTERESSE
O eu vem primeiro		Os outros vêm primeiro
Subir		Construir
Guardar informações		Compartilhar informações
Levar o crédito		Dar crédito
Segurar a bola (estrela)		Passar a bola
Lançar a bola (culpar)		Compartilhar a bola
Manipular os outros		Motivar os outros

A autopromoção diz: "Se não se autopromover, ninguém irá fazê-lo por você." A promoção sem interesse diz: "Só quero ajudar a equipe a se dar bem!"

Tim Sanders, autor de *O amor é a melhor estratégia*, fala sobre a mentalidade da abundância, uma idéia promovida por Stephen Covey uma década antes. Ele diz que existem muitos recursos, créditos e oportunidades por aí. Na realidade, ele acredita que uma mentalidade de escassez está na raiz da maioria dos conflitos. Líderes de nível médio que se distinguem têm uma mentalidade de abundância. E, se você liderar com eficácia do escalão médio de uma organização, não ficará ali para sempre. A boa liderança sempre é notada. O lendário técnico de futebol americano do Green Bay Packer, Vince Lombardi, comentou: "Alguns de nós irão fazer um bom trabalho, e outros não. Mas todos seremos julgados por uma única coisa — o resultado." Bons líderes obtêm resultados — e são notados.

Desafio nº 5

O Desafio da Realização:
Os líderes gostam mais de estar na frente do que de estar no escalão médio

A chave para atravessar com sucesso o Desafio da Realização:

Liderança tem mais a ver com disposição do que com posição — influencie os outros de onde você está.

Uma vez que você está lendo este livro, suponho que tenha uma inclinação natural para liderança ou desenvolveu um desejo de liderar outras pessoas. Se esse for o caso, então você provavelmente gostaria de ser um líder que está "à frente" ou "no topo". Talvez você já tenha ouvido o velho ditado sobre a visão do nível médio. Diz-se que, quando você é o chefão, seu campo de visão sempre muda. Senão, permanece a mesma — e essa visão não é exatamente o que se chamaria de uma visão "panorâmica". Gosto dessa brincadeira, e já a contei em conferências. Mas a verdade da questão é que quem está no nível médio não é o líder; é a pessoa que está conduzindo as coisas — e esse indivíduo de fato está nos bastidores.

Seja onde for que as pessoas se vejam na vida, elas normalmente possuem o desejo natural de subir. Querem maior reconhecimento. Querem ganhar mais dinheiro. Querem morar em uma casa melhor. Querem progredir e melhorar. Líderes não são diferentes. Querem subir em vez de ficar onde estão. Querem causar um impacto maior. Querem estar no nível mais alto ou no topo de uma organização, principalmente quando são jovens e estão em início de carreira. Mas será que estar à frente realmente é tão bom quanto dizem? Penso que a resposta seja sim e não.

Por que os Líderes Gostam de Estar à Frente?

Há vantagens quando se está à frente ou no topo de uma organização. Mas as mesmas coisas que podem beneficiar líderes também podem dificultar a liderança. Quase sempre é uma espada de dois gumes, e qualquer pessoa que vê somente os aspectos positivos sem reconhecer os negativos é ingênua ou inexperiente. Acho que você concordará com minha perspectiva à medida que ler estas observações sobre por que os líderes gostam de estar à frente.

1. A frente é a posição mais reconhecida para um líder

O ensaísta romeno E. M. Cioran afirmou: "Se cada um de nós confessasse seu desejo mais secreto, aquele que inspira todos os seus planos, todas as suas ações, diria: 'Quero ser elogiado.'" Não é verdade? Todos gostam de elogios e reconhecimento. E, uma vez que os líderes, que normalmente são mais visíveis, freqüentemente recebem o crédito quando um bom trabalho é feito, muitas pessoas desejam tornar-se líderes.

> *"Se cada um de nós confessasse seu desejo mais secreto, aquele que inspira todos os seus planos, todas as suas ações, diria: 'Quero ser elogiado.'"*
> — E. M. Cioran

Reconhecimento é uma espada de dois gumes. Quando as coisas dão errado, a pessoa identificada como responsável também é a líder. Quando o time de futebol sofre uma temporada de derrotas, quem leva a culpa é o zagueiro. Quando o time de basquete continua a perder jogos, o técnico é demitido. Quando um cliente grande não assina com a empresa, a pessoa que conduzia a negociação é responsabilizada. Sim, estar à frente pode ser bom para seu ego, mas também pode custar-lhe o emprego.

2. A visão é melhor da frente

Certa vez, entrevistaram um alpinista e lhe fizeram a seguinte pergunta: "Por que você escala montanhas? O que motiva você a se preparar, a treinar, a correr riscos e sofrer dores?"

O alpinista olhou para o entrevistador e respondeu: "Estou vendo que você nunca esteve no topo de uma montanha." Não é verdade que a visão do topo de uma montanha é incrível? É emocionante. A perspectiva é incrível. Deve ser ainda mais emocionante se for um pico que só pode ser alcançado se escalado.

O já mencionado Tom Mullins, ex-técnico de futebol americano que hoje lidera uma grande organização em Palm Beach, na Flórida, afirmou: "Muitas vezes é difícil ver o placar do nível médio. É muito mais fácil vê-lo quando você está na frente da organização." Há uma perspectiva que se tem à frente (ou no topo) de uma organização que não se pode ter de nenhum outro lugar. Mas acredito que a responsabilidade vem com essa perspectiva. Se vir problemas que ameaçam arruinar a organização, prejudicar funcionários ou enganar clientes, você tem a responsabilidade de tentar solucioná-los — independentemente de quanto eles sejam confusos, custosos ou difíceis. Os líderes que estão à frente não têm a liberdade de negligenciar o que sua posição lhes permite ver.

Os líderes que estão à frente não têm a liberdade de negligenciar o que sua posição lhes permite ver.

3. Os Líderes que estão à frente conseguem determinar a direção

Quando comecei a liderar, pensei que o líder à frente pudesse controlar muitas coisas em uma organização. Quanto mais tempo na liderança, mais descubro como é pequeno o controle do líder. (As únicas pessoas que têm total controle na vida são as que não lideram coisa alguma. Elas prestam contas apenas para si mesmas, não para os outros.) Bons líderes de organizações conseguem controlar principalmente duas coisas: direção e tempo. Infelizmente, se não estiverem sendo bons líderes e as pessoas não os estiverem seguindo, eles não conseguem fazer nem essas duas coisas.

4. Os líderes podem dar o exemplo

Líderes adoram progresso. É uma de suas principais motivações. Por isso o explorador David Livingstone declarou: "Vou a qualquer lugar, contanto que seja para a frente." Como líder, você deve gostar de avançar, e, quanto mais rápido, melhor. Mas isso também pode agir contra você. Se estiver muito à frente a ponto de seu pessoal não poder segui-lo, então sua organização não terá sucesso. Os empreendedores muitas vezes cruzam a linha de chegada primeiro, mas os líderes raramente o fazem. O sucesso de um líder está em levar os outros a cruzarem a linha de chegada com eles.

Em *Vencendo com as pessoas*, o Princípio da Paciência diz que a jornada ao lado de outros é mais lenta do que a jornada feita sozinho. Isso é verdade em todas as áreas da vida em que você está tentando ser líder. Uma ida à mercearia é muito mais rápida quando você está sozinho do que se tiver de levar seus filhos. Uma viagem de negócios com um grupo de colegas nunca é tão rápida quanto a que você faz sozinho. (Vocês não levam trinta minutos só para entrarem em um consenso quanto a um lugar para comer?) Um único jogador de golfe pode fazer o percurso em quase metade do tempo necessário para um grupo de quatro jogadores.

Como líder, você talvez seja capaz de exemplificar o comportamento que deseja nos outros, mas não poderá ir tão rápido quanto deseja. Tantas pessoas parecem compartilhar a atitude do poeta cômico Ogden Nash, que escreveu: "O progresso pode ter dado certo uma vez, mas já está durando tempo demais." As únicas pessoas que irão batalhar pelo sucesso como você, e se mexer tão rápido, provavelmente serão outros líderes.

5. Os líderes gostam de estar onde a ação acontece

Uma vez que gostam de impulsionar as coisas, os líderes sempre gostam de estar onde a ação acontece. Mas, muitas vezes, isso não está no topo ou na frente de uma organização. As maiores decisões são tomadas nessas posições, mas, freqüentemente, a ação realmente ocorre no escalão médio de uma organização. É ali onde está grande parte das atividades excitantes. Doug Carter, vice-presidente da EQUIP — a organização sem fins lucrativos que fundei para ensinar sobre liderança em outros países — é um grande exemplo de um líder que gosta de ação. Doug poderia ser o principal líder em inúmeras organizações excelentes. Na verdade, ele estava acostumado a liderar outra excelente organização sem fins lucrativos. Mas a visão e a missão da EQUIP o fascinaram e, em vez de ser o rapaz lá do topo, ele preferiu ser o vice da EQUIP. Doug está causando um impacto internacional dessa posição. Não posso imaginar a equipe sem ele.

Como se Realizar no Nível Médio: Veja a Situação Como um Todo

A pioneira em educação Henrietta Mears afirmou: "Quem se ocupa em ajudar os que estão abaixo não tem tempo para sentir inveja dos que estão acima." A atitude correta é essencial para o contentamento no escalão médio de uma organização. De fato, liderança tem mais a ver com disposição do que com posição. Com a atitude certa e as habilidades certas, você pode influenciar os outros do lugar onde está em uma organização.

Então, como desenvolver uma atitude de contentamento e realização no lugar onde você está? Comece fazendo as cinco coisas que seguem:

1. Desenvolva fortes relacionamentos com pessoas-chaves

Um desenho do *Snoopy*, de Charles Schulz, mostra Lucy dizendo para Snoopy: "Há momentos em que você realmente me amola, mas tenho que admitir que há também momentos em que sinto vontade de abraçar você bem forte." Em resposta, Snoopy pensa: *É assim que sou... mereço ser abraçado e amolado.* Acho que isso acontece com quase todo mundo — inclusive comigo. Há coisas boas e ruins com relação a todos. A chave para a realização não é fazer com que toda interação com os outros seja tranqüila, mas sim desenvolver relacionamentos fortes com eles.

> *"Quem se ocupa em ajudar os que estão abaixo não tem tempo para sentir inveja dos que estão acima."*
> — Henrietta Mears

É mais importante dar-se bem com as pessoas do que estar na frente delas. Se tiver por objetivo alcançar os outros e construir relacionamentos com eles, você terá realização onde estiver. E seja o que fizer, não desista tão facilmente dos outros se você, a princípio, não gostar deles ou não se relacionar facilmente com eles. Você talvez se surpreenda em ver como, ao longo do tempo, um possível adversário pode se tornar um aliado.

2. Defina um sucesso em termos de trabalho em equipe

O lendário técnico de basquete John Wooden afirmou: "O principal ingrediente do estrelato é o restante da equipe." Em outras palavras, o trabalho em equipe é o que cria o sucesso, e não devemos perder isso de vista. Um jogador pode ser importante para uma equipe, mas um único jogador não pode formar uma equipe. Isso também se aplica aos líderes. Um líder, independentemente de quanto seja bom, não forma uma equipe.

Quando penso em alguém que gerou um sucesso usando o trabalho em equipe e liderou outros do escalão médio da organização, penso em Bob Christian, ex-zagueiro do Atlanta Falcons. Christian era chamado de "o zagueiro mais completo no futebol americano".[1] Dan Reeves, técnico veterano da NFL [Liga Nacional de Futebol Americano] com vários títulos do Super Bowl, falando sobre Christian, disse que ele foi "o melhor bloqueador que já vi".[2] Mais de uma vez ele foi considerado o melhor jogador da partida exatamente por causa de seus bloqueios. Christian não é muito conhecido, nem mesmo pelos aficionados por futebol americano. Suas estatísticas de pontos, bolas apanhadas e *touchdowns* talvez não tenham estabelecido recorde algum, mas ele se realizou — e teve sucesso — como jogador. Qualquer pessoa que valoriza o trabalho em equipe e viu Christian jogar se lembra dele.

3. Esteja sempre se comunicando

Uma das frustrações de líderes que não estão à frente ou no topo é o fato de estarem muito distantes da fonte da visão da organização. E, uma vez que a visão está sempre sendo modelada e formada, é importante sempre se comunicar. Se você estiver "por dentro" da visão e sempre se atualizando, então não será surpreendido por mudanças ou desmoralizado por estar fora do círculo.

Como líder no escalão médio de uma organização, ser o recipiente da comunicação é importante, mas, de igual modo ou mais importante, é comunicar-se. E isso requer um grande esforço porque não ocorre naturalmente. É preciso esforço e intencionalidade. Ao interagir com seus líderes, permita-lhes saber como você está levando adiante a visão. Receba o retorno deles e faça perguntas para descobrir se há outras coisas que você deveria saber para transmitir mais eficientemente a visão aos outros. Quanto maior for sua eficiência no cumprimento de seu papel como líder no escalão médio da organização, mais realizado você se sentirá.

4. Ganhe experiência e maturidade

Em *The autobiography of Harry Golden* [A autobiografia de Harry Golden], o autor escreveu: "A arrogância do jovem se deve à falta de conhecimento sobre as conseqüências de seus atos. O peru que todo dia, gulosamente, aproxima-se do fazendeiro que lhe joga sementes não está agindo errado. A questão é que ninguém nunca lhe falou sobre o dia de Ação de Graças."

A maturidade não vem automaticamente. Meu amigo Ed Cole costumava dizer: "A maturidade não vem com a idade. Começa quando a responsabilidade é aceita." Quando você começa a olhar para sua vida e trabalhar com mais experiência e uma visão mais ampla, estar à frente não parece tão importante. Concentrar-se nas responsabilidades que lhe foram confiadas no lugar onde

Quanto maior for sua eficiência no cumprimento de seu papel como líder no escalão médio da organização, mais realizado você se sentirá.

você está e completá-las com excelência traz uma realização maior do que a posição, o título ou o prestígio que se recebe quando se está no topo.

Com a maturidade muitas vezes vem a paciência. (Paciência, no entanto, muitas vezes recebe o crédito que pertence à fadiga!) A paciência lhe dá tempo para aprender, fazer vínculos e ganhar sabedoria. O humorista Arnold Glasow disse: "A chave para tudo é a paciência. Tem-se a galinha quando se choca o ovo — e não o quebrando."

5. Coloque a equipe acima de seu sucesso pessoal

Quando os riscos são altos, bons membros da equipe colocam o sucesso da equipe acima de seus ganhos pessoais. Um excelente exemplo disso pode ser visto nas ações de dois líderes de destaque do governo britânico durante a Segunda Guerra Mundial — Winston Churchill e Clement Attlee. Dois líderes não poderiam ter sido mais diferentes. Churchill era membro do partido conservador, enquanto Attlee era do partido trabalhista. Churchill era impetuoso, veemente e orgulhoso; Attlee, calmo e despretensioso. Dizem que Churchill afirmou sobre Attlee: "Ele é um homem modesto, e tem muito do que ser modesto mesmo." Contudo, os dois homens atuaram juntos, de modo admirável, durante a guerra, por amor à Inglaterra. Quando foi constituído primeiro-ministro da Inglaterra, em 1940, Churchill escolheu Attlee para ser um dos membros de seu gabinete de guerra, nomeando-o, por fim, vice-primeiro-ministro. Na realidade, Attlee foi a única pessoa, além de Churchill, a atuar no gabinete de guerra durante toda a guerra.[3]

Uma das chaves para a vitória da Inglaterra na guerra foi que ambos os líderes colocaram o que era melhor para o país acima de suas próprias ambições políticas. A extensão das diferenças dos dois homens acerca da liderança e do governo tornou-se mais evidente após a guerra, em 1945, quando os dois se tornaram adversários na eleição para primeiro-ministro, e Churchill foi derrotado por Attlee.

Esses dois líderes fizeram o que consideraram certo, tanto durante a guerra como depois dela. Colocaram a nação acima de seu ganho pessoal. Conseqüentemente, o povo da Grã-Bretanha venceu. É nisso que se baseia a liderança: ajudar os outros a vencerem é muito mais importante do que o lugar onde você está no quadro organizacional.

Desafio nº 6

O Desafio da Visão:
Patrocinar a visão é mais difícil quando não foi você que a criou

Chave para atravessar com sucesso o Desafio da Visão:

Quanto mais você investe na visão, mais ela se torna sua.

O que você preferiria? Ver sua própria visão colocada em prática e se realizar? Ou ajudar os outros a cumprirem a visão deles? Para as pessoas que desejam liderar, a resposta normalmente é a primeira opção. Líderes vêem possibilidades, e querem aproveitá-las. Na maioria das vezes, eles prefeririam trabalhar para cumprir sua própria visão a cumprir a visão de outra pessoa — a menos que a visão do outro líder seja realmente convincente e atraente. Liderar do escalão médio da organização, no entanto, significa que você será solicitado a se tornar um patrocinador de uma visão que não é sua. De fato, a realidade é que todas as pessoas em uma organização que não estão na posição de líder máximo vão ser solicitadas a cumprir uma visão que não partiu delas.

Como as Pessoas Respondem ao Desafio da Visão

Por isso, a pergunta natural é: como você vai responder ao Desafio da Visão? Ainda que você se entusiasme muito mais com sua própria visão do que com a de qualquer outra pessoa, para ter a oportunidade de ir atrás de seus sonhos, é quase certo que você precisará ter sucesso no sentido de cumprir os sonhos de outros.

Há inúmeras maneiras pelas quais as pessoas respondem quando os líderes apresentam a visão e tentam alistá-las. As seguintes respostas representam uma progressão, das mais negativas para as mais positivas.

1. Atacam a visão — críticas e sabotagem da visão

Nem todos vão aceitar a visão de uma organização, ainda que ela seja convincente, e ainda que o líder realize um trabalho extraordinário para comunicá-la. Isso é simplesmente um fato, cujas razões vão além das dificuldades naturais de se seguir líderes. Dê uma olhada nas mais comuns:

Visão nova gera mudanças. Encaremos o fato. A maioria das pessoas não gosta de mudança e, toda vez que alguém começa a lançar uma nova visão, a mudança é inevitável. Eu costumava achar que os líderes gostavam de mudança, e seus seguidores, não. Mas, à medida que fui ganhando maturidade, vim a perceber que os líderes não gostam de mudança mais do que seus seguidores — a menos, é claro, que a mudança seja idéia deles!

> *Os líderes não gostam de mudança mais do que seus seguidores — a menos, é claro, que a mudança seja idéia deles!*

As atitudes das pessoas à mudança são diferentes quando elas ajudam a criá-la. A participação aumenta o domínio. Quando você é o dono, vê as coisas de um modo diferente. Você avança. Toma mais cuidado com o que quer que seja. Se você duvida disso, responda a esta pergunta: Quando foi a última vez que você encerou um carro alugado? Isso simplesmente não acontece. As pessoas entendem das coisas de que participam.

Elas não entendem a visão. As pessoas não aceitam uma visão que não entendem. E só porque os líderes lançaram uma visão de um modo claro e convincente, isso não significa que seu pessoal realmente a entendeu. Tipos e estilos diferentes de comunicação não funcionam do mesmo modo para todos.

Ken Blanchard, certa vez, perguntou para Max DePree, autor de *Leadership is an art* [Liderança é uma arte], o que ele considerava ser o papel do líder em uma organização. DePree respondeu: "Você tem de agir como um professor da 3ª série. Tem de repetir a visão várias vezes até que as pessoas a entendam." E, se for inteligente, o líder a comunica de várias formas, em muitos cenários, usando muitos métodos.

Elas não concordam com a visão. Algumas pessoas reagem de forma negativa a uma visão porque acham que é impossível alcançá-la. Outras — embora aconteça com muito menos freqüência — porque a consideram extremamente pequena. Há outras ainda que hesitam porque a visão mudou desde o seu engajamento inicial. Contudo, na maioria das vezes, o verdadeiro problema tem mais a ver com o líder. Geralmente, as pessoas discordam da visão porque não aceitam seu autor.

> *Geralmente, as pessoas discordam da visão porque não aceitam seu autor.*

A Lei da Aceitação, em *As 21 irrefutáveis leis da liderança*, reza que primeiro as pessoas aceitam o líder, depois a visão. Se acreditarem nos líderes, então elas aceitam aquilo em que esses líderes acreditam. Mesmo quando seus líderes promovem uma visão que não é convincente, as pessoas que já os aceitaram continuam a apoiá-lo. No entanto, essa variação na Lei da Aceitação também é verdadeira: independentemente de quanto a visão seja boa, se as pessoas não acreditarem no líder, terão problemas para aceitar a visão.

Elas não conhecem a visão. Em se tratando de resultados, não há diferença alguma entre pessoas que não conhecem a visão de uma organização e a organização que não tem de fato uma visão. O resultado inevitável é insatisfação e desânimo.

Se você trouxe novas pessoas para a organização desde a última vez que a visão foi apresentada, então você tem pessoas que não conhecem sua visão. Desculpe-me se isso parece exageradamente óbvio, mas é um problema mais comum do que se pensa. Empresas em crescimento costumam contratar novos funcionários sem dispor a eles algum conhecimento da nova visão. Toda organização precisa de um processo integrado para transmiti-la.

Mas, mesmo que você tenha certeza de que cada pessoa que se torna parte de sua organização ouve a visão, isso não significa que todas elas a conhecem. A visão vaza. Precisa ser comunicada clara, criativa e continuamente.

> *A visão vaza. Precisa ser comunicada clara, criativa e continuamente.*

Imagine que cada pessoa em sua organização tem um tanque onde é guardada a visão. Agora, suponha que haja uma rachadura ou um buraquinho nesse tanque. Uma vez que todos são humanos (e, portanto, falhos), você não pode eliminar esses vazamentos. O melhor que você pode fazer é continuar a encher os tanques. Alguns líderes não gostam de se tornar repetitivos, mas de fato não há alternativa se você quiser que todos conheçam a visão.

Elas acham desnecessário alcançar a visão. Se você quer conquistar pessoas para a visão, há três tipos diferentes de abordagem. A primeira diz: "Vamos fazer isso com ou sem você." A segunda diz: "É claro que gostaríamos que você nos ajudasse a fazer isso." A terceira diz: "Não podemos fazer isso sem você." Dá para adivinhar qual delas inspira e motiva as pessoas a participarem e darem o melhor de si.

Líderes autocráticos à moda antiga talvez pudessem sair impunes com o primeiro tipo de atitude, mas isso não funciona hoje, pelo menos não em países onde as pessoas são livres. A segunda abordagem às vezes funciona, mas não é tão eficiente quanto a terceira. As pessoas que entendem como é importante sua participação são motivadas a perseverar e trabalhar com excelência, mesmo diante de obstáculos.

Um bom exemplo disso ocorreu durante a Segunda Guerra Mundial em uma fábrica de pára-quedas. Os funcionários faziam pára-quedas aos milhares para o esforço de guerra, mas era um trabalho arduamente tedioso: longas horas em uma máquina costurando quilômetros de tecido branco. Todas as manhãs, os funcionários eram lembrados de que cada ponto de costura fazia parte de uma operação salva-vidas. Marido, irmãos e filhos deles poderiam usar o pára-quedas que eles costuraram naquele dia. Aquelas vidas não poderiam ser salvas sem seus esforços. A lembrança continuada da visão, junto com o estímulo de que esses funcionários eram parte integrante dela, era o que os fazia continuar.

Ninguém está pronto para a visão. Gosto dessa tirinha do falecido Jeff MacNelly, cartunista ganhador do prêmio Pulitzer e criador da série *Shoe*:

SHOE *por JEFF MacNELLY*

É lamentável dizer, mas algumas pessoas não estão preparadas — emocional, intelectual ou profissionalmente — para subir, adotar a visão e ajudar a levá-la a cabo. Se estiverem dispostas, mas não forem capazes, podem ser treinadas e desenvolvidas. Se não estiverem dispostas nem forem capazes, então talvez não haja muita coisa que você possa fazer para ajudá-las.

Líderes 360° são canais de informação que conectam o topo com a base da organização. Quando alguma dessas seis questões é um problema — as pessoas não criaram a visão, não a entendem, não concordam com ela, não a conhecem, acham desnecessário alcançá-la ou não estão preparadas para ela —, então o canal está obstruído, e a visão não pode fluir dos líderes que estão no topo até as pessoas que realmente fazem o trabalho. Se a visão não chegar aos funcionários, nunca se realizará.

2. Ignoram a visão — fazem o que bem querem

Algumas pessoas talvez não ataquem a visão, mas também não a apóiam. Em vez disso, fingem que ela não existe e fazem o que bem querem. Líderes não podem fazer isso e ainda manter sua integridade e eficiência. Um líder com quem conversei, que por muitos anos trabalhou no escalão médio de uma organização, disse que se lembra de uma vez em que seu chefe quis que ele confrontasse um funcionário sobre uma questão referente ao código de vestuário. O problema era que esse líder não concordava com a política. Mas ele acreditou na visão mais ampla da organização e quis apoiar seu líder, por isso levou adiante a confrontação. A situação ficou sobretudo difícil porque o funcionário achou que a regra era insignificante. Mas o líder do escalão médio apoiou seu líder com firmeza. O funcionário nunca soube que esse líder de fato concordava com ele, e não com seu chefe.

3. Abandonam a visão — saída da organização

Se a visão viola seus princípios ou não condiz com o que você valoriza lá no íntimo, deixar a organização talvez seja a medida adequada. Às vezes essa é a melhor opção — sair com honra. Desse modo, o líder no escalão médio da organização não está solapando a visão, nem endossando algo com o qual não pode concordar. No entanto, devo dar um aviso. Se o líder no escalão médio da organização sair pelas razões erradas, ele poderá se encontrar em uma mesma situação em outra organização. Se você está cogitando sua saída, certifique-se de que não está fazendo isso por egoísmo ou ego.

4. Adaptam-se à visão — adesão

Por fim, um bom funcionário encontra uma maneira de aderir à visão de sua organização. David Branker me contou a história de Bret, um gerente médio cujo trabalho era dar suporte na área de informática e fornecer rastreamento de dados para o departamento de treinamento de uma organização. Bret estava frustrado porque não achava que o trabalho que havia sido solicitado a fazer estava contribuindo consideravelmente para a visão da empresa.

Em vez de se zangar ou se queixar, ele abordou seu líder para conversar sobre a questão. Juntos, eles descobriram como o departamento de Bret poderia agregar um valor maior à organização criando sistemas que usassem tecnologia para tornar os treinamentos mais rápidos, mais eficientes e mais eficazes em termos de custo. Ao aderir à visão, Bret não só promoveu a missão, agregou valor à organização e melhorou o resultado final, mas também descobriu uma grande realização pessoal.

Douglas Randlett, que trabalha com o pastor Tom Mullins, ex-técnico de futebol americano, fez sua tese de doutorado sobre o nosso assunto, liderar do escalão médio de uma organização. Ele confirma que, quando a visão do líder no escalão médio não se alinha com à da liderança no topo, o resultado sempre é baixa satisfação no trabalho. Quando esses dois fatores se alinham, a satisfação é grande e o sucesso também.

5. Patrocinam a visão — aceitam a visão do líder e a tornam realidade

A visão pode começar com uma pessoa, mas só se realiza pelos esforços de muitas pessoas. Aceitar a visão do líder e trabalhar para cumpri-la deve ser a resposta dos Líderes 360°. Eles devem tentar tirar a visão do *eu* e passá-la para o *nós*.

A visão começa com uma pessoa, mas só se realiza pelos esforços de muitas pessoas.

John W. Gardner comenta: "As perspectivas são maravilhosas e os problemas, imensos. Quem não se sente estimulado a agir com essas duas afirmações está cansado demais para começar a trabalhar para nós."

Durante os trinta e cinco anos em que liderei organizações, sem-

Aqueles que patrocinam a visão	Aqueles que não patrocinam a visão
Colocaram as necessidades da organização em primeiro lugar	Colocaram suas necessidades em primeiro lugar
Continuaram a apresentar a visão às pessoas	Continuaram a apresentar-se às pessoas
Representaram-me bem para os outros	Representaram-se bem para os outros
Entenderam seus papéis	Entenderam mal seus papéis

pre trabalhei arduamente para transmitir a visão que tinha para minha equipe. Algumas pessoas a aceitavam; outras não.

As pessoas que não aceitaram a visão não a patrocinaram nem a passaram para seus seguidores. Conseqüentemente, as pessoas a quem lideravam muitas vezes não contribuíram para o sucesso total da organização.

6. Agregam valor à visão

A resposta mais positiva para a visão de um líder é ir além de patrociná-la e realmente agregar valor a ela. Neste momento, a visão torna-se algo mais. Tem um valor maior para o líder, um valor maior para quem recebe a visão e um valor maior para a pessoa que contribuiu com ela.

Nem todos têm a oportunidade de agregar valor à visão. Para isso, há um pré-requisito que se chama patrocinar a visão uma vez que ela já exista. Mas aqui está algo importante: Uma vez que começou a agregar valor à visão, você eliminou o Desafio da Visão, pois não está mais patrocinando a visão de uma outra pessoa; está patrocinando uma visão com a qual contribuiu.

Ninguém patrocina uma visão e agrega valor a ela como minha equipe na EQUIP, a organização sem fins lucrativos que fundei inspirada em minha fé, em 1996. Desde o começo, nossa missão era treinar líderes. Inicialmente, nossa estratégia era trabalhar em três áreas distintas: em ambientes acadêmicos, em áreas urbanas e internacionalmente. Em 2001, restringimos nosso foco e aprimoramos nossa visão, decidindo voltar toda a nossa atenção para o treinamento de líderes em países estrangeiros. Todos os membros da equipe da EQUIP eram patrocinadores da visão desde o começo, mas líderes importantes faziam mais ainda do que patrocinar a visão: eles colaboraram para que reconhecêssemos a necessidade de nos concentrar em fazer uma única coisa com total excelência, e não três coisas simplesmente bem-feitas.

O que surgiu então foi o Million Leaders Mandate [Mandato de um Milhão de Líderes], nossa tentativa de treinar um milhão de líderes espirituais por todo o mundo. Enquanto escrevia esse livro, mais de 700 mil líderes estavam em treinamento. Por volta de janeiro de 2006, dei treinamento em cada continente, exceto na Antártica, e atingimos nossa meta de treinar mais de um milhão de líderes. Já estamos considerando a meta de treinar *dois* milhões de líderes!

Todos os dias, membros da EQUIP patrocinam a visão — com os líderes que queremos treinar sem custo algum, com os instrutores associados que doam dinheiro e tempo para treinar líderes de um lado a outro do mundo e para os doadores, de quem cada centavo vai para o patrocínio do projeto. São parceiros que estão patrocinando a visão que criamos juntos. E, por isso, minha gratidão a eles não tem limites.

Desafio nº 7

O Desafio da Influência:
Liderar quem está acima de sua posição não é fácil

Chave para atravessar com sucesso o Desafio da Influência:

Pense em influência, não em posição.

Depois de ler os seis desafios anteriores, talvez você ache que têm um impacto mínimo sobre você. Neste caso, considere-se uma pessoa de sorte. Ninguém, no entanto, escapa do Desafio da Influência, mesmo se a organização para a qual trabalha é maravilhosa ou se seu chefe é ótimo. Liderar quem está acima de sua posição não é fácil. Se liderar de fato fosse fácil, qualquer pessoa seria um líder, e todos poderiam sobressair na liderança.

A maioria dos bons líderes acredita em si mesmos e em sua liderança. Eles estão convencidos de que, se fossem seguidos, toda a equipe se beneficiaria e seus objetivos seriam alcançados. Então, por que isso nem sempre acontece? Por que as pessoas que se reportam a eles não se alinham para segui-los? Porque elas não têm de fazê-lo! Liderança é influência. Se você não tiver posição nem influência, as pessoas não irão segui-lo. E, quanto mais afastadas elas estiverem de sua posição, menores serão as chances de o deixarem liderá-las. Essa é a razão por que os Líderes 360° esforçam-se para mudar o conceito *eu quero uma posição que fará as pessoas me seguirem* para o conceito *eu quero me tornar alguém a quem as pessoas desejam seguir.*

As Pessoas Seguem Líderes...

É uma falácia acreditar que as pessoas automaticamente iriam segui-lo se você fosse o líder posicional. Líderes que realmente estiveram no topo sabem que as coisas não funcionam assim. As pessoas o seguem agora? Se o seguirem hoje, então irão segui-lo amanhã, quando você tiver uma posição melhor. Mas se as pessoas não o seguirem no lugar onde você está no momento, então não irão segui-lo também para o lugar onde você está indo.

> *Líderes 360º esforçam-se para mudar o conceito* eu quero uma posição que fará as pessoas me seguirem *para o conceito* eu quero me tornar alguém a quem as pessoas desejam seguir.

A única solução para o Desafio da Influência é tornar-se o tipo de líder que as outras pessoas querem seguir. E que tipo de líder seria?

As pessoas seguem líderes a quem conhecem — líderes que se preocupam

Muitas pessoas tentam instigar os outros criticando-os ou tentando fazê-los "funcionar". As pessoas normalmente reagem na defensiva, comportando-se de modo agressivo ou isolando-se. O reformador protestante John Knox dizia: "Não se pode contrariar e influenciar ao mesmo tempo."

Por outro lado, se os líderes se preocupam com cada indivíduo como pessoa, então as pessoas têm uma boa reação com eles. Quanto maior for a sua preocupação, mais ampla e mais longa será sua influência. Bo Schembechler, ex-técnico da equipe de futebol americano da Universidade de Michigan, observou: "Lá no fundo, seus jogadores devem saber que você se preocupa com eles. Isso é o mais importante. Eu nunca poderia levar adiante o que faço se os jogadores percebessem que eu não me importava. Eles sabem, no final das contas, que estou ao lado deles."

As pessoas percebem como você se sente com relação a elas. Podem dizer a diferença entre líderes que as estão usando para ganho pessoal e aqueles que querem ajudá-las a terem sucesso. As pessoas se animam para animar pessoas. Conseguem conhecer o coração de alguém que se importa, e respondem bem a essa pessoa. Penso nisso desta forma: líderes que andam o segundo quilômetro geram seguidores que andam o segundo quilômetro. Se você se empenhar no sentido de se preocupar com os outros e ajudá-los, então eles irão se empenhar para ajudá-lo quando você lhes pedir isso.

As pessoas seguem líderes em quem confiam — líderes com caráter

O teórico político Thomas Paine afirmou: "Admiro os que conseguem sorrir em meio aos problemas, reunir forças na angústia e criar coragem na reflexão. Encolher-se é coisa de mentes pequenas, mas aquele cujo coração é firme, e cuja consciência aprova sua conduta, perseguirá seus princípios até a morte." O que dá a um líder a força para exibir tais qualidades admiráveis? A resposta é *caráter*.

Como norte-americanos, temos a tendência de dar muita ênfase à inteligência e à habilidade. E, embora sejam importantes, essas coisas não podem substituir a firmeza de caráter. Como ensino em *As 21 irrefutáveis leis da liderança*, confiança é a base da liderança. Um líder que entende muito bem como os problemas de caráter impactam a liderança é Chuck Colson, ex-assessor de Nixon que foi preso logo após o escândalo Watergate. Colson mudou radicalmente sua vida após aquela terrível experiência e agora dá palestras sobre liderança e questões acerca da fé. Ele observa: "À medida que você atravessa a vida, seja na carreira militar, em seus negócios, na igreja ou em qualquer outra forma de vida (e, naturalmente, em sua família), alguém vai depender mais de seu caráter do que de seu QI."

> *"Não se pode contrariar e influenciar ao mesmo tempo."*
> — John Knox

A maioria das pessoas reconheceria que a confiabilidade é importante em um líder. O que algumas pessoas não reconhecem é a importância da confiabilidade em pretensos líderes. Rod Loy, que lidera uma grande organização em Little Rock, Arkansas, comentou:

> São tantos os líderes médios que dizem: "quando for líder, mudarei meu estilo de vida." Reúno-me com muitas pessoas abaixo do líder principal que não vivem de acordo com o código de caráter da liderança máxima. Elas pensam o seguinte: *Não preciso viver assim até me tornar um líder visível.* Acredito no seguinte: se não viver de acordo com esses altos padrões, jamais me tornarei um líder. Prefiro limitar minhas liberdades — porque entendo os sacrifícios da posição que, um dia, desejo ter.

Se você deseja vencer o desafio da influência, então desenvolva e exiba o tipo de caráter que julgaria admirável em um líder máximo. Isso abrirá o caminho para relacionamentos com os outros, hoje, e irá prepará-lo para a liderança não-posicional de amanhã.

As pessoas seguem líderes a quem respeitam — líderes competentes

Respeito é quase sempre conquistado em situações difíceis. Uma posição de liderança ajudará um líder até o momento em que surgirem dificuldades. Então o líder deve se levantar para enfrentar essas dificuldades. Líderes que são incapazes de enfrentar desafios talvez desejem respeito de seus seguidores e colegas, mas raramente o têm. Talvez sejam estimados se tiverem bom caráter e cuidado com os outros, mas não serão muito respeitados. As pessoas talvez os tratem bem, mas não lhes darão ouvidos. Todos podem ter o direito de falar, mas nem todos conseguem o direito de serem ouvidos.

> *Enquanto líderes ineficientes exigem respeito, líderes competentes ordenam respeito.*

Enquanto líderes ineficientes exigem respeito, líderes competentes ordenam respeito. Ser capaz de fazer um bom trabalho leva à credibilidade de um líder. Se você pensa que pode fazer um trabalho — isso é confiança. Se realmente pode fazê-lo — isso é competência. E não há o que substitua isso.

As pessoas seguem líderes a quem podem abordar — líderes consistentes

Um líder médio que entrevistei enquanto estava preparando este livro, a quem chamarei de Fred, contou-me que, certa vez, teve como chefe um líder muito mal-humorado. Ele nunca sabia se o "bom chefe" ou o "mau chefe" apareceria no escritório em um determinado dia. Mas Fred aprendeu a lidar com o problema depois de seguir o conselho de um colega de equipe.

Se Fred tinha um problema no trabalho no qual precisaria da atenção do chefe mal-humorado, ele o acrescentava a uma lista que mantinha e o apresentava à reunião semanal da equipe. Fred sempre tinha muito cuidado para não se sentar ao lado de seu chefe durante a reunião. Desse modo, ele tinha a chance de observar como o chefe tratava os outros enquanto a discussão seguia de pessoa a pessoa em torno da mesa. Depois de o chefe ter conversado com dois ou três funcionários, Fred podia avaliar como estava seu humor naquele dia. Se seu chefe estivesse mal-humorado, Fred guardava a lista consigo e deixava para discuti-la em outro dia. Mas se o chefe estivesse com um bom e favorável astral, Fred fazia todas as perguntas de sua lista e obtinha uma boa resposta para cada uma. Fred muitas vezes acabava guardando a lista por cinco ou seis semanas até que o chefe estivesse de bom astral. A má notícia era que muitas vezes havia um atraso na solução de algumas questões importantes, mas a boa notícia era que o chefe mal-humorado raramente atacava Fred.

Diz um provérbio iídiche: "Se você age como um burro, não se ofenda se as pessoas montarem em você." Imagino que você poderia dizer que é isso que Fred tinha de fazer para se dar bem com seu líder inconsistente. Consistência não é fácil para ninguém. Na verdade, o escritor Aldous Huxley afirmou: "Consistência é algo contrário à natureza, contrário à vida. As únicas pessoas totalmente consistentes são os mortos."

Se quiser ser o tipo de líder que os outros queiram seguir — um Líder 360° —, então faça planos para combater o bom combate de ser consistente para que você seja acessível. Mesmo que você se preocupe com as pessoas, seja honesto com elas e possa fazer um bom trabalho, a menos que seja consistente, as pessoas não dependerão de você, e não confiarão em você.

As pessoas seguem líderes a quem admiram — líderes com compromisso

Gosto da história do fazendeiro que passou por vários anos ruins e foi procurar o gerente de seu banco.

— Tenho uma boa e má notícia para você — anunciou ao funcionário do banco. — Qual você gostaria de ouvir primeiro?

— Por que não conta as más notícias e acaba logo com isso? — respondeu o gerente do banco.

— Tudo bem. Com a terrível seca, inflação e tudo, não pude saldar nenhuma prestação de meu financiamento este ano; nem do principal nem dos juros.

— Bem, isso é terrível — respondeu o gerente.

— Pior. Também não poderei pagar nenhuma prestação do empréstimo que fiz para todo o maquinário que comprei, nem do principal nem dos juros.

— Puxa! Isso realmente é péssimo!

— Pior do que isso — continuou o fazendeiro. — Você se lembra que também fiz um empréstimo para comprar sementes, adubos e outros suprimentos? Bem, não posso pagar nada também, nem o principal nem os juros.

— Isso é terrível, e já chega! Diga-me qual é a boa notícia — pediu o gerente.

— A boa notícia — respondeu o fazendeiro com um sorriso — é que pretendo continuar a fazer negócio com você.

A piada é velha, mas é verdade que as pessoas admiram os que exibem grande compromisso. Pensem em alguns dos grandes líderes que você admira. Quando penso em pessoas como Winston Churchill, Martin Luther King Jr. e John Wesley, uma das primeiras qualidades que me vêm à mente é o compromisso deles. Eles deram tudo o que tinham para liderar segundo seus princípios.

Há vários anos, fui co-autor com Jim Dornan de um livro intitulado *Como tornar-se uma pessoa de influência*. Muitas pessoas me dizem que, de todos os meus livros, esse é o favorito delas. Por quê? Acredito que seja por ser um livro sobre liderança para pessoas que não têm posição de liderança. É, sobretudo, popular entre pessoas envolvidas em marketing de rede, uma vez que o ramo delas é totalmente baseado em influência. O livro baseia-se nas qualidades que lhe apresentarei agora, que são as qualidades de um influenciador e fáceis de serem lembradas.

Integridade — forma relacionamentos com base na confiança
Cuidado — preocupa-se com as pessoas como indivíduos
Fé — acredita nas pessoas
Atenção — valoriza o que os outros têm para dizer
Compreensão— vê do ponto de vista dos outros
Expansão — ajuda os outros a crescerem
Navegação — ajuda os outros a atravessarem dificuldades
Conexão — dá início a relacionamentos positivos
Capacitação — dá aos outros o poder de liderar

Se você se esforçar muito para fazer todas essas coisas com as pessoas em sua organização, vencerá o Desafio da Influência. O segredo está em pensar em *influência*, e não em *posição*. É sobre tudo isso que tem a ver liderança. Se começar a praticar as qualidades da influência, você estará preparado para assumir uma das tarefas mais difíceis dos Líderes 360º: liderar para cima. Esse é o tema da próxima seção deste livro.

Revisão da 2ª seção

Os desafios que Líderes 360º enfrentam

Aqui está uma breve revisão dos desafios que todo líder no escalão médio da organização enfrenta:

1. O Desafio da Tensão: A pressão de ser surpreendido no escalão médio
2. O Desafio da Frustração: Seguindo um líder ineficiente
3. O Desafio dos Muitos Chapéus: Uma cabeça... muitos chapéus
4. O Desafio do Ego: Você muitas vezes está escondido no escalão médio
5. O Desafio da Realização: Os líderes gostam mais de estar na frente do que de estar no escalão médio
6. O Desafio da Visão: Patrocinar a visão é mais difícil quando não foi você que a criou
7. O Desafio da Influência: Liderar quem está acima de sua posição não é fácil

3ª SEÇÃO

Os princípios que líderes 360º põem em prática na liderança para cima

"Siga-me, estou bem atrás de você."

Se você está tentando causar um impacto do escalão médio de uma organização, então é provável que se identifique com os mitos e desafios descritos nas duas seções anteriores do livro. É quase certo que você tem de lidar com um ou mais deles todos os dias. Então, como aproveitar ao máximo sua situação ao mesmo tempo que você supera os desafios e evita os mitos? Você desenvolve a habilidade para ser um Líder 360º aprendendo a liderar para cima (com seu líder), liderar para os lados (com seus colegas) e liderar para baixo (com seus seguidores). Cada um desses estilos de liderança apóia-se em diferentes princípios e exige diferentes habilidades.

> *"Se quiser progredir, liderar para cima é muito melhor do que bajular."*
> — Dan Reiland

Liderar para cima é o maior desafio do Líder 360º. A maioria dos líderes deseja liderar, não ser liderado. Mas a maioria dos líderes também deseja ter valor agregado a eles. Se você aceitar a abordagem que consiste em desejar agregar valor àqueles que estão acima de você, terá a melhor chance de influenciá-los. Enquanto discutíamos idéias para este livro, Dan Reiland observou: "Se quiser progredir, liderar para cima é muito melhor do que bajular."

No outono de 2004, vislumbrei um mundo que era totalmente novo para mim. No *Exchange*, um evento para executivos que realizo todos os anos, convidei os participantes para assistir a uma apresentação de um famoso regente da filarmônica de Boston, Benjamin Zander, junto com a Orquestra Sinfônica de Atlanta. Na verdade, não só assistir: foi uma experiência interativa de liderança em que nos sentamos entre os músicos da orquestra enquanto eles ensaiavam, e o regente nos deu noções de comunicação, liderança e espírito de grupo dentro de uma equipe de artistas da mais alta qualidade. Foi incrível.

Essa experiência me motivou a ler o livro que Zander havia escrito com a esposa, Rosamund Stone Zander, intitulado *A arte da possibilidade*. Nele, ambos contam uma história que notavelmente ilustra o valor da liderança para cima e como ela pode agregar valor a um líder e a uma organização. Benjamin Zander escreveu:

> Um dos artistas mais talentosos e consumados que conheci sentou-se, por décadas, como um modesto músico do naipe de violas de uma das principais orquestras dos Estados Unidos. Eugene Lehner foi o violista do lendário Quarteto Kolisch e dirigente do distinto Quarteto de Cordas Juilliard bem como de outros inumeráveis grupos... Quantas vezes o consultei para esclarecer pontos difíceis de interpretação — para ter as escalas tiradas de minha frente por sua brilhante percepção da música![1]

Zander ainda diz que ficava curioso por saber se algum dos outros regentes — que têm uma notória reputação de serem egoístas — havia consultado e usado o imenso conhecimento e experiência desse músico como artista e líder. Segue a resposta de Lehner:

> Lembro-me, um dia, no primeiro ano em que eu estava tocando com a orquestra, de uma ocasião em que Koussevitsky estava regendo uma peça de Bach e, ao que parecia, tinha dificuldades para obter os resultados que desejava — as coisas simplesmente não estavam dando certo. Felizmente, sua amiga, a grande pedagoga e regente francesa Nadia Boulanger, por acaso, estava na cidade e sentada assistindo ao ensaio. Assim, Koussevitsky aproveitou a oportunidade para sair de uma situação complicada e embaraçosa

> chamando-a: "Nadie, por favor, você gostaria de vir aqui reger? Quero ir para o fundo da sala para ver como está soando o conjunto." A senhorita Boulanger subiu ao palco, fez alguns comentários para os músicos e regeu a orquestra passando pelo trecho sem nenhuma dificuldade. Desde aquele momento, em todos os ensaios, eu ficava esperando o regente dizer: "Lehrer, venha aqui reger, quero ir para o fundo da sala para ouvir como está soando o conjunto." Já faz quarenta e três anos que isso aconteceu, e as chances de eu ser solicitado são cada vez menores.[2]

Tenho certeza de que você não quer esperar quarenta e três anos para ter uma oportunidade de liderar para cima. Você quer ser uma pessoa de influência a partir de hoje.

Influenciar seu líder não é algo que você pode fazer em um dia. Na verdade, uma vez que você não tem controle sobre as pessoas que estão acima de você no quadro organizacional, elas podem se negar a ser influenciadas por você ou por qualquer pessoa abaixo da autoridade delas. Por isso, há uma possibilidade de você nunca ser capaz de liderar para cima com elas. Mas você pode aumentar muito as chances de sucesso se puser em prática os princípios desta seção do livro. Sua estratégia fundamental deve ser apoiar seu líder, agregar valor à organização e distinguir-se dos restantes do nível médio fazendo seu trabalho com excelência. Se praticar essas coisas consistentemente, então, com o tempo, o líder que está acima poderá aprender a confiar em você, contar com você e buscar seus conselhos. A cada passo, sua influência aumentará e você terá cada vez mais oportunidades para liderar para cima.

Princípio de liderança para cima nº 1

Lidere-se a si mesmo excepcionalmente bem

De vez em quando, em uma conferência, jovens distintos aproximam-se de mim e falam sobre o quanto gostariam de se tornar grandes líderes e como estão trabalhando duro para aprenderem e crescerem. Mas, então, lamentam: "Ainda não tenho ninguém a quem liderar."

Minha resposta para eles é: "Liderem-se a si mesmos. É aí onde tudo começa. Além disso, se vocês não seguirem a si mesmos, por que uma outra pessoa deveria?"

Você já trabalhou com pessoas que não se lideram bem? Pior, já trabalhou para pessoas em posições de liderança que não conseguem se liderar? O que elas fazem além de dar um péssimo exemplo? São como o corvo de uma fábula que li certa vez. O corvo ficava em uma árvore sem fazer nada o dia todo. Um coelhinho viu o corvo e perguntou: "Posso ficar sentado também como você sem fazer nada o dia todo?"

"Claro", respondeu o corvo, "por que não?" Então o coelho sentou-se no chão embaixo do corvo, seguindo seu exemplo. De repente, uma raposa apareceu, atacou o coelho e o comeu.

A moral da história, por ironia, é que, se você ficar sentado sem fazer nada o dia todo, é melhor ficar sentado em um lugar bem alto. Mas, se ficar embaixo onde há ação, você não poderá se dar ao luxo de ficar sentado sem fazer nada. A chave para liderar-se a si mesmo bem é aprender a autogerenciar-se. Tenho observado que a maioria das pessoas dá muita ênfase à tomada de decisão e muito pouca ênfase ao gerenciamento da decisão. Conseqüentemente, elas perdem foco, disciplina, intencionalidade e propósito.

Creio nisso com tanta convicção que escrevi um livro inteiro sobre a questão intitulado *Today matters* [Questões de hoje]. A tese do livro é que as pessoas de sucesso tomam decisões acertadas no início e gerenciam essas decisões diariamente. Muitas vezes pensamos que autoliderança tem a ver com tomar boas decisões todos os dias, quando a realidade é que precisamos tomar algumas decisões críticas em importantes áreas da vida e, depois, gerenciar essas decisões dia após dia.

Aqui está um exemplo clássico do que quero dizer. Você já tomou a decisão no ano novo de que faria exercícios? É provável que você já saiba que fazer exercícios é importante. Tomar a decisão de fazê-los não é tão difícil, mas gerenciar essa decisão — e levá-la a cabo — é muito mais difícil. Digamos, por exemplo, que você se matricule em uma academia na primeira semana de janeiro. Ao se matricular, você está entusiasmado. Mas, ao aparecer na academia pela primeira vez, você se depara com uma multidão. Há tantos carros que a polícia está orientando o trânsito. Você dirige por ali por quinze minutos e, finalmente, encontra um estacionamento — a quatro quarteirões do lugar. Mas tudo bem; você está ali para se exercitar de qualquer forma, por isso vai a pé até a academia.

A chave para liderar bem a si mesmo é aprender a autogerenciar-se.

Então, ao entrar no prédio, você tem de esperar até para entrar no vestiário para se trocar. Mas você pensa: *Tudo bem. Quero ficar em forma. Vai ser ótimo.* Você pensa assim até finalmente se vestir e descobrir que todos os aparelhos estão sendo usados. Mais uma vez você tem de esperar. Finalmente, você consegue um aparelho — não é o que você realmente queria, mas, tudo bem, irá usá-lo — e se exercita por vinte minutos. Quando vê a fila para o chuveiro, você resolve deixá-lo para outra hora, pega suas roupas e simplesmente se troca em casa.

Na saída, você vê a gerente da academia e resolve reclamar sobre o número de pessoas. Ela diz: "Não se preocupe. Volte daqui a três semanas e você conseguirá uma vaga no estacionamento mais próximo e poderá escolher os aparelhos. Pois, nessa época, 98% das pessoas que se matricularam terão deixado de freqüentar a academia!"

Uma coisa é decidir fazer exercícios. Outra coisa é de fato levar a cabo essa decisão. Uma vez que todas as outras pessoas caem fora, você terá de decidir se desistirá como todos os outros ou se persistirá. E, para isso, é preciso autogerenciamento.

Nada causará melhor impressão em seu líder do que sua habilidade de gerenciar a si mesmo. Se seu líder tiver sempre de despender energia para gerenciá-lo, então você será visto como alguém que consome tempo e energia. Se você se gerenciar bem, no entanto, seu chefe irá vê-lo como alguém que maximiza oportunidades e estimula pontos fortes pessoais, uma razão para que seu líder recorra a você quando a pressão aumentar.

O que um Líder Deve Gerenciar em Si Mesmo

Em *Today matters*, faço referência a inúmeras providências que as pessoas que desejam ter sucesso deveriam tomar. Mas, aqui, quero concentrar-me apenas na liderança. Por isso, se quiser ganhar credibilidade com seu chefe e os outros, concentre-se em cuidar dos negócios nestas sete áreas:

1. Gerencie suas emoções

Certa vez, fiquei sabendo que as pessoas com problemas emocionais têm 144% a mais de chances de sofrerem acidentes de carro do que aquelas que não os têm. O mesmo estudo obviamente descobriu que uma dentre cinco vítimas de acidentes fatais havia tido uma briga com outra pessoa seis horas antes do acidente.

É importante que todos gerenciem as emoções. Ninguém gosta de gastar tempo com uma bomba-relógio emocional que pode "explodir" a qualquer momento. Mas é sobretudo importante que os líderes controlem suas emoções, pois tudo o que eles fazem afeta muitas outras pessoas.

Bons líderes sabem quando demonstrar emoções e quando retardá-las. Às vezes eles as deixam transparecer para que as pessoas que estão com ele possam sentir o que ele está sentindo. Isso as instiga. Isso é manipulação? Não acho que seja, desde que os líderes estejam fazendo isso pelo bem da equipe, e não para seu próprio ganho. Uma vez que vêem mais do que os outros e à frente deles, os líderes muitas vezes experimentam as emoções primeiro. Ao permitir que a equipe saiba o que você está sentindo, você a está ajudando a ver o que você está vendo.

Bons líderes sabem quando demonstrar emoções e quando retardá-las.

Em outras vezes, os líderes têm de controlar seus sentimentos. Em seu livro *American soldier* [Soldado americano], o general Tommy Franks escreve sobre um incidente devastador que ocorreu no Vietnã quando ele era oficial subalterno e o exemplo que lhe foi dado nessa área pelo tenente-coronel Eric Antilla, que colocou os homens a quem comandava acima de suas próprias necessidades emocionais:

> Estudei os olhos de Eric Antilla. Sabia que ele estava dominado pela angústia, mas nunca a deixou transparecer. Estávamos em guerra; ele estava no comando das tropas em combate. E sua serena decisão de enfrentar essa catástrofe deu força a todos nós. Em um momento ele sofria, mas agora ele estava firme como uma rocha. Na guerra, é necessário que os comandantes sejam capazes de retardar suas emoções até que possam se dar ao luxo de demonstrá-las.[1]

Quando digo que os líderes devem retardar suas emoções, não estou sugerindo que as neguem ou enterrem. O fundamental no gerenciamento de suas emoções é que você deve colocar os outros — e não a si mesmo — em primeiro lugar em se tratando do modo como lida com elas e as processa. Quer você retarde ou demonstre suas emoções, elas não devem servir para sua própria gratificação. Você deve se perguntar: *Do que a equipe precisa?*, e não: *O que fará com que eu me sinta melhor?*

2. Gerencie seu tempo

Problemas que envolvem gerenciamento de tempo são, sobretudo, difíceis para pessoas no escalão médio da organização. Os líderes que estão no topo podem delegar. Os funcionários que estão na base normalmente batem o ponto. Eles recebem por hora e fazem o que podem enquanto estão no horário de serviço. Os líderes médios, enquanto isso, sentem o Desafio da Tensão, e são encorajados a — e muitas vezes espera-se deles — investir longas horas para concluir o trabalho.

Tempo é valioso. O psiquiatra e autor M. Scott Peck afirmou: "Até que você valorize a si mesmo, não valorizará o seu tempo. Até que você valorize o seu tempo, não fará nada com ele." Em *What to do between birth and death* (Wm. Morrow & Co., 1992) [O que fazer entre o nascimento e a morte], Charles Spezzano diz que as pessoas não pagam pelas coisas com dinheiro; pagam por elas com tempo. Se você disser para si mesmo: *Em cinco anos terei economizado o suficiente para comprar aquela casa de férias*, então o que você realmente está dizendo é que a casa lhe custará cinco anos — um duodécimo de sua vida adulta. "A expressão *gastando seu tempo* não é uma metáfora", esclarece Spezzano. "É como a vida funciona."

> *"Até que você valorize a si mesmo, não valorizará o seu tempo."*
> — M. Scott Peck

Em vez de pensar no que você faz e no que compra em termos de dinheiro, pense nisso em termos de tempo. Pense nisso. No que vale a pena gastar sua vida? Ver seu trabalho levando em conta o tempo talvez mude seu modo de gerenciá-lo.

3. Gerencie suas prioridades

Os melhores Líderes 360º são generalistas. Sabem muito sobre muitas coisas. Muitas vezes não têm escolha por causa do Desafio dos Muitos Chapéus. Mas, ao mesmo tempo, o velho provérbio é verdadeiro: Se você persegue dois coelhos, ambos escaparão.

O que um líder no escalão médio da organização deve fazer? Uma vez que você não é o líder máximo, não precisa controlar sua lista de responsabilidades ou sua agenda. Você ainda deve tentar chegar ao ponto de conseguir gerenciar suas prioridades e focar seu tempo desta forma:

80% do tempo — trabalhe naquilo em que você é mais forte
15% do tempo — trabalhe naquilo que você está aprendendo
5% do tempo — trabalhe em outras áreas necessárias

Talvez não seja fácil fazer isso, mas é para isso que você deve se esforçar. Se tiver pessoas trabalhando para você, tente passar para elas as coisas que você não sabe fazer bem, mas que elas sabem. Ou, se possível, troque algumas tarefas com seus colegas para que cada um de vocês trabalhe na área em que estão seus pontos fortes. Lembre-se de que a única maneira de passar do escalão médio para cima é passar, aos poucos, de generalista para especialista, de alguém que faz bem muitas coisas para alguém que se concentra em algumas coisas que faz excepcionalmente bem.

O segredo para se fazer a mudança muitas vezes é a disciplina. Em *Empresas feitas para vencer*, Jim Collins escreve:

> A maioria de nós leva uma vida atarefada, mas indisciplinada. Temos listas de afazeres cada vez maiores, tentando criar dinamismo pelo fazer, fazer, fazer — e fazer mais. E isso raramente funciona. Aqueles que constroem as empresas feitas para vencer, no entanto, usam de igual modo as listas de "coisas a serem deixadas de fazer" e as listas de "afazeres". Eles mostraram uma notável disciplina no sentido de se desligarem de todos os tipos de coisas que nada têm a ver.[2]

Você deve ser implacável ao julgar o que não deve fazer. Só porque você gosta de fazer alguma coisa não significa que essa coisa deva continuar em sua lista de afazeres. Se for um ponto forte, faça-o. Se ajudá-lo a crescer, faça-o. Se seu líder disser que você deve lidar com isso pessoalmente, faça-o. Qualquer outra coisa é um candidato para sua lista de "coisas a serem deixadas de fazer".

4. Gerencie sua energia

Algumas pessoas têm de racionar sua energia para não a esgotarem. Até alguns anos atrás, as coisas não funcionavam assim comigo. Quando as pessoas me perguntavam como eu conseguia fazer tanta coisa, minha resposta era sempre: "Muita energia, pouco QI." Desde criança, sempre fui muito ativo. Eu tinha 6 anos quando percebi que meu apelido não era "Anjinho".

Agora que tenho 60 anos, tenho de prestar atenção em meu nível de energia. Em *Thinking for a change*, compartilhei uma de minhas estratégias para gerenciar minha energia. Quando olho para meu calendário todas as manhãs, me pergunto: *Qual é o evento mais importante?* É a única coisa à qual não posso me dar ao luxo de oferecer menos do que o melhor. Essa coisa pode ser para minha família, meus funcionários, um amigo, meu editor, o patrocinador de um compromisso referente a palestras ou meu tempo para escrever. Sempre me certifico de que tenho a energia para fazê-lo com foco e excelência.

O maior inimigo de uma boa idéia é estar ocupado.

Até as pessoas com muita energia podem ter essa energia consumida sob circunstâncias difíceis. Observei que os líderes no escalão médio de uma organização muitas vezes têm de lidar com o que chamo de "drenos de energia".

Atividade sem direção — fazer coisas que não parecem ter importância.
Carga sem ação — não poder fazer coisas que realmente têm importância.
Conflito sem solução — não poder lidar com o que é o problema.

Se você descobrir que está em uma organização onde muitas vezes tem de lidar com esses drenos, então terá de trabalhar muito mais arduamente para gerenciar bem sua energia. Ou você faz isso ou precisará procurar um novo lugar para trabalhar.

5. Gerencie suas idéias

O poeta e romancista James Joyce observou: "Sua mente irá devolver-lhe exatamente aquilo que você colocou nela." O maior inimigo de uma boa idéia é estar ocupado. E os líderes médios normalmente são as pessoas mais ocupadas em uma organização. Se achar que o ritmo de vida exige demais para você parar e pensar durante seu dia de trabalho, então adquira o hábito de anotar as três ou quatro coisas que precisam de um bom processamento mental ou planejamento nas quais você não pode parar de pensar. Depois arrume um tempo para poder refletir bem nesses itens. Pode ser trinta minutos em casa no mesmo dia, ou talvez você queira fazer uma lista para a semana toda e depois reservar algumas horas no sábado. Só não deixe a lista ficar muito longa para você não desanimar ou se assustar.

Em *Thinking for a change*, encorajo os leitores a terem um lugar para pensar, e escrevo sobre a "cadeira de análise" que tenho em meu escritório. Não uso essa cadeira para outra coisa senão para meu tempo de reflexão. Descobri, desde a publicação do livro, que não deixei tão claro o uso correto da cadeira de análise. As pessoas nas conferências me contavam que se sentavam em sua cadeira de análise e nada acontecia. Expliquei-lhes que não me sento naquela cadeira sem uma pauta, esperando simplesmente que me ocorra uma boa idéia. O que normalmente faço é pensar nas coisas que anotei uma vez que não pude pensar nelas durante um dia atarefado. Levo a lista até minha cadeira, coloco-a diante de mim e penso em cada item de acordo com sua necessidade. Às vezes avalio uma decisão que já tomei. Em outras, considero uma decisão que terei de tomar. Às vezes desenvolvo uma estratégia. Em outras, tento ser criativo na elaboração de uma idéia.

> *Um minuto pensando muitas vezes vale mais do que uma hora conversando ou fazendo um trabalho não planejado.*

Quero encorajá-lo a tentar gerenciar seu pensamento desse modo. Se você nunca fez isso antes, ficará surpreso com o resultado. E saiba disto: 1 minuto > 1 hora. Um minuto pensando muitas vezes vale mais do que uma hora conversando ou fazendo um trabalho não planejado.

6. Gerencie suas palavras

O lendário técnico de basquete John Wooden dizia: "Mostre-me o que você pode fazer; não só diga o que pode fazer." Acho que quase todos os líderes já disseram — ou pelo menos cogitaram — essas palavras em algum ou outro momento quando estavam lidando com um funcionário. Líderes valorizam ação. E se eles vão parar o que estão fazendo para ouvir por um tempo consideravelmente longo, as palavras que eles ouvem precisam ter valor. Faça com que tenham valor.

Em *The Forbes scrapbook of thoughts on the business life* (Triumph Books, 1995) [Caderno de reflexões sobre a vida empresarial da revista especializada em investimentos e finanças *Forbes*], Emile de Girardin é citado como autor da seguinte frase: "O poder das palavras é imenso. Uma palavra bem escolhida muitas vezes é suficiente para deter um exército veloz, transformar derrota em vitória e salvar um império." Se você quiser ter certeza de que suas palavras têm peso, então as pese bem. A boa notícia é que, se gerenciar seu pensamento e aproveitar o tempo para refletir com foco, você provavelmente verá melhoria na área de gerenciamento de suas palavras também.

David McKinley, Líder 360º de uma grande organização em Plano, no Texas, contou-me uma história sobre seu primeiro emprego depois da pós-graduação. Ele estava se preparando para fazer uma importante visita a alguém e decidiu pedir ao líder máximo que o acompanhasse. Quando chegaram lá, David, em seu entusiasmo, simplesmente não conseguia parar de falar. Não deu ao seu líder a chance de fazer outra coisa senão assistir a tudo até o final da visita.

Ao voltarem para o carro, o chefe de David desabafou: "Eu poderia ter ficado no escritório", deixando claro que sua presença tinha sido desnecessária. David me disse: "Aprendi uma grande lição naquele dia sobre ficar 'dentro dos limites' quando estivesse com o líder sênior. Seu conselho sincero e sua correção fortaleceram nosso relacionamento e me ajudarem ao longo da vida." Se você tiver algo importante para dizer, diga-o bem e em poucas palavras. Se não tiver, às vezes a melhor coisa a fazer é ficar em silêncio.

7. Gerencie sua vida pessoal

Você pode fazer tudo certo no trabalho e se gerenciar bem ali, mas se sua vida pessoal estiver em desordem, ela, por fim, estragará todas as outras coisas. O que adiantaria para um líder chegar ao topo do quadro organizacional mas perder o casamento ou alienar-se dos filhos? Como alguém que passou muitos anos aconselhando pessoas, posso lhe dizer que nenhum sucesso profissional vale isso.

Sucesso é ter aqueles que mais me amam e respeitam o mais perto de mim.

Há anos esta tem sido uma de minhas definições de *sucesso*: ter aqueles que mais me amam e respeitam o mais perto de mim. Isso é o que mais importa. Quero o amor e o respeito de minha esposa, de meus filhos e de meus netos antes de querer o respeito de qualquer pessoa com quem trabalho. Não me entenda mal. Quero que as pessoas que trabalham comigo me respeitem também, mas não às custas de minha família. Se eu não conseguir gerenciar a minha vida em casa, então o impacto negativo irá espalhar-se sobre todas as áreas de minha vida, incluindo o trabalho.

Se quiser liderar para cima, você deve sempre liderar a si mesmo primeiro. Se não puder, você não terá credibilidade. Descobri que o que segue é uma verdade:

> Se não puder liderar a mim mesmo, os outros não me seguirão.
> Se não puder liderar a mim mesmo, os outros não me respeitarão.
> Se não puder liderar a mim mesmo, os outros não serão meus parceiros.

Essa verdade se aplica quer a influência que você deseja exercer seja sobre as pessoas que estão acima de você, ao seu lado ou abaixo de você. Quanto maior for sua certeza de que está fazendo o que deveria fazer, melhor será sua chance de causar um impacto sobre os outros.

Princípio de liderança para cima nº 2

Alivie a carga de seu líder

Você provavelmente já ouviu a expressão "jogo de empurra", do inglês *pass the buck* (literalmente passar a faca), que significa evitar posse ou fugir da responsabilidade. Diz uma fonte que a expressão vem dos jogos de cartas do Velho Oeste em que uma faca da marca Buck era usada para indicar quem seria o próximo a distribuir as cartas. Se alguém não quisesse distribuir, essa pessoa podia passar a faca.

Quando era presidente dos Estados Unidos, Harry Truman costumava manter uma placa sobre sua mesa que dizia: "A Faca Pára Aqui." Com isso ele queria dizer que, independentemente de quantas pessoas acima e abaixo da cadeia de comando pudessem evitar assumir a responsabilidade, ele iria assumi-la. Em um discurso na National War College em 19 de dezembro de 1952, Truman comentou: "Sabem, é fácil para o zagueiro dizer na segunda-feira de manhã o que o técnico deveria ter feito, depois que o jogo acabou. Mas quando a decisão cabe a você — e em minha mesa tenho um lema que diz 'A Faca Pára Aqui' —, a decisão tem de ser tomada." Em outra ocasião, ele disse: "O presidente — seja quem for — tem de decidir. Não pode passar a responsabilidade para outro. Nenhuma outra pessoa pode decidir por ele. Esse é seu trabalho."

O peso da responsabilidade é grande sobre os líderes. Quanto mais alto for o cargo que eles ocupam em uma organização, maior é a responsabilidade. Como presidente dos Estados Unidos, Truman carregou o peso de toda a nação sobre seus ombros. Os líderes podem desistir de muitas coisas. Podem delegar muitas coisas. A única coisa de que o líder máximo jamais pode abrir mão é a responsabilidade final.

Como Levantar seu Líder Levanta Você

Os líderes podem desistir de muitas coisas. Podem delegar muitas coisas. A única coisa de que o líder máximo jamais pode abrir mão é a responsabilidade final.

Como funcionário, você pode fazer uma de duas coisas por seu líder. Você pode deixar a carga mais leve ou pode deixá-la mais pesada. É semelhante ao Princípio do Elevador em *Vencendo com as pessoas*: "Podemos levantar ou derrubar pessoas em nossos relacionamentos." Se você ajuda a levantar a carga, então ajuda seu líder a ter sucesso. Quando o chefe tem sucesso, a organização tem sucesso. Caso contrário, é quase impossível que você vença se seu chefe fracassar.

Devo mencionar os motivos importantes para levantar a carga de seu líder. Mas, atenção: estou recomendando que você levante a carga, não bajule o chefe. Isso não significa que as pessoas que agradam ao chefe e esperam que isso ajude a carreira delas têm motivos ruins ou caráter deficiente. Elas simplesmente usaram mal sua energia. E um bom líder pode dizer a diferença entre alguém que realmente deseja ajudar e alguém que está tentando ganhar favor.

Há muitos benefícios positivos que podem ser resultados de quando você ajuda a levantar a carga de seu líder. Seguem alguns desses benefícios.

Levantar a carga demonstra que você é um membro da equipe

Quando penso no membro de equipe perfeito, penso em Kirk Nowery, presidente do Injoy Stewardship Services. Quando começou na ISS, Kirk era um de nossos "guerreiros de estrada". Ele consultava igrejas e também dava informações sobre o ISS e seus serviços para pastores e seus líderes auxiliares. Mas, toda vez que eu via Kirk, ele costumava fazer a mesma pergunta para mim: "John, tem alguma coisa que eu possa fazer por você?" Era seu modo de fazer-me saber que ele era um membro da equipe, disposto a fazer o que fosse necessário para o sucesso do ISS. Agora que Kirk está dirigindo a empresa, ele ainda me faz aquela pergunta toda vez que nos encontramos. E se lhe peço para fazer qualquer coisa, seja cumprir um objetivo importante da empresa ou ajudar-me com algo pessoal, ele conclui a tarefa com excelência.

Levantar a carga demonstra gratidão por estar na equipe

Diz um provérbio chinês: "Aqueles que bebem a água devem lembrar-se daqueles que cavam a fonte." De todos os atributos pessoais, a gratidão é um dos mais atrativos; às vezes acho que é um dos menos praticados. Mas tenho de dizer que as pessoas com quem trabalho não são omissas nessa área. Eu as considero muito agradecidas. Elas sempre demonstram sua gratidão ao levantarem minha carga e tirarem coisas dos meus ombros; e, uma vez que elas cuidam bem de mim, tento cuidar bem delas.

Levantar a carga faz com que você seja parte de algo maior

Em fevereiro de 2005, alguns membros da EQUIP, vários voluntários no treinamento de liderança e alguns doadores atuais e potenciais fizeram uma viagem à Europa para iniciar o Mandato de um Milhão de Líderes ali. Foi uma experiência maravilhosa encontrarmo-nos com líderes nacionais em países como Reino Unido, Alemanha, Ucrânia e Rússia.

Quando você ajuda alguém mais importante do que você, isso faz com que você seja parte de algo maior.

Percorremos grande parte do território em dez dias. Muitas vezes viajávamos de avião para um país pela manhã, fazíamos alguns passeios turísticos à tarde e nos encontrávamos com líderes importantes ao anoitecer ou no dia seguinte. À medida que corríamos de um lugar para outro e viajávamos juntos de ônibus do aeroporto ao hotel para a sala de reunião, Doug Carter, vice-presidente da EQUIP, sempre fazia todos se lembrarem da visão do EQUIP e do Mandato de um Milhão de Líderes — treinar e equipar um milhão de pessoas nos seis continentes para serem líderes espirituais.

Doug é um bom líder. Ele nos fazia lembrar que o que estávamos fazendo era parte de algo maior do que os eventos do momento. A verdade é que, quando você ajuda alguém mais importante do que você, isso faz com que você seja parte de algo maior. Quase todos não desejam fazer parte de algo significativo? Há também outro benefício em fazer parte de algo maior; isso faz de você alguém mais importante. Você não pode contribuir para algo significativo sem ser transformado. Se quiser ser melhor do que você é, faça parte de algo maior do que você.

Levantar a carga faz com que você seja notado

Quando você levanta as pessoas, elas não conseguem fazer outra coisa senão notá-lo. Ainda que os outros não estejam cientes do que você está fazendo, a pessoa que está sendo levantada está ciente. Sem dúvida, levantar os outros não tem por objetivo ser um evento único. Você não pode agregar valor às pessoas ajudando-as uma única vez. Se quiser que o valor que você dá volte para você, é preciso que isso seja um processo contínuo.

Com que freqüência você levanta os outros	Como o líder responde
Uma ou duas vezes	"Obrigado."
Muitas vezes	"Preciso de você."
Constantemente	"Deixe-me ajudá-lo."

Se você sempre ajuda os outros, então os outros, por fim, irão querer ajudá-lo. Ainda que o líder para quem você trabalha nunca se mexa para levantá-lo em troca, alguém que já viu você fazendo isso lhe estenderá uma mão. Lembre-se: *Isso não tem a ver com o peso da carga. Tem a ver com o modo como você a carrega.*

Levantar a carga aumenta seu valor e influência

Você tem um amigo ou parente que sempre faz com que as coisas fiquem melhores para você, que parece lhe agregar valor toda vez que estão juntos? Se tiver, aposto que essa pessoa tem um lugar especial em seu coração. De igual modo, os que carregam as cargas têm um lugar especial no coração de seus líderes.

> *Sua atitude de levantar seu líder muitas vezes leva seu líder a levantá-lo.*

Pela perspectiva do líder máximo, a pergunta que deve ser feita é: "Minha situação fica melhor com eles na equipe?" Esse realmente é o ponto principal para um líder. Se você fizer seus líderes sentirem que a situação deles fica melhor porque você faz parte da equipe, então seu valor aumenta, e o mesmo acontece com sua influência. Faço essa pergunta para mim mesmo cerca de dois anos depois de contratar uma pessoa. Sou naturalmente otimista, por isso leva todo esse tempo para que meu entusiasmo com relação a ela fique bem equilibrado e eu consiga ver seu desempenho de forma realista. Outros líderes poderiam talvez fazer uma avaliação justa antes disso, embora eu também recomende que os pessimistas esperem dois anos (para vencerem seu ceticismo).

Quando você levanta a carga de um líder, sua carga naturalmente fica mais pesada. Você está assumindo mais uma carga quando liderar no escalão médio da organização já é difícil. Saiba, no entanto, que sua atitude de levantar seu líder muitas vezes leva seu líder a levantá-lo.

Como Levantar a Carga de seu Líder

Ao ler sobre as várias formas pelas quais levantar a carga de seu líder pode ajudá-lo, talvez venham à sua mente várias maneiras pelas quais você poderia ajudar. Recomendo que você siga seus instintos. Mas, caso você não saiba ao certo por onde começar, por favor, deixe-me dar várias sugestões.

1. Faça um bom trabalho primeiro

Willie Mays, um dos melhores jogadores de beisebol, afirmou: "Não é difícil ser bom de vez em quando nos esportes. O difícil é ser bom todos os dias." Ao ser bom todos os dias, você toma o primeiro passo importante na atitude de levantar a carga de seu líder — você o impede de ter de levantar a sua.

Uma vez, tive um funcionário que sempre me dizia que ele queria me ajudar. A princípio, pensei: *Que atitude maravilhosa!* Mas depois comecei a perceber algo. A despeito de constantemente pedir para ajudar, ele nunca parecia concluir seu trabalho. Depois de ver que isso era um padrão, eu o pus sentado e lhe disse que a melhor maneira pela qual ele poderia me ajudar era fazer seu trabalho. Mas adivinhe o que aconteceu? Ele continuou a pedir para me ajudar, mas não ia até o fim nem concluía seu trabalho. Por fim, concluí que o que ele queria era passar tempo comigo, e não me ajudar. Com o tempo, tive de deixá-lo.

2. Quando encontrar um problema, ofereça uma solução

Gosto da tira cômica de *Snoopy* em que Lucy se aproxima de Charlie Brown, que está encostado em um muro apoiando a cabeça nas mãos. Ela olha para ele e diz:

— Eh, desanimado de novo, Charlie Brown?

Sabe qual é seu problema? — ela pergunta, não tendo resposta. — O problema é que você é você!

> *"Não é difícil ser bom de vez em quando nos esportes. O difícil é ser bom todos os dias."*
> — Willie Mays

— Bem, o que posso fazer? — ele responde, irritado.

Lucy responde:

— Não finjo ser capaz de dar conselhos. Eu simplesmente aponto o problema.

Os que levantam cargas não seguem o caminho de Lucy. São mais parecidos com Henry Ford, que aconselhou: "Não encontre uma falha; encontre uma solução."

Em uma organização que dirigi há muitos anos, eu tinha um bando de "Lucys" trabalhando para mim, que pareciam constantemente despejar problemas em minha mesa e depois ir embora para procurarem mais problemas. Instituí uma regra. Qualquer pessoa que me trouxesse um problema querendo ajuda para resolvê-lo também tinha de sugerir três possíveis soluções antes de me procurar. Fiz isso porque não queria ajudá-los? Não. Fiz isso porque queria que eles aprendessem a ajudar a si mesmos. Eles logo ficaram criativos e expeditos. À medida que o tempo passava, eles precisavam de menos ajuda e se tornavam melhores tomadores de decisão e líderes.

3. Diga aos líderes o que eles *precisam* ouvir, não o que *querem* ouvir

Por causa da intuição, bons líderes muitas vezes vêem mais do que os outros, antes dos outros. Por quê? Porque vêem tudo por uma propensão à liderança. Mas se a organização que lideram cresce, eles muitas vezes perdem o pique. Ficam desconectados. Qual é a solução para esse problema? Eles pedem às pessoas que fazem parte de seu círculo íntimo que cuidem das coisas para eles.

A maioria dos bons líderes quer a perspectiva das pessoas em quem confiam. Burton Bigelow, especialista em vendas, pontuou: "São poucos os grandes executivos que querem estar cercados de homens que só sabem dizer 'sim'. Seu maior ponto fraco muitas vezes é o fato de que esses homens 'afirmativos' constroem em volta do executivo um muro de ficção, quando o que o executivo quer são, principalmente, fatos simples."

> *"São poucos os grandes executivos que querem estar cercados de homens que só sabem dizer 'sim'."*
> — Burton Bigelow

Uma das maneiras de se tornar uma pessoa em quem os líderes confiam é dizer-lhes a verdade. Uma das pessoas mais importantes que carregam a carga em minha vida é Linda Eggers, minha assistente. Toda vez que me encontro com Linda, peço a ela que me mantenha informado. E, acredite, confio nela em tudo. Ter Linda trabalhando comigo é como ter um cérebro a mais!

No início de nosso relacionamento profissional, pedi a Linda que sempre fosse direta comigo em se tratando de más notícias. Eu não queria que ela ficasse falando sobre problemas por aí ou tentasse poupar meus sentimentos. Se vou receber uma má notícia, quero que seja direta e imediata. Minha promessa para Linda, em troca, foi nunca atacar o portador da notícia. Se você conversasse com Linda, acredito que ela confirmaria que cumpri essa promessa.

Se você nunca falou com seus líderes e disse-lhes o que eles precisam ouvir, então será preciso coragem. Como disse o general na Segunda Guerra Mundial e mais tarde presidente Dwight D. Eisenhower: "Um coração ousado é metade da guerra." Mas se estiver disposto a falar, pode ajudar seus líderes e a si mesmo. Comece por partes e seja diplomático. Se seu líder for receptivo, seja mais franco com o passar do tempo. Se você chegar ao ponto em que seu líder não só está disposto a ouvi-lo, mas, de fato, quer sua perspectiva, então se lembre disto: Cabe a você ser um funil, não um filtro. Cuidado ao passar informações sem "influenciar". Bons líderes querem a verdade — ainda que doa.

4. Ande o segundo quilômetro

Zig Ziglar, especialista em motivação e vendas, afirmou: "No segundo quilômetro não existe congestionamento de trânsito." Quando fizer mais do que lhe for solicitado, você certamente sobressairá entre a multidão. Quando tiver a atitude de fazer o que for necessário em se tratando de ajudar a organização, então você poderá sobressair como um membro de equipe confiável. (Discuto essa questão mais a fundo no capítulo 8 desta seção.) Pessoas que sobressaem na multidão muitas vezes se tornam membros do círculo íntimo de um líder. Eles chegam a esperar delas a mentalidade do segundo quilômetro. Esperam um esforço extra, uma responsabilidade extra e idéias extras. Mas os bons líderes também dão algo a mais em troca.

> *"No segundo quilômetro não existe congestionamento de trânsito."*
> — Zig Ziglar

5. Defenda seu líder sempre que puder

Ajudar seus líderes significa apoiá-los e defendê-los sempre que você puder. O ex-general do exército e ministro de estado dos EUA Colin Powell comentou: "Quando estamos debatendo uma questão, lealdade significa dar sua sincera opinião, quer você pense que gostarei ou não. Discordância, neste estágio, é um estímulo para mim. Mas, uma vez tomada uma decisão, a discussão se encerra. A partir daí, lealdade significa pôr em prática a decisão como se ela fosse sua."

6. Substitua seu líder sempre que puder

Todo funcionário em uma organização é um representante daquela organização. E os indivíduos em todos os níveis também representam os líderes para quem trabalham. Conseqüentemente, eles podem optar por progredir e substituir seus líderes, representando-os bem e servindo à organização.

Anos atrás, eu costumava dizer aos novos líderes que contratava que toda pessoa em nossa organização andava por ali com dois baldes. Em um balde havia água e no outro gasolina. Como líderes, eles sempre se deparavam com pequenos incêndios, e cabia a eles jogar água ou gasolina em um incêndio. A escolha era deles.

7. Pergunte para seu líder como você pode levantar a carga

É bom prever o que seu líder pode demandar ou querer. Melhor ainda é chegar e perguntar. Se você estiver fazendo seu trabalho e ele for bem-feito, é provável que seu líder tenha o prazer de dizer como você pode ajudar.

Ao longo dos anos, enquanto trabalhei como consultor e palestrante, descobri que existem duas abordagens que as pessoas nestes ramos usam. Um tipo de consultor entra em uma organização e exclama: "Eis o que sei; sente-se e ouça." Outro propõe: "O que preciso saber? Vamos trabalhar nisso juntos." De igual modo, alguns palestrantes chegam a um compromisso com a idéia de que é sua vez de estarem no centro das atenções, e eles são rápidos em dizer o que você pode fazer para ajudá-los. Outros palestrantes reconhecem que é o momento de agregar valor ao líder que os convidou.

À medida que adquiri mais maturidade e experiência, tentei tornar-me como os comunicadores naquele segundo grupo. Como muitos líderes no início da vida, comecei concentrando-me em mim mesmo. Mas, com o tempo, cheguei a reconhecer que, quando sou convidado para dar uma palestra, estou ali para servir aos líderes que me convidaram. Quero agregar-lhes valor, levantar a carga deles se puder. Para isso, pergunto três coisas para eles:

- "Posso dizer algo que você *já disse* para reforçá-lo?"
- "Posso dizer algo que você *gostaria de dizer, mas não pode*, para dizer em seu lugar o que é necessário?"
- "Posso dizer algo que você *ainda não disse* para expressar o que você quer dizer?"

Na maioria das vezes, os bons líderes respondem positivamente a esses pedidos. Estão sempre pensando na frente, pensando no lugar para onde devem levar a organização e em como irão chegar lá. Quando alguém pergunta como pode ajudar, eles ficam contentes. Tudo o que é necessário é que alguém pergunte.

Princípio de liderança para cima nº 3

Esteja disposto a fazer o que os outros não se dispõem a fazer

Pessoas de sucesso fazem coisas que as pessoas sem sucesso não estão dispostas a fazer.
— John C. Maxwell

Diz-se que um grupo de apoio na África do Sul, certa vez, escreveu para o missionário e explorador David Livingstone fazendo a seguinte pergunta: "Você já encontrou um bom caminho para chegar onde está? Nesse caso, queremos saber como enviar outros homens para se juntarem a você."

Livingstone respondeu: "Se vocês tiverem homens que queiram vir só se souberem que existe um bom caminho, não os quero. Quero homens que venham ainda que não haja caminho algum." É isso que os líderes máximos querem das pessoas que estão trabalhando para eles: querem indivíduos que estejam dispostos a fazer o que os outros não se dispõem a fazer.

Poucas coisas ganham a apreciação de um líder máximo mais rapidamente do que um funcionário que quer se esforçar para fazer tudo o que for necessário.

Poucas coisas ganham a apreciação de um líder máximo mais rapidamente do que um funcionário que quer se esforçar para fazer tudo o que for necessário. É assim que os Líderes 360° devem ser: dispostos e aptos a pensar além dos limites de sua descrição de trabalho e dispostos a lidar com os tipos de serviços que os outros são orgulhosos demais ou assustados demais para assumir. É isso que coloca os Líderes 360° acima de seus colegas. E lembre-se de que ser notado é um dos primeiros passos para influenciar a pessoa que está acima de você.

O que Significa Fazer o que os Outros Não Querem Fazer

Talvez você já tenha se disposto a fazer tudo o que for necessário, e, se a tarefa for sincera, ética e benéfica, você se presta a assumi-la. Nesse caso, isso é bom para você! Agora, só precisa saber agir para causar o maior impacto e criar influência. Aqui estão as dez primeiras coisas que recomendo que você faça para ser um Líder 360° que lidera para cima:

1. Líderes 360° assumem as tarefas difíceis

A habilidade de realizar tarefas difíceis é algo que ganha o respeito dos outros muito rapidamente. Em *Developing the leader within you*, mostro que uma das maneiras mais rápidas de se ganhar a liderança é solucionar problemas.

> Sempre ocorrem problemas no trabalho, em casa e na vida em geral. Minha observação é que as pessoas não gostam de problemas, cansam-se deles rapidamente e farão quase qualquer coisa para escapar deles. Esse clima faz os outros colocarem as rédeas da liderança em suas mãos — se você estiver disposto e apto para enfrentar os problemas deles ou treiná-los para solucioná-los. Suas habilidades para solucionar problemas sempre serão necessárias porque problema é algo que todo mundo tem.[1]

Assumir trabalhos difíceis não só atrai o respeito dos colegas, mas também ajuda você a se tornar um líder melhor, ao descobrir a resiliência e a tenacidade nas tarefas difíceis, não nas fáceis. É principalmente nas dificuldades que os líderes são formados.

Você descobre a resiliência e a tenacidade nas tarefas difíceis, não nas fáceis. Quando escolhas difíceis precisam ser feitas e os resultados são difíceis de se alcançar, líderes são formados.

2. Líderes 360º pagam suas dívidas

Sam Nunn, ex-senador dos Estados Unidos, afirmou: "Você tem de pagar o preço. Descobrirá que tudo na vida exige um preço e terá de decidir se o preço vale o prêmio." Para tornar-se um Líder 360º, você terá de pagar um preço. Terá de abrir mão de outras oportunidades para ser líder. Terá de sacrificar alguns objetivos pessoais por causa dos outros. Terá de deixar sua zona de conforto e fazer coisas que nunca fez antes. Terá de continuar a aprender e crescer quando não tiver vontade. Terá de colocar repetidas vezes os outros à sua frente. E, se quiser ser um líder realmente bom, terá de fazer essas coisas sem ostentação ou queixas. Mas lembre-se de que, como disse o lendário George Halas da NFL, "ninguém que já deu o melhor de si alguma vez se arrependeu".

3. Líderes 360º trabalham no anonimato

Penso muito na importância da liderança. Acho que isso é óbvio para um rapaz cujo lema é: "Tudo começa e acaba com a liderança." De vez em quando alguém me pergunta como o ego se encaixa na equação da liderança. As pessoas querem saber o que impede um líder de ter muito ego. Acho que a resposta está na trilha de cada líder em direção à liderança. Se as pessoas pagaram suas dívidas e deram o melhor de si no anonimato, o ego normalmente não é um problema.

Um de meus exemplos favoritos disso ocorreu na vida de Moisés no Antigo Testamento. Embora tenha nascido hebreu, ele levou uma vida de privilégio no palácio do Egito até os 40 anos. Mas, depois de matar um egípcio, ele se exilou no deserto por quarenta anos. Lá Deus usou-o como pastor e pai e, após quatro décadas de serviço fiel no anonimato, Moisés foi chamado para ser líder. As Escrituras dizem que, na época, ele era o homem mais humilde do mundo. Bill Purvis, pastor sênior de uma grande igreja em Columbus, na Geórgia, declarou: "Se você fizer o que pode, com o que tem, onde está, então Deus não irá deixá-lo onde você está, e aumentará o que você tem."

A romancista e poetisa inglesa Emily Brontë observou: "Se eu pudesse, sempre trabalharia em silêncio e no anonimato, e deixaria que meus esforços fossem conhecidos por seus resultados." Nem todos querem estar fora do centro das atenções como ela. Mas é importante que o líder aprenda a trabalhar no anonimato por ser o anonimato um teste de integridade pessoal. A chave é estar disposto a fazer algo porque é importante, não porque irá levá-lo a ser notado.

4. Líderes 360º têm sucesso com pessoas difíceis

As pessoas que estão trabalhando na base de uma organização normalmente não têm escolha se a pessoa com quem trabalham for difícil de se lidar. Em contrapartida, as pessoas no topo quase nunca têm de trabalhar com pessoas difíceis porque conseguem escolher com quem trabalham. Se alguém com quem elas trabalham se torna difícil, elas muitas vezes deixam essa pessoa ou a mudam de departamento.

Para os líderes no escalão médio da organização, a estrada é diferente. Eles têm alguma chance para resolver o problema, mas não controle total. Talvez não possam se livrar das pessoas difíceis, mas podem muitas vezes evitar trabalhar com elas. Mas bons líderes — aqueles que aprendem a liderar para cima, para os lados e para baixo — encontram uma maneira de ter sucesso mesmo com pessoas difíceis. Por que fazem isso? Porque isso beneficia a organização. Como fazem isso? Trabalham no sentido de encontrar interesses compartilhados e conectar-se com elas. E, em vez de colocarem essas pessoas difíceis no devido lugar, eles tentam se colocar no lugar delas.

Você não tem o direito de pôr a organização em risco... Se for assumir o perigo, é você quem precisa se pôr em risco.

5. Líderes 360º se põem em risco

Mencionei anteriormente que, se quiser liderar para cima, você deve se distinguir de seus colegas. Como fazer isso, principalmente quando você está pagando suas dívidas e trabalhando no anonimato? Uma maneira é assumir um risco. Você não pode deixar de correr riscos e sobressair ao mesmo tempo.

Eis o que é complicado em se tratando de assumir riscos no escalão médio da organização. Você nunca deve ser displicente com relação a arriscar o que não é seu. Chamo isso de "apostar com o dinheiro dos outros." Você não tem o direito de pôr a organização em risco. Nem seria certo você criar um alto risco para os outros na organização. Se for assumir o perigo, é você quem precisa *se* pôr em risco. Seja esperto, mas não evite riscos.

6. Líderes 360º admitem falhas, mas nunca têm desculpas

É mais fácil passar do fracasso para o sucesso do que de desculpas para o sucesso. E você terá maior credibilidade com seu líder se admitir seus defeitos e parar de dar desculpas. Garanto isso. Sem dúvida, isso não significa que você não precisa produzir resultados. O instrutor e técnico de beisebol McDonald Valentine afirmou: "Quanto mais alto seu nível de jogo, menos se aceitam desculpas."

É mais fácil passar do fracasso para o sucesso do que de desculpas para o sucesso.

O escalão médio da organização é um bom lugar para você descobrir sua identidade e realizar coisas. Ali você pode descobrir seus pontos fortes na liderança. Se não alcançar o alvo em uma área, você pode se esforçar para superar seus erros. Se continuar do mesmo modo, você pode aprender a superar um obstáculo, ou pode descobrir uma área de fraqueza em que precisará colaborar com os outros. Mas, independentemente do que seja, não dê desculpas. Steven Brown, presidente do Fortune Group, resumiu essa questão: "Essencialmente, há duas ações na vida: desempenho e desculpas. Decida a sua."

7. Líderes 360º fazem mais do que o esperado

As expectativas são grandes para as pessoas que estão no topo. E, infelizmente, em muitas organizações, as expectativas para as pessoas que estão na base são pequenas. Mas é no escalão médio que as expectativas se misturam. Por isso, se fizer mais do que se espera de você, você sobressairá e, muitas vezes, poderá contar com resultados maravilhosos e inesperados.

Quando Chris Hodges, pastor sênior que é doador e treinador voluntário da EQUIP, estava trabalhando como membro da equipe de uma grande igreja em Baton Rouge, seu chefe, Larry Stockstill, teve a oportunidade de tornar-se o apresentador de um programa de televisão ao vivo. Chris não tinha responsabilidades relacionadas ao programa e estava, na verdade, muito abaixo na hierarquia da organização. Mas, por saber que o programa era importante para Larry, Chris decidiu ir ao estúdio para ver a primeira gravação. Aconteceu que ele foi o único membro da equipe a fazer isso.

Houve uma grande agitação no estúdio à medida que a hora da primeira transmissão se aproximava. Essa agitação logo se transformou em pânico quando o convidado que estava agendado para aparecer no programa telefonou para dizer que estava tendo problemas para chegar até lá. O convidado não estava preocupado, porque pensou que eles poderiam começar a gravação mais tarde. Ele não sabia que o programa seria transmitido ao vivo!

Naquele momento, Larry olhou à sua volta, viu Chris e resolveu: "Você vai ser meu convidado hoje." A equipe começou o corre-corre, pôs um microfone em Chris, passou um pouco de maquiagem em seu rosto e colocou-o sentado na cadeira ao lado de Larry. Então, para grande choque de Chris, quando as luzes se acenderam e as câmeras começaram a se mover, Larry apresentou Chris como seu co-apresentador.

Chris acabou ficando naquele programa com Larry todas as semanas por dois anos e meio. A experiência transformou-o para sempre. Isso não só construiu seu relacionamento com seu líder, mas também tornou Chris conhecido na comunidade. O mais importante é que ele aprendeu a pensar depressa e tornou-se um comunicador melhor, habilidades que lhe são muito úteis todos os dias de sua vida. E tudo aconteceu porque ele decidiu fazer mais do que se esperava dele.

8. Líderes 360° são os primeiros a se adiantar e ajudar

Em *25 ways to win with people* [25 maneiras de ganhar com as pessoas], mostro que ser o primeiro a se oferecer para ajudar pode fazer com que os outros se sintam como se valessem um milhão de dólares. Sua atitude mostra a eles que você se importa. O tipo de influência que você ganha ao ajudar um colega também é adquirido com seu líder quando você se adianta e ajuda os outros. Você não percebeu que o que segue é verdadeiro?

- A primeira pessoa a ser voluntária é um herói e recebe o melhor tratamento.
- A segunda pessoa é considerada uma ajudante e vista como alguém que está só um pouco acima da média.
- A terceira pessoa, junto com todos os que vêm depois, é vista como uma seguidora e é ignorada.

Não importa a quem você está ajudando, seja ele seu chefe, um colega ou alguém que está trabalhando para você. Ao ajudar alguém na equipe, você ajuda a equipe toda. E ao ajudar a equipe, você está ajudando seus líderes. E isso lhes dá razões para notá-lo e apreciá-lo.

9. Líderes 360° executam tarefas que "não cabem a eles"

Poucas coisas são mais frustrantes para um líder do que ver uma pessoa se recusar a realizar uma tarefa que "não é dela". (Em momentos como esses, a maioria dos líderes máximos que conheço é tentada a convidar tais pessoas a se livrarem de todas as outras tarefas também!) Bons líderes não pensam assim. Eles entendem a Lei da Situação Como um Todo descrita em *As 21 irrefutáveis leis da liderança*: "O objetivo é mais importante do que o papel."

O objetivo de um Líder 360° é concluir o trabalho, cumprir a visão da organização e a do seu líder. Isso muitas vezes significa fazer o que for preciso. Quando o líder "sobe", sempre pode contratar mais gente para o trabalho, mas os líderes no escalão médio da organização muitas vezes não têm essa opção. Então, em vez disso, eles tomam a iniciativa de preencher a lacuna.

10. Líderes 360° assumem a responsabilidade por suas responsabilidades

Recentemente vi um desenho animado em que o pai estava lendo um livro para seu filhinho na hora de dormir. O título na capa do livro dizia: *A história de Jó*, e o menino fez apenas uma pergunta para o pai: "Por que ele não processou alguém?"

Não é assim que muitas pessoas pensam hoje em dia? A reação automática delas à adversidade é culpar uma outra pessoa. Não é isso que acontece com os Líderes 360°. Eles se prendem às suas responsabilidades e as levam até o fim.

A falta de responsabilidade pode romper um acordo em se tratando das pessoas que trabalham para mim. Quando meus funcionários não concluem o trabalho, naturalmente fico desapontado. Mas estou disposto a trabalhar com eles para ajudá-los a melhorar — se eles estiverem assumindo a responsabilidade sozinhos. Sei que eles irão se esforçar para melhorar se assumirem a responsabilidade e tiverem disposição para aprender. No entanto, não temos um ponto de partida para melhorar se eles não concluem o trabalho e não conseguem assumir a responsabilidade. Nesses casos, é hora de seguir em frente e encontrar outra pessoa para assumir o lugar deles.

J. C. Penney afirmou: "A menos que esteja disposto a mergulhar de cabeça em seu trabalho além da capacidade de um homem comum, você simplesmente não levará jeito para posições no topo." Eu diria que você não levará jeito para a liderança no escalão médio também! As pessoas que querem ser eficientes se dispõem a fazer o que os outros não se dispõem a fazer. E, por causa disso, seus líderes se dispõem a dar-lhes recursos, promovê-las e ser influenciados por elas.

Princípio de liderança para cima nº 4

FAÇA MAIS DO QUE GERENCIAR — LIDERE!

As pessoas às vezes pedem que eu explique a diferença entre gerenciamento e liderança. Aqui está, em poucas palavras, minha opinião a respeito: gerentes trabalham com processos, líderes trabalham com pessoas. Ambos são necessários para fazer com que uma organização siga sem percalços, mas eles têm funções diferentes.

Para entender o que quero dizer, pense em algumas das coisas que devem acontecer em um navio militar para que ele funcione adequadamente. O navio deve ser dirigido, abastecido e suprido. Há vários sistemas de armas que devem ser mantidos em bom estado de funcionamento. A manutenção de rotina em um navio é infinita, e há inúmeros processos relacionados ao pessoal a bordo do navio.

Todos esses processos devem ser inspecionados. Há procedimentos que devem ser seguidos, horários que devem ser criados, inventários que devem ser mantidos. Essas coisas nunca acontecerão sem pessoas para gerenciá-las. E, se não forem gerenciadas, o navio nunca será capaz de cumprir seu objetivo.

Por isso, qual é o papel dos líderes? Os líderes lideram as pessoas que gerenciam os processos. Se todo o trabalho em uma organização fosse executado por máquinas, e os processos monitorados e controlados por computadores, essa organização não precisaria de nenhum líder. Mas as *pessoas* fazem o trabalho e gerenciam os processos, e pessoas não funcionam como máquinas. Elas têm sentimentos. Pensam. Têm problemas, esperanças e sonhos. Embora possam ser gerenciadas, as pessoas prefeririam muito mais ser lideradas. E, quando são lideradas, seu desempenho alcança níveis muito mais altos.

"Líderes devem ser bons gerentes, mas gerentes, na maioria, não são necessariamente bons líderes."
— Tom Mullins

Tenho ainda de encontrar um bom líder que também não seja um bom gerente. Eles começam gerenciando-se bem a si mesmos, e logo aprendem a gerenciar dentro de sua área de competência. Depois somam a isso as habilidades necessárias para trabalharem com — e influenciarem — os outros, compreendendo a dinâmica da liderança. Como disse Tom Mullins: "Líderes devem ser bons gerentes, mas gerentes, na maioria, não são necessariamente bons líderes."

Liderança é mais do que gerenciamento. Liderança é:

- Mais pessoas do que projetos
- Mais movimento do que manutenção
- Mais arte do que ciência
- Mais intuição do que fórmula
- Mais visão do que procedimento
- Mais risco do que cuidado
- Mais ação do que reação
- Mais relacionamentos do que regras
- Mais quem é você do que o que você faz

Se quiser influenciar os outros, então você deve liderar.

Indo Além do Gerenciamento

Se você já sabe fazer seu trabalho e gerenciar processos, está no caminho para a liderança. Mas, para ir além do gerenciamento e chegar à liderança, você precisa ampliar sua mentalidade e começar a pensar como um líder. Se você já está sendo um bom líder, então use isso como uma referência para ver onde precisa continuar a crescer.

1. Líderes pensam a longo prazo

Muitas pessoas nas organizações não olham para o futuro. São como a pessoa que disse: "Meu departamento tem um plano de curto alcance e um plano de longo alcance. Nosso plano de curto alcance é manter-nos de pé o suficiente para começarmos a trabalhar em nosso plano de longo alcance." Mas o foco dos Líderes 360º vai além da tarefa ao seu alcance e eles vêem mais do que simplesmente o momento presente. Eles olham para o futuro, seja ele algumas horas, alguns dias ou alguns anos.

Por necessidade, os gerentes muitas vezes têm de viver o momento, trabalhar para fazer com que tudo continue a seguir tranqüilamente. Alguém, certa vez, mostrou que gerentes são pessoas que fazem certo as coisas, enquanto líderes são pessoas que fazem a coisa certa. Em outras palavras, os líderes têm a responsabilidade de se certificarem de que as coisas certas estão sendo feitas para que a organização tenha sucesso amanhã e também hoje.

A maioria das pessoas avalia os eventos que acontecem em sua vida de acordo com o modo como elas serão afetadas pessoalmente. Líderes pensam dentro de um contexto mais amplo.

Para isso é preciso pensar a longo prazo. Embora bons gerentes possam manter a linha de produção trabalhando a baixo custo e maximizar a eficiência, de nada adiantaria se essa linha de produção ainda estivesse usando telefones de disco!

2. Líderes vêem dentro do contexto mais amplo

A maioria das pessoas avalia os eventos que acontecem em sua vida de acordo com o modo como elas serão afetadas pessoalmente. Líderes pensam dentro de um contexto mais amplo. Começam perguntando para si mesmos: *Como isso impactará meu pessoal?* Mas depois também olham para ver como algo impactará aqueles que estão acima e ao lado deles. Tentam ver algo em termos de toda a organização e além disso.

Líderes eficientes sabem as respostas para as seguintes perguntas:

- Como me encaixo em minha área ou departamento?
- Como todos os departamentos se encaixam na organização?
- Onde nossa organização se encaixa no mercado?
- Como nosso mercado se relaciona com outros ramos de atividade e a economia?

E, uma vez que os ramos de atividade em nossa economia se tornam mais globais, muitos bons líderes estão pensando de modo ainda mais amplo!

Você não precisa se tornar um economista global para liderar com eficiência do escalão médio de sua organização. A questão é que os Líderes 360° vêem sua área como parte do processo mais amplo e entendem como as peças do quebra-cabeça maior se encaixam. Se quiser ser um líder melhor, então amplie seu pensamento e esforce-se para ver as coisas por uma perspectiva mais ampla.

3. Líderes estendem limites

As pessoas são treinadas para seguir regras desde crianças: *Fique na fila. Faça sua lição de casa. Levante a mão para fazer uma pergunta.* As regras, em sua maioria, são boas porque nos impedem de viver no caos. E a maioria dos processos é governada por regras. Você joga um tijolo da janela do segundo andar e sabe que ele vai cair no chão. Você se esquece de fazer o pedido de materiais para o escritório e acaba sem clipes. É uma simples questão de causa e efeito.

Os gerentes muitas vezes contam com regras para se certificarem de que os processos que supervisionam fiquem na linha. Na verdade, o autogerenciamento, que discuti no Princípio nº 1 desta seção, consiste, basicamente, em disciplina para cumprir as regras que você estipulou para si mesmo. Mas, para ir além do gerenciamento, você tem de aprender a pensar além dos conceitos conhecidos.

Líderes estendem limites. Desejam encontrar uma maneira melhor. Querem fazer melhorias. Gostam de ver progresso. Todas essas coisas significam fazer mudanças, pôr de lado velhas regras, inventar novos procedimentos. Líderes estão sempre perguntando: "Por que fazemos as coisas desta forma?" e dizendo: "Vamos experimentar isto." Os líderes querem ocupar um novo território, e isso significa cruzar fronteiras.

4. Líderes dão ênfase no que é intangível

As coisas que as pessoas podem gerenciar normalmente são tangíveis e mensuráveis. Provêem evidências concretas. Você pode logicamente avaliá-las antes de tomar decisões.

A liderança realmente é um jogo de coisas intangíveis. O que poderia ser mais intangível do que a influência? Líderes lidam com coisas como moral, motivação, força, emoções, atitudes, atmosfera e momento. Como você avalia o momento antes de fazer alguma coisa? Como você explica o momento? É tudo muito intuitivo. Para avaliar tais coisas, você tem de ler as entrelinhas. Os líderes precisam ficar à vontade — mais do que isso, confiantes — ao lidarem com as situações.

Muitas vezes os problemas que os líderes enfrentam nas organizações não são de fato problemas. Por exemplo, digamos que um departamento esteja 100 mil dólares acima do orçamento no final do trimestre. O problema dos líderes não é um problema financeiro. O déficit é apenas evidência do problema. O verdadeiro problema talvez seja o moral do pessoal de vendas, ou o momento do lançamento de um produto ou a atitude do líder do departamento. Um líder precisa aprender a concentrar-se no intangível.

Gosto do modo como o general aposentado do exército, Tommy Franks, disciplinou-se para olhar e se preparar para o intangível. Todos os dias de sua carreira, desde 23 de fevereiro de 1988, ele começava o trabalho planejando o dia. De manhã, colocava um cartão em branco de tamanho médio perto de seu calendário e escrevia em um dos lados a data e as palavras: "Os maiores desafios que posso enfrentar hoje." Na parte de baixo, escrevia os cinco problemas mais importantes que poderia enfrentar. Na parte de trás do cartão, escrevia: "Oportunidades que podem aparecer hoje", e fazia uma lista.

Franks contou: "Todas as manhãs, desde aquela quinta-feira de fevereiro de 1988, eu anotava os 'Desafios e Oportunidades' que poderiam surgir naquele dia. Depois de mais de cinco mil cartões, ainda faço isso. O cartão em si não é importante, mas sim preparar-me para cada dia."[1]

5. Líderes aprendem a confiar na intuição

Como os líderes aprendem a trabalhar com o intangível? Eles aprendem a confiar na própria intuição. Gosto do que disse a psicóloga Joyce Brothers: "Confie nos seus palpites. Eles normalmente se baseiam em fatos que se encontram arquivados logo abaixo do nível consciente." Quanto mais você concentra sua atenção no que é intangível, em vez de concentrá-la no que é tangível, em princípios, em vez de práticas, mais informações você estará arquivando para uso futuro, e mais aguçada sua intuição ficará. A intuição sozinha pode não ser suficiente para avançar, mas você jamais deve ignorá-la.

> *"Confie nos seus palpites. Eles normalmente se baseiam em fatos que se encontram arquivados logo abaixo do nível consciente."*
> — Joyce Brothers

Warren Bennis, professor de administração, consultor e um dos gurus da liderança, afirmou: "Uma parte do raciocínio de cérebro inteiro inclui aprender a confiar no que Emerson chamou de 'impulso abençoado', o palpite, a visão que lhe mostra em um lampejo a coisa certa a fazer. Todos têm essas visões; líderes aprendem a confiar nelas."

6. Líderes investem os outros de poder

Gerenciamento muitas vezes tem a ver com controle. Gerentes têm de controlar custos, controlar qualidade, controlar eficiência. Essa é uma razão por que alguns bons gerentes têm dificuldade de fazer a mudança de paradigma para liderança. Liderança não tem a ver com controle; tem a ver com liberdade.

Bons líderes abrem mão de seu poder. Procuram pessoas boas e investem nelas até que possam ser soltas e capacitadas para desempenhar a função. Esse processo não é tranqüilo. Muitas vezes é confuso, e não pode ser controlado. Quanto melhores são os líderes, mais satisfeitos eles ficam em ver membros da equipe encontrando maneiras novas que lhes são peculiares para fazer as coisas. E, no caso dos melhores líderes... se algumas das pessoas se distinguirem mais do que os líderes que as capacitaram, melhor ainda.

7. Líderes vêem a si mesmos como agentes de mudança

O psicólogo e autor Charles Garfield observou:

> Empreendedores máximos... não vêem realizações como um estado fixo, nem como um porto seguro no qual o indivíduo se sente ancorado, completado, acabado. Nunca ouvi um empreendedor máximo falar de um fim para o desafio, entusiasmo, curiosidade e espanto. Muito pelo contrário. Uma das características mais atraentes é um talento contagiante para seguir em direção ao futuro; gerar novos desafios, viver com a sensação de "mais trabalho a ser feito".[2]

As mesmas coisas podem ser ditas de líderes. Eles não querem que as coisas continuem na mesma. Desejam inovação. Gostam de novos desafios. Querem mais do que simplesmente ver progresso — querem ajudar a fazer as coisas acontecerem.

Liderança é e sempre será um alvo móvel. Se quiser tornar-se um líder melhor, fique à vontade com a mudança. E, se quiser liderar para cima, aprenda a pensar como líder. Pense nas pessoas, pense em progresso e pense no que é intangível.

Princípio de liderança para cima nº 5

Invista na química relacional

Toda boa liderança está baseada em relacionamento. As pessoas não irão concordar com você se não puderem *se entender* com você. Isso se aplica caso você esteja liderando para cima, para os lados e para baixo. A chave para desenvolver uma química com seus líderes é desenvolver relacionamentos com eles. Se você conseguir aprender a se adaptar à personalidade de seu chefe sendo, ao mesmo tempo, você mesmo e mantendo sua integridade, será capaz de liderar para cima.

> *As pessoas não irão concordar com você se não puderem se entender com você.*

Freqüentemente ensino aos líderes que cabe a eles se conectarem com as pessoas a quem lideram. Em um mundo ideal, é assim que as coisas devem ser. A realidade é que alguns líderes fazem pouca coisa para se conectar com as pessoas a quem lideram. Como um Líder 360º, você deve decidir por se conectar não apenas com as pessoas a quem lidera, mas também com a pessoa que o lidera. Se quiser *liderar para cima,* você deve assumir a responsabilidade de *se conectar.* Eis como começar.

1. Ouça a pulsação de seu líder

Assim como um médico ouve o batimento cardíaco de alguém para saber qual é a condição física dessa pessoa, você precisa ouvir a pulsação de seu líder para entender o que o faz funcionar. Isso pode significar prestar atenção em ambientes informais, como durante conversas nos corredores, no almoço ou no encontro que muitas vezes ocorre informalmente antes ou após uma reunião. Se conhecer bem seu líder e sentir que o relacionamento é sólido, você talvez queira ser mais direto e fazer perguntas sobre o que realmente é importante para ele em um nível emocional.

Se não tiver certeza do que procurar, concentre-se nestas três áreas:

- O que o faz rir? São as coisas que dão grande alegria a uma pessoa.
- O que o faz chorar? É o que toca o coração de uma pessoa em um profundo nível emocional.
- O que o faz cantar? São as coisas que trazem uma grande satisfação.

Todo mundo tem sonhos e problemas, cada qual com seus motivos, que funcionam como chaves para a vida. Analise-se um instante. O que toca você em um profundo nível emocional? Quais são os sinais de que isso é importante para você? Você vê esses sinais em seu líder? Procure-os, e você provavelmente irá encontrá-los.

Muitos líderes têm reservas quanto a deixar transparecer as chaves que levam ao seu coração porque, para eles, isso os deixa vulneráveis. Por isso, não aborde a questão acidentalmente, e nunca trate o assunto de maneira leviana. Fazer isso seria violar a confiança. E nunca tente "virar a chave" de modo manipulativo para ganho pessoal.

2. Saiba quais são as prioridades de seu líder

O entusiasmo dos líderes é o que eles *gostam* de fazer. As prioridades dos líderes são o que eles *têm* de fazer — e com isso me refiro a coisas que vão além de suas listas de afazeres. Todos os líderes têm deveres a cumprir; do contrário, não conseguirão levar suas responsabilidades adiante. É a lista pequena que o chefe de seu chefe diria ser a lista do "faça ou morra" para aquela posição. Tenha por objetivo descobrir quais são essas prioridades. Quanto mais inteirado desses deveres ou objetivos você estiver, melhor entenderá e se comunicará com seu líder.

3. Capte o entusiasmo de seu líder

É muito mais fácil trabalhar com alguém quando se compartilha um entusiasmo. Quando você e um amigo estão entusiasmados com alguma coisa, como um passatempo comum, vocês muitas vezes não perdem a noção do tempo quando estão envolvidos com aquilo? Você pode passar horas conversando sobre isso e nunca fica cansado. Se você puder captar o entusiasmo de seu líder, isso terá um efeito igualmente estimulante e criará um laço entre vocês. Se puder compartilhar esse entusiasmo, você acabará por transmiti-lo espontaneamente.

4. Apóie a visão de seu líder

Quando líderes máximos ouvem os outros articularem a visão que eles lançaram para a organização, o coração deles vibra. É muito gratificante. Representa um *tipping point*, para usar o termo do autor Malcolm Gladwell: o poder dos pequenos fatores que se articulam para grandes mudanças. No caso, o sinal de um mínimo engajamento de outros na visão é um bom indicativo para seu cumprimento.

> *Toda vez que outra pessoa na organização aceita a visão e a passa para frente, é como se a visão recebesse "pernas novas."*

Líderes no escalão médio da organização que são defensores da visão passam a gozar da alta estima de um líder máximo. Eles a recebem. Estão na equipe. E têm grande valor. Toda vez que outra pessoa na organização aceita a visão e a passa para frente, é como se a visão *recebesse* "pernas novas". Em outras palavras, quando a visão é passada, a pessoa que vem em seguida é capaz de assumi-la.

Você nunca deve subestimar o poder de um endosso verbal da visão por alguém com influência. O mesmo tipo de poder pode ser visto no mundo corporativo. Por exemplo, observei que, com a maioria dos livros, as vendas que ocorrem durante os primeiros seis meses devem-se ao marketing, distribuição e promoção feitos pelo editor (e às vezes pelo autor).

Depois disso, as vendas são quase inteiramente um resultado da propaganda boca-a-boca. Se as pessoas gostam do livro, elas falam sobre ele e, em essência, passam a visão do autor e testificam o valor do livro.

Como um líder no escalão médio da organização, se você não tiver certeza da visão de seu líder, converse com ele. Faça perguntas. Uma vez que você acha que a entende, torne a mencioná-la para seu líder em situações em que convém certificar-se de que você está de acordo. Se você a entendeu corretamente, poderá vê-la no rosto de seu líder. Em seguida, comece a passá-la para as pessoas em seu círculo de influência. Será bom para a organização, para seu pessoal, para seu líder e para você. Promova os sonhos de seu líder, e ele irá promovê-lo.

Promova os sonhos de seu líder, e ele irá promovê-lo.

5. Conecte-se com os interesses de seu líder

Uma das chaves para criar uma química relacional é conhecer e conectar-se com os interesses de seu líder. Você já identificou os projetos favoritos com os quais seu líder realmente se preocupa no trabalho? Nesse caso, isso é bom, mas e os interesses dele fora do trabalho? Você pode citá-los?

É importante que você saiba coisas o bastante sobre seu líder para que possa relacionar-se com ele como um indivíduo que vai além do trabalho. Se seu chefe joga golfe, você pode aceitar um jogo — ou, pelo menos, aprender algumas coisas a respeito. Se ele coleciona livros raros ou porcelanas, passe um tempo na internet descobrindo coisas sobre esses hobbies. Se ele faz móveis finos nos finais de semana, então assine uma revista do ramo. Você não precisa passar a ter o hobby ou tornar-se um perito. Basta aprender o suficiente para relacionar-se com seu chefe e conversar de maneira inteligente sobre o assunto.

Os líderes às vezes se sentem isolados e se vêem perguntando: *Alguém mais entende?* Embora você talvez não possa entender a situação de trabalho de seu líder, você pode, pelo menos, entendê-lo de algum modo. Quando os líderes que se sentem isolados experimentam uma verdadeira conexão com alguém que está "abaixo" deles, eles muitas vezes acham a experiência muito gratificante. E se você se sentir isolado no escalão médio da organização, essa conexão talvez seja gratificante para você também.

6. Entenda a personalidade de seu líder

Dois membros de equipe estavam discutindo sobre o presidente da empresa, e um deles disse: "Sabe, você não pode deixar de gostar do cara."

Ao que o outro respondeu: "É mesmo, se não gostar, ele demite você."

Líderes são acostumados a fazer com que os outros se adaptem à sua personalidade. Ao liderar para baixo do escalão médio da organização, você não espera que os outros se adaptem à sua personalidade? Não me refiro a isso de um modo irracional ou malicioso — não que você demitiria alguém que não gostasse de você, como na piada. Se estiver simplesmente sendo você mesmo, você espera que as pessoas que trabalham *para* você trabalhem *com* você. Mas, quando está tentando liderar para cima, você é o único que deve se adaptar à personalidade de seu líder. É raro um grande líder que se adapta às pessoas que trabalham para ele.

É prudente entender o estilo de seu líder e como seu tipo de personalidade interage com o dele. Se você examinar alguns dos materiais que têm por objetivo revelar a personalidade, como o DISC, Myers-Briggs e Littuaer's Personality Plus, você ganhará um discernimento maior sobre o modo como seu líder pensa e trabalha. Na maior parte do tempo, pessoas com personalidades diferentes se dão bem enquanto seus valores e objetivos forem semelhantes. Coléricos trabalham bem com fleumáticos; sangüíneos e melancólicos apreciam os pontos fortes entre eles. Pode haver problemas quando pessoas com tipos de personalidade semelhantes se juntam. Se você acha que sua personalidade é igual à do seu chefe, então se lembre que é você quem tem de ser flexível. Isso pode ser um desafio se sua personalidade não for do tipo flexível!

7. Ganhe a confiança de seu líder

Quando você reserva tempo para investir na química relacional com seu líder, o resultado conseqüente será confiança — em outras palavras, moeda relacional. Por anos ensinei o conceito do "troco no bolso" em termos de relacionamento. Ao fazer coisas que contribuem para o relacionamento, você aumenta o troco em seu bolso. Ao fazer coisas negativas, você gasta aquele troco. Se continuar a pisar na bola — profissional ou pessoalmente —, você prejudicará o relacionamento e poderá, por fim, gastar todo o troco e arruinar o relacionamento.

Pessoas com um *background* de monta que investiram na química relacional impulsionam muitas mudanças, ajudando para que o relacionamento resista a um sem número de conflitos. Por exemplo, Doug Carter, vice-presidente da EQUIP, está sempre me direcionando a doadores potenciais para a organização. Doug e eu temos muita química relacional. Eu o conheci há muito tempo, trabalhamos juntos durante anos e ele é um grande profissional. Quando ele se equivoca em sua avaliação de pessoas e pede que eu passe um tempo considerável com alguém que se mostra, enfim, desinteressado na EQUIP, isso não prejudica nosso relacionamento; Doug tem muitas moedas relacionais "no banco" comigo.

"Lealdade em público resulta em influência em particular."
— Andy Stanley

Andy Stanley, que é um extraordinário Líder 360º, afirmou: "Lealdade em público resulta em influência em particular." Se você ganhar a confiança de seu líder com o passar do tempo dando-lhe apoio público, então ganhará troco com ele em particular. E você terá oportunidades para liderar para cima.

8. Aprenda a trabalhar com os pontos fracos de seu líder

Les Giblin, especialista em vendas e autor, observou: "Você não pode fazer com que o outro colega se sinta importante em sua presença se você, em segredo, o considera um joão-ninguém." De igual modo, você não pode construir um relacionamento positivo com seu chefe se, secretamente, o desrespeita por causa dos pontos fracos dele. Uma vez que todos têm "pontos cegos" e áreas de fraqueza, por que não aprender com eles? Tente concentrar-se em coisas positivas e trabalhe as negativas. Fazer qualquer outra coisa só servirá para prejudicá-lo.

9. Respeite a família de seu líder

Quase reluto para apresentar o conceito de família no contexto de liderança para cima com alguém no trabalho, mas acho que ele merece ser mencionado. Se você fizer todas as outras coisas que recomendei, mas o cônjuge de seu chefe não gostar ou confiar em você, o relacionamento entre vocês dois sempre será tenso. Você, sem dúvida, não tem controle algum sobre isso. O melhor que pode fazer é ser gentil e respeitar os familiares de seu chefe e tentar relacionar-se com eles de um modo adequado. Esteja ciente de que, se perceber que pessoas importantes da família de seu chefe não gostam de você, ainda que a culpa não seja sua, isso pode diminuir sua influência e talvez até atrapalhar sua carreira.

A tese de *Vencendo com as pessoas* é que as pessoas normalmente podem relacionar seus sucessos e fracassos a relacionamentos na vida delas. O mesmo se aplica quando o assunto é liderança. A qualidade do relacionamento que você tem com seu líder impactará seu sucesso ou fracasso. Sem dúvida, vale a pena investir nisso.

Princípio de liderança para cima nº 6

Esteja preparado toda vez que usar o tempo de seu líder

Enquanto escrevo este capítulo, há sobre minha mesa uma edição recente da revista *Time* com um artigo sobre Bill Gates e o videogame Xbox 360 que a Microsoft vinha desenvolvendo. Não jogo videogame, por isso a notícia não despertou muito meu interesse pessoal. No entanto, as primeiras frases do artigo sobre Gates chamaram minha atenção, pois ressaltavam a importância do tempo de um líder.

> O tempo de Bill Gates é precioso. Existem funcionários da Microsoft que esperam a carreira toda para ficarem a sós com Gates por 45 minutos. Como o homem mais rico do mundo e, possivelmente, o maior filantropo na história, em um determinado momento Gates poderia e provavelmente deveria estar ausente alimentando os famintos e curando alguma terrível doença.[1]

Todo líder valoriza o tempo. O ensaísta inglês William Hazlitt escreveu: "À medida que avançamos na vida, adquirimos um senso mais aguçado do valor do tempo. Nada mais, na verdade, parece ter qualquer importância; e nos tornamos avarentos nesse sentido." Mas o que torna valioso o tempo de Gates, um homem razoavelmente jovem, é que ele é um líder que poderia usar seu tempo para mudar a vida de milhares de pessoas.

Para todos os líderes, tempo é precioso. Tempo é um bem que não pode ser aumentado, independentemente do que o líder faça. E é o componente necessário para que o líder faça qualquer coisa. Por essa razão, você deve sempre estar preparado quando usar o tempo de seu líder. Embora você possa ter liberdade no modo como gasta o tempo de seus funcionários ou colegas, quando estiver lidando com aqueles que estão acima de você, o tempo que você pode gastar é limitado. Se quiser liderar para cima, você precisa agir de acordo.

Espero que você não tenha de esperar uma carreira inteira para ter alguns minutos do tempo de seu líder, como na Microsoft. Mas, se tiver acesso ilimitado a seu chefe ou apenas tiver alguns minutos em raras ocasiões, você precisa seguir as mesmas diretrizes.

1. Invista dez vezes

Você mostra seu valor quando mostra que valoriza o tempo de seu líder. A melhor maneira de fazer isso é passar dez minutos preparando-se para cada minuto que você espera receber. O autor de livros de administração Charles C. Gibbons confirma isso ao recomendar: "Uma das melhores maneiras para economizar tempo é pensar e planejar antes; cinco minutos de raciocínio muitas vezes podem poupar uma hora de trabalho."

> *"Uma das melhores maneiras para economizar tempo é pensar e planejar antes; cinco minutos de raciocínio muitas vezes podem poupar uma hora de trabalho."*

Em *Today matters*, falo sobre o almoço que tive com John Wooden, o lendário ex-técnico dos Bruins, time de basquete da Universidade de Los Angeles, na Califórnia. Antes de ir, passei horas me preparando.

Deixe-me dizer mais uma coisa sobre essa questão de se preparar antes de usar o tempo de seu líder. Os líderes máximos, em sua maioria, são bons tomadores de decisão. (Se não forem, eles raramente têm a oportunidade de liderar no topo da organização.) Contudo, na maioria das vezes em que eles são incapazes de tomar decisões, isso acontece porque não têm informações suficientes. Sei que é assim porque isso acontece comigo. Quando minha assistente não consegue obter uma resposta rápida de minha parte sobre uma questão, normalmente é porque ela não se preparou o suficiente de antemão. Não significa que isso acontece com muita freqüência. Linda é impressionante e, em 99% das vezes, ela nem chega a me fazer uma pergunta sem ter feito um trabalho de base. Ela facilmente investe dez vezes, gastando dez minutos de preparação para cada minuto de meu tempo.

Quanto menor for a conexão relacional entre você e seus líderes, mais tempo você deverá investir de antemão em seu preparo. Quanto menos seus líderes souberem sobre você, menor será a janela de tempo que você terá para se mostrar. Mas, se você se preparar bem, é provável que tenha outras oportunidades. O primeiro-ministro britânico, Benjamin Disraeli, declarou: "O segredo do sucesso na vida é estar preparado para seu momento quando ele chegar."

2. Não faça seu chefe pensar por você

Nem todos os chefes se fazem inacessíveis. Como líder, você talvez tenha a política da porta aberta que torna fácil para as pessoas a quem você lidera aproximar-se de você quando precisarem fazer perguntas. Mas você já teve um funcionário que parecia sempre fazer perguntas sem reservar um tempo para pensar por si mesmo? Pode ser muito frustrante, não é?

Em uma sessão de perguntas e respostas, Jack Welch falou sobre como é importante o hábito da reflexão. Ele disse que isso realmente faz a diferença entre profissionais do mesmo nível.

Líderes no escalão médio da organização devem fazer a seus chefes somente as perguntas que eles mesmos não puderem responder. Eis como os líderes no topo pensam quando ouvem perguntas de líderes que estão no escalão médio da organização:

- *Se eles fazem perguntas porque não conseguem pensar, então estamos com problemas.*
- *Se eles fazem perguntas porque são preguiçosos, então eles estão com problemas.*
- *Se eles fazem perguntas para que todos possam seguir mais rápido, então estamos no caminho do sucesso.*

Embora perguntas ruins tenham um impacto negativo, as perguntas boas realmente fazem várias coisas positivas. Elas esclarecem objetivos, aceleram o processo de conclusão e estimulam o bom raciocínio. Tudo isso irá beneficiar a organização e ajudá-lo a se destacar de um modo positivo com seu líder.

3. Leve algo para a mesa

Durante anos usei a expressão "levar algo para a mesa" para descrever a habilidade de uma pessoa de contribuir com uma conversa ou agregar valor aos outros em uma reunião. Nem todos fazem isso. Na vida, algumas pessoas sempre querem ser a "visita". Onde quer que vão, elas estão ali para serem servidas, terem suas necessidades supridas, serem as pessoas que recebem. Uma vez que têm essa atitude, elas nunca se oferecem para ajudar. Depois de um tempo, elas podem de fato cansar a pessoa que está sempre fazendo o papel de anfitrião.

Pessoas que se tornam Líderes 360º não trabalham dessa forma. Elas têm uma mentalidade totalmente diferente. Estão constantemente procurando formas para levar algo para a mesa para ajudarem seus líderes, seus colegas e seus funcionários — sejam recursos, idéias ou oportunidades. Reconhecem a sabedoria encontrada no provérbio: "O presente abre o caminho para aquele que o entrega e o conduz à presença dos grandes."[2]

Como líder de uma organização, estou sempre procurando pessoas que levem algo para a mesa na área de idéias. Se elas puderem ser criativas e gerar idéias, maravilha. Mas também valorizo muito pessoas que são construtivas, que aceitam uma idéia que alguém põe na mesa e a melhoram. Muitas vezes a diferença entre uma boa idéia e uma grande idéia é o valor agregado a ela no processo de pensamento colaborativo.

Alguns líderes não são muito diplomáticos quando não estão satisfeitos com a colaboração recebida, deixando claro que seus liderados não estão agregando valor a eles do modo como gostariam. Vários anos atrás fiz um passeio ao Castelo Hearst, a casa do magnata da imprensa William Randolph Hearst, em San Simeon, na Califórnia. Hearst era conhecido pelas celebridades que convidava para sua propriedade. Mas, certa vez, ao se aborrecer com um hóspede, ele deu um jeito de lhe dizer que era hora de ir embora. Os que estavam sendo convidados a se retirar encontravam um bilhete no quarto na hora de dormir que dizia que havia sido bom tê-los como visitas.

Se você sempre tenta levar algo de valor à mesa quando se encontra com seu chefe, talvez possa evitar o mesmo destino no trabalho. Do contrário, no final do dia, você simplesmente poderá receber um bilhete do chefe: um aviso de demissão.

4. Quando solicitado a falar, não improvise

Admiro pessoas que conseguem pensar depressa e lidar com situações difíceis, mas tenho pouco respeito por pessoas que não se preparam. Descobri que a primeira vez que uma pessoa improvisa, as pessoas normalmente não conseguem perceber, mas, lá pela terceira ou quarta reunião, quando uma pessoa fala sem pensar, todos sabem. Por quê? Porque tudo começa a parecer igual. Se as pessoas têm pouca profundidade profissional, elas usam tudo o que sabem enquanto improvisam. Da próxima vez que elas tentam, você ouve os mesmos tipos de coisas que ouviu da última vez. Depois de um tempo, elas perdem toda a credibilidade.

O ex-boxeador e campeão mundial Joe Frazier declarou: "Pode-se elaborar um plano de ação ou um plano de vida, mas quando o embate começa, você fica por conta de seus reflexos. É aí que sua estrada aparece. Se você trapaceou na penumbra da manhã, vai ser descoberto agora na luz do dia."[3] Se não investir no trabalho, você sempre, no final, acaba descoberto.

5. Aprenda a falar a linguagem de seu chefe

Quando eu e meu redator Charlie Wetzel começamos a atuar juntos em 1994, passei um bom tempo trabalhando com ele para ajudá-lo a entender meu modo de pensar e descobrir meu modo de falar. Charlie já tinha seu mestrado em inglês e era um bom escritor, mas ainda não estava em sintonia comigo. A primeira coisa que fiz foi providenciar-lhe gravações das cem primeiras lições sobre liderança para que ele se acostumasse mais com meu modo de me comunicar.

Em seguida, eu o pus na estrada para viajar comigo quando eu ia dar palestras. Após uma apresentação, quando estávamos no avião ou no jantar, eu lhe pedia para identificar as partes da sessão que se relacionavam com o público e onde estavam, em sua opinião, os pontos altos. Discutíamos isso para que eu pudesse sentir se ele estava entendendo. Eu também, de vez em quando, passava-lhe muitas citações e ilustrações e pedia-lhe que marcasse quais eram, para ele, as melhores. Depois comparávamos as anotações.

Todas as coisas que fiz com Charlie foram para ajudá-lo a aprender a falar minha linguagem. Isso era importante se ele quisesse escrever para mim, mas também é importante para qualquer funcionário, e principalmente importante para Líderes 360° no escalão médio de uma organização. Aprender a linguagem do chefe irá ajudá-los não só a se comunicarem com ele, mas também a se comunicarem com os outros em nome do chefe. O objetivo não é passar a concordar sempre com ele, mas ser capaz de se conectar.

6. Vá ao ponto principal

O dramaturgo Victor Hugo afirmou: "Curta como a vida é, nós a tornamos ainda mais curta pela descuidada falta de tempo." Ainda não conheci um bom líder que não quisesse ir logo para o ponto principal. Por quê? Porque eles querem resultados. O lema deles é: "Não me importo com o parto; apenas me mostre a criança."

Ao começar a trabalhar com um líder, talvez você precise investir algum tempo para dar-lhe uma visão do processo pelo qual você chegou a uma decisão. No início do relacionamento, você tem de ganhar credibilidade. Mas, à medida que o tempo passa e o relacionamento se forma, vá direto ao ponto. Só porque você tem todos os dados necessários para explicar o que está fazendo não significa que precisa compartilhá-los. Se seu líder quiser mais detalhes ou quiser saber sobre o processo que você usou, ele pode perguntar.

7. Dê um retorno para o investimento de seu líder

Quando você está sempre preparado toda vez que usa o tempo de seu líder, há uma boa chance de ele começar a ver o tempo que gasta com você como um investimento. E nada é tão gratificante para líderes que investem nos outros quanto um retorno positivo.

Um líder de escalão médio que entrevistei disse que, todos os anos, ele escreve uma lista de tudo o que seu líder lhe ensinou no ano anterior e entrega essa lista para ele. Ele explicou: "[É] para documentar minha apreciação e permitir que ele saiba que sua contribuição foi valiosa e resultou em crescimento. Aprendi que, quando estou aberto com relação a meu crescimento e aprendizagem, as pessoas se dispõem a investir mais em meu crescimento e aprendizagem."

Sou mentor de quase meia dúzia de pessoas atraídas por minha experiência em liderança de mais de trinta anos. Uma das pessoas com quem gosto de passar tempo é Courtney McBath, pastor de uma igreja em Norfolk, na Virgínia. Toda vez que me encontro com ele, de um modo ou de outro ele me diz:

- Eis o que você disse na última vez que nos encontramos.
- Eis o que aprendi.
- Eis o que fiz.
- Fiz certo?
- Posso lhe fazer mais perguntas?

Como um líder pode não gostar disso?

Recentemente recebi o seguinte e-mail de Courtney:

Dr. Maxwell,

Você muitas vezes comentou que a maior alegria de um líder/professor é ver seus alunos utilizando o que aprenderam. Na noite passada, tive a honra de ministrar em uma grande sinagoga de judeus ortodoxos em sua celebração do Sabbath. Fui o primeiro cristão afro-americano a fazer isso e foi uma experiência tremenda e um sucesso. Um casal idoso de judeus disse que eles queriam que eu fosse para os seminários deles e ensinasse seus jovens rabinos a se comunicarem!

Seu investimento em mim ensinou-me muito sobre como ultrapassar as fronteiras culturais, religiosas e sociais e transmitir a verdade para todas as pessoas. Deus foi glorificado na noite passada e você foi uma parte importante de tudo isso. Obrigado por ser meu líder e amigo.

Eu o amo muito e não sou apenas um líder melhor, mas sou um homem melhor por sua causa.

Obrigado.
Courtney

Não só Courtney está sempre preparado toda vez que usa meu tempo, mas também aceita o conselho que lhe dou e concorda com ele! Que prazer é gastar tempo com ele! E deixe-me dizer uma coisa. Visto que ele é tão bom, quando ele fala, eu ouço. Ele está liderando para cima, e nosso relacionamento é aquele em que damos valor um ao outro. Isso tem realmente tudo a ver com a Liderança 360º.

Princípio de liderança para cima nº 7

Saiba quando avançar e quando recuar

Aquele que faz a colheita no verão é filho sensato, mas aquele que dorme durante a ceifa é filho que causa vergonha.

Provérbios 10:5

Em fevereiro de 2005, visitei Kiev, na Ucrânia, para realizar um seminário sobre liderança, para visitar e ensinar a maior igreja da Europa e para iniciar o Mandato de um Milhão de Líderes da EQUIP naquele país. Foi emocionante andar pela rua principal, que ficava a alguns quarteirões de nosso hotel, até a Praça da Independência da cidade, lugar onde ocorreu a Revolução Laranja apenas três meses antes de nossa visita.

Enquanto andávamos pela larga avenida, que estava fechada para o tráfego de veículos naquela tarde, nossa guia, Tatiana, falava sobre como as pessoas reagiram à notícia dos resultados da eleição fraudulenta que ameaçavam manter no poder o candidato apoiado pelo governo, Viktor Yanukovych. As massas começaram a inundar o centro da cidade e faziam protestos pacíficos na praça. Criavam uma cidade de barracas bem na avenida onde estávamos conversando e se negavam a sair até que o governo abrandasse e ordenasse uma eleição nova e justa.

Mais tarde, em nossa visita, conversei com Steve Weber, coordenador nacional da EQUIP na Ucrânia, sobre os eventos extraordinários em Kiev que levaram à eleição do reformista Viktor Yushchenko como presidente do país. Em anos passados, tal demonstração teria sido reprimida, e isso é o que poderia ter acontecido nesse caso, se não fosse o comportamento do povo da Ucrânia. Segue o resumo dos eventos feito por Steve:

> A Revolução Laranja foi um momento incrível na história do povo ucraniano. As massas reuniram-se sem saber ao certo o que encontrariam no centro da cidade... A força aumentou à medida que as multidões saíram não só para ver, mas também para participar do protesto. As organizações estudantis mantiveram sua posição e centenas decidiram armar barracas até que a verdade fosse reconhecida. Assim, naquele clima gelado, o verdadeiro coração da Ucrânia reviveu...
>
> A bondade e a boa vontade expressas na revolução eram algo novo e jamais experimentado antes pela maioria dos ucranianos. Cidadãos comuns manifestando seu apoio prático aos que protestavam era algo inédito. Água, comida, bebidas quentes, botas de inverno, casacos e muito mais inundavam o centro da cidade. Quase não se ouviu falar dessa atitude no passado. "Dar aos outros? Por quê? Tenho necessidades também" era a norma — mas, naquela praça, uma nação melhor estava renascendo no coração do povo. Até as pessoas que vinham de outras cidades para defender o candidato apoiado pelo governo não podiam opor-se à força da revolução. Na chegada, eram recebidas com cordialidade e generosidade por seus compatriotas de um modo que elas não esperavam. Seria possível essa realmente ser sua Ucrânia? Seria possível viver em um país onde todas as pessoas são valorizadas, respeitadas?... As pessoas estavam simplesmente acreditando, esperando e desejando um país melhor.
>
> O candidato apoiado pelo governo tinha um grande respaldo do regime atual, e as ameaças do povo surtiram o efeito contrário... A nação despertou e disse: "Basta! Não queremos mais viver naquele tipo de país", e seus clamores foram ouvidos.
>
> A consciência da nação despertou e o povo votou pela mudança... A verdadeira alma ucraniana foi arrancada da lama da corrupção e passou a ter uma posição de dignidade e liberdade, e o país olha para o futuro com a esperança recuperada.

O povo da Ucrânia — aqueles na base da sociedade — liderou para cima e levou toda a sua nação consigo. E eles escolheram um momento único na história para fazer isso, um momento em que puderam investir por causa dos avanços na comunicação moderna. Steve narrou: "No começo, as emissoras de televisão do país se negaram até a reconhecer o protesto em massa que estava acontecendo. Mas logo não mais puderam ignorá-lo, pois as notícias estavam denunciando suas falsas manobras. Elas não consideraram o novo dia da tecnologia e da comunicação."

Os ucranianos influenciaram uns aos outros, o governo que estava tentando manipulá-los e o processo político, e até o líder da oposição, Viktor Yushchenko. Terminadas as novas eleições, Yushchenko, durante seu discurso de vitória, sabiamente reconheceu a liderança do povo e de fato se curvou para ele com respeito e gratidão.

Quando Devo Avançar?

O momento é decisivamente importante para a liderança. Se o povo da Ucrânia não tivesse reconhecido que era tempo de exigir eleições honestas, os ucranianos provavelmente ainda estariam vivendo sob o mesmo governo corrupto dirigido por Yanukovych. E se eles tivessem tentado promover eleições livres trinta anos atrás enquanto estavam sob o regime comunista, provavelmente teriam sido subjugados. Para ter sucesso, você tem de saber quando avançar e quando recuar.

Em se tratando de ganhar influência com seu chefe, o momento é igualmente importante. O poeta Ralph Waldo Emerson ensinou: "Há somente dez minutos na vida de uma pêra quando ela é perfeita para se comer." É prudente esperar o momento certo para falar. Uma grande idéia no momento errado será recebida da mesma forma que uma má idéia. Sem dúvida, há vezes em que você deve falar, ainda que o momento não pareça ideal. O truque é saber qual é a hora.

Aqui estão quatro perguntas que você pode fazer para ajudar a determinar se é momento de avançar:

1. Sei de algo que meu chefe não sabe mas que precisa saber?

Todo líder no escalão médio da organização sabe de coisas que o chefe não sabe. Isso não só é normal, mas também é bom. Há momentos em que você pode saber de algo que seu chefe não sabe, mas você precisa comunicá-lo para ele porque isso pode prejudicar a organização ou seu chefe.

Meu irmão Larry, que é um excelente líder e empresário bem-sucedido, diz para sua equipe que ele precisa ser informado em dois tipos de situações: quando existe um grande problema ou quando existe uma grande oportunidade. Ele tem interesse nos grandes problemas por causa do potencial que têm de impactar negativamente a organização. E ele tem interesse nas grandes oportunidades por uma mesma razão — elas também podem impactar a organização, mas em um sentido positivo. De qualquer modo, ele quer estar envolvido no modo como a organização e seus líderes irão discutir essas situações.

> *"Há somente dez minutos na vida de uma pêra quando ela é perfeita para se comer."*
> — Ralph Waldo Emerson

Como saber se você precisa levar algo para seu chefe? Conheço apenas duas formas para se começar a entender isso. Você pode fazer perguntas específicas abertamente, pedindo que seu líder diga com todas as letras quando você deve envolvê-lo, como fez Larry. Ou você pode agir de acordo com as circunstâncias e descobrir por tentativas, usando seu melhor julgamento e continuando a se comunicar até que os problemas sejam identificados.

2. O tempo está acabando?

Diz um velho ditado: "Melhor uma palavra na hora certa do que duas fora de hora." Se isso se aplicou às eras passadas, é muito mais aplicável hoje em nossa sociedade de ritmo acelerado em que informações e mercados movimentam-se tão rapidamente.

Constantine Nicandros, presidente da Conoco, afirmou: "Boas idéias cujo tempo veio e foi embora estão espalhadas pelo mercado competitivo porque não foi dada a devida atenção à rápida mudança e a uma janela aberta da oportunidade. Vidros quebrados de janelas de oportunidades estão espalhados pelo mesmo mercado depois de elas terem sido fechadas com força."

Se a espera impossibilitará sua organização de aproveitar uma oportunidade, arrisque-se e avance. Seu líder sempre pode optar por não aceitar seu conselho, mas nenhum líder quer ouvir: "Sabe, imaginei que pudesse acontecer", depois que é tarde demais. Dê ao seu líder a chance de decidir.

3. Minhas responsabilidades estão em perigo?

Quando um líder lhe confia tarefas, você tem a responsabilidade de levá-las a cabo e realizá-las. Se você estiver tendo dificuldade com isso, a maioria dos líderes que conheço preferiria tomar conhecimento e ter a oportunidade de ajudar você, em vez de deixá-lo trabalhando sozinho e fracassando.

Essa é uma questão que tive de abordar com Charlie Wetzel. Na maioria das vezes, Charlie é brilhante. Em onze anos trabalhando juntos, concluímos mais de trinta livros. Um dos pontos fracos de Charlie é que ele demora para pedir ajuda. Se estiver diante de um problema enquanto estiver escrevendo, ele trabalhará demais tentando resolvê-lo, em vez de pegar o telefone e pedir que eu lhe dê uma mão. Suas intenções são boas; ele quer aliviar minha carga e tem um senso muito grande de responsabilidade. (É um de seus pontos fortes segundo a auto-avaliação criada pela Organização Gallup.) Contudo, esse senso de responsabilidade também pode agir contra ele. Não quero que ele seja perfeito; quero que sejamos eficientes.

4. Posso ajudar meu chefe a vencer?

Líderes de sucesso dão o passo certo no momento certo com o motivo certo. Haverá momentos em que você reconhecerá oportunidades para seu líder vencer que ele não verá. Quando isso acontecer, é hora de avançar. Como você sabe o que seu chefe considera uma vitória? Volte ao que você aprendeu quando descobriu a pulsação e as prioridades de seu líder. Se vir uma maneira de ele realizar algo relacionado a uma delas, você pode ter certeza de que ele irá considerá-la uma vitória.

Quando Devo Recuar?

Saber quando avançar é importante, uma vez que você queira começar a criar vitórias e evitar perdas. Talvez mais importante seja saber quando recuar. Líderes talvez nem sempre estejam cientes de uma oportunidade perdida porque você não conseguiu avançar, mas, definitivamente, irão perceber se você deveria recuar, mas não recuou. Se você pressiona seu chefe inadequadamente com muita freqüência, é possível que ele pressione você a sair pela porta.

Se você não tiver certeza se é hora de recuar, faça estas seis perguntas:

1. Estou promovendo minha própria agenda pessoal?

Pela perspectiva dos líderes no topo, as organizações têm dois tipos de líderes no escalão médio: aqueles que perguntam "O que você pode fazer por mim?" e aqueles que perguntam "O que posso fazer por você?" Os primeiros estão tentando usar seus líderes — e qualquer colega ou funcionário que julgarem útil — para chegarem ao topo. Os últimos estão tentando levar sua organização — junto com seus líderes e outros que possam ajudar — ao topo.

Líderes de sucesso dão o passo certo no momento certo com o motivo certo.

Assim como existem às vezes líderes egoístas no topo de uma organização, os quais descrevi no Desafio da Frustração, existem também líderes egoístas no escalão médio. Eles vêem tudo levando em conta sua agenda pessoal, em vez de suas responsabilidades profissionais.

Em contrapartida, os Líderes 360° recuam se perceberem que estão começando a promover sua própria agenda, e não o que é bom para a organização. Não só isso, mas eles se dispõem a sacrificar seus próprios recursos para o bem maior da organização quando necessário.

2. Já expressei meu ponto de vista?

O especialista em investimentos Warren Buffet declarou: "Às vezes a questão não é até que ponto você rema o barco. É a força da correnteza." Toda vez que estiver lidando com seu líder, você precisa prestar atenção na correnteza.

É muito importante aprender a expressar seu ponto de vista para seu líder com clareza. É sua responsabilidade comunicar o que você sabe e dar sua perspectiva sobre uma questão. Mas uma coisa é comunicar e outra é coagir seu líder. A escolha que seu líder faz não é de sua responsabilidade. Além disso, se você expressou seu ponto de vista com clareza, é improvável que ajude sua causa continuando a martelá-lo na cabeça de seu líder. O presidente Dwight D. Eisenhower afirmou: "Não se lidera batendo na cabeça das pessoas — isso é ataque, não liderança." Se você se torna repetitivo depois de ter expressado seu ponto de vista, está simplesmente tentando fazer as coisas à sua maneira.

> *"Às vezes a questão não é até que ponto você rema o barco. É a força da correnteza."*
> — WARREN BUFFET

David Branker, diretor-executivo de uma grande organização, conta que ele teve dificuldade para aprender a lição de quando recuar, mas isso trouxe vantagens para sua liderança:

> Aprender a recuar uma vez que você expressou seu ponto de vista pode fazer a pessoa mais tola parecer inteligente. Quando era novato como líder, tive dificuldade para aprender isso. Minha chefe na época ficava cada vez mais irritada comigo quando eu não recuava, principalmente quando ela discordava de meu ponto de vista e não conseguia entender por que eu não desistia do problema. Fui ajudado nessa questão por um generoso colega que era muito mais experiente como líder na época. Ele dizia: "Vou lhe dar um sinal de quando você precisa desistir de um problema simplesmente olhando para baixo." Graças a ele e à sua idéia criativa, aprendi a interpretar quando uma questão precisava ser deixada para um momento mais oportuno.

Da próxima vez que estiver em uma reunião com seu chefe, preste atenção no modo como você expõe seu ponto de vista. Você o expressa com clareza como algo a contribuir para a discussão? Ou você o martela na tentativa de "vencer"? Tentar impor a seu chefe seu ponto de vista a qualquer preço é como fazer o mesmo com seu cônjuge: mesmo que vença, você sai perdendo.

3. Todos, menos eu, devem se arriscar?

Como já mencionei, é mais fácil arriscar os recursos de outra pessoa do que os seus. E se você continuar a avançar quando não tiver participação no risco irá, inevitavelmente, afastar as pessoas que deveriam arcar com o risco. As pessoas não querem ser parceiras de alguém quando têm todos os riscos e seu parceiro nenhum.

As pessoas não querem ser parceiras de alguém quando têm todos os riscos e seu parceiro nenhum.

Líderes no escalão médio que se distinguem normalmente fazem isso porque "a pele deles está em jogo". Se estiverem dispostos a arriscar seus recursos, oportunidades e sucesso, então eles ganham o respeito de seus líderes.

4. A atmosfera diz "não"?

Kathie Wheat, contratada pela Disneylândia assim que concluiu a faculdade, disse que os funcionários da Disney são treinados para ser sensíveis à atmosfera emocional e dinâmica dos visitantes em seus parques. Uma das coisas que eles ensinam aos funcionários é nunca abordar uma família em discussão. Isso faz muito sentido.

Líderes 360° eficientes são como meteorologistas. São capazes de interpretar o clima de seu local de trabalho — e, principalmente, de seu chefe. Observe este "mapa meteorológico" para líderes que estão no escalão médio de uma organização.

PREVISÃO	VISÃO	AÇÃO
Ensolarado	Visibilidade é clara e o sol está brilhando	Siga em frente
Nublado	Não há como interpretar as condições do tempo	Espere a neblina passar
Parcialmente nublado	Ensolarado em um minuto, nublado no minuto seguinte	Espere o momento certo
Chuvoso	Forte chuva, mas sem trovões ou relâmpagos	Siga somente em caso de emergência
Temporais	Pode haver relâmpagos em qualquer lugar	Espere a tempestade passar
Furacão	Ventos fortes, danos inevitáveis	Procure abrigo

É óbvio que estou me divertindo um pouco com isso, mas, na verdade, é importante que você perceba o que está acontecendo à sua volta e preste atenção no humor de seu chefe. Não deixe que uma grande idéia seja prejudicada só porque você escolheu o dia errado para apresentá-la.

5. É O MOMENTO CERTO SÓ PARA MIM?

O imperador Adriano afirmou: "Estar certo muito cedo é estar errado." Encaremos o fato. Líderes no escalão médio podem estar em uma posição difícil em se tratando de momento. Pessoas no topo muitas vezes conseguem escolher o momento para o que fazem.

> *Líderes 360º eficientes são como meteorologistas. São capazes de interpretar o clima de seu local de trabalho.*

Talvez não seja tão simples quanto dizer "Vamos", pois elas têm de preparar as pessoas para que sigam. Mas elas conseguem decidir quando o momento é certo. Por outro lado, as pessoas na base têm pouca escolha em se tratando de quando seguir. Ou continuam ou ficam para trás.

Quando era imperador de Roma, Tito tinha a imagem de um golfinho enrolado em uma âncora cunhada nas moedas do império. Na época, o golfinho era considerado o mais rápido e mais divertido dos animais marinhos. A âncora representava firmeza e convicção imutável. Juntos, eles simbolizavam o equilíbrio entre iniciativa e sabedoria, progresso e cautela. Um brasão de família, mais tarde, usou o mesmo símbolo com o lema *festina lente*, significando "apresse-se devagar".

Isso é o que Líderes 360° devem fazer. Eles devem se apressar devagar. Se o momento for certo para todos, então siga em frente. Mas se for certo somente para eles, eles devem recuar e seguir mais devagar.

6. Meu pedido vai além de nosso relacionamento?

Uma de minhas histórias favoritas do Antigo Testamento é a história de Ester. É uma grande lição sobre liderança. Quando era rei da Pérsia, Xerxes, um dia, mandou chamar sua rainha, Vasti, mas ela se recusou a ir, o que era impensável naquela época. Conseqüentemente, Xerxes tirou-a de sua posição e proibiu-a de vê-lo novamente. Enquanto isso, tentou encontrar outra pessoa para assumir o lugar dela e, após um longo e elaborado processo, Ester, uma hebréia, tornou-se sua rainha.

Tudo ia bem até que um membro da corte de Xerxes convenceu o rei a deixar que ele executasse todos os judeus do reino. Ester viu-se diante de um dilema. Embora fosse quase certo que sua vida seria poupada, ela jamais poderia estar presente e assistir à morte de seus companheiros hebreus. Se ela se aproximasse de Xerxes para pedir que poupasse seus compatriotas em um momento desfavorável, ele poderia ordenar que ela fosse executada. Seu relacionamento com Xerxes era frágil, e ela sabia disso. Se seu pedido fosse além desse relacionamento, ela estava condenada.

No final, com fé e coragem, Ester aproximou-se do rei, seu pedido foi atendido e os judeus foram poupados. Foi um grande desafio para essa líder intermediária, mas ela teve sucesso em sua liderança para cima.

Líderes de escalão médio de uma organização não têm muita autoridade, e não têm muitas cartas na mão. Muitas vezes seu único "ás" é o relacionamento que têm com os líderes que estão acima deles. Eles devem jogar esse ás com cuidado. Se avançarem e seu pedido for além do relacionamento, eles estarão pedindo que seu ás seja batido.

Muita coisa pode ser dita sobre o caráter e as motivações das pessoas no escalão médio de uma organização observando quando elas avançam e quando recuam. Minha esposa, Margaret, e eu gostamos de visitar bibliotecas presidenciais. Recentemente, enquanto visitávamos o museu George H. W. Bush, lemos uma história sobre as ações do vice-presidente George H. W. Bush no dia em que o presidente Ronald Reagan foi baleado, em 1981. Bush disse que, quando recebeu a notícia, a crueldade do incidente o surpreendeu, e naquele momento ele orou pelo presidente.

Uma vez que Reagan estava sendo operado, Bush foi de fato o executivo interino do país, mas, deliberadamente, recuou para certificar-se de que não parecia desafiar ou substituir o presidente. Por exemplo, quando foi para a Casa Branca, Bush recusou-se a pousar no gramado sul, pois, por tradição, somente o presidente pousa ali. E, às 19 horas, naquela noite em que Bush presidiu uma reunião de gabinete emergencial, ele tomou seu assento normal, e não o assento do presidente.

Reagan, sem dúvida, recuperou-se e retomou suas obrigações, e ainda foi reeleito como presidente em 1984. Bush estava satisfeito em ficar em segundo plano, servindo ao seu líder e a seu país — até o momento certo em que o povo americano o elegeu como líder.

Princípio de liderança para cima nº 8

Torne-se um membro de equipe confiável

Se você se visse em uma situação no trabalho em que estivesse no prazo final e tentando finalizar um projeto importante para o sucesso da organização e, então, de repente, quase sem tempo de sobra, lhe fosse passada outra tarefa importante que teria de ser concluída ao mesmo tempo, o que você faria? Nesse caso, suponhamos que não fosse possível estender o prazo para depois de hoje. É fazer ou morrer. Como você responde? Se for como a maioria dos bons líderes, você passa uma das tarefas para um membro de equipe confiável.

A Lei do Catalisador em *As 17 incontestáveis leis do trabalho em equipe* afirma que equipes vitoriosas têm integrantes que fazem as coisas acontecerem. Isso é verdade — seja nos esportes, nos negócios, no governo ou em algum outro campo. Esses membros da equipe que podem fazer as coisas acontecerem são seus membros confiáveis. Demonstram uma consistente competência, responsabilidade e credibilidade.

Se for isso que você faz na hora do aperto — ou faria se confiasse em um dos membros de sua equipe que sempre cumpre o prometido —, então por que *seus* líderes fariam de um modo diferente? Eles não fariam. Todos os líderes estão à procura de pessoas que possam avançar e fazer diferença em momentos cruciais. Quando encontram tais pessoas, eles chegam a confiar nelas e são, inevitavelmente, influenciados por elas.

Membros de Equipe Confiáveis Produzem Quando...

Poucas coisas colocam uma pessoa acima de seus colegas quanto sua presença em uma equipe confiável. Todos admiram membros confiáveis e recorrem a eles quando a pressão aumenta — não só seus líderes, mas também seus seguidores e colegas. Quando penso em membros confiáveis, refiro-me a pessoas que sempre produzem.

1. Membros confiáveis produzem quando há pressão

Existem muitos tipos diferentes de pessoas no local de trabalho, e você pode avaliá-las de acordo com o que fazem para a organização:

O que elas fazem	Tipo de membro
Nunca cumprem o prometido	Prejudicial
Às vezes cumprem o prometido	Médio
Sempre cumprem o prometido quando estão em sua zona de conforto	Valioso
Sempre cumprem o prometido independentemente da situação	Inestimável

Membros confiáveis são as pessoas que encontram uma forma de fazer as coisas acontecerem a qualquer preço. Não precisam estar em ambientes familiares. Não precisam estar em suas zonas de conforto. As circunstâncias não precisam ser justas ou favoráveis. A pressão não os impede também. Na verdade, pelo contrário, quanto mais pressão houver, mais eles gostam. Sempre produzem quando a pressão aumenta.

Membros confiáveis são as pessoas que encontram uma forma de fazer as coisas acontecerem a qualquer preço. Não precisam estar em ambientes familiares. Não precisam estar em suas zonas de conforto.

2. Membros confiáveis produzem quando são poucos os recursos

Em 2004, quando *Today matters* foi publicado e eu era sempre convidado a falar sobre o assunto, comprometi-me a fazer sessões seguidas em Little Rock, Arkansas. Após a primeira sessão, esgotaram-se os livros no local. Quando o líder da organização para a qual eu estava falando descobriu isso, ele mobilizou alguns membros de sua equipe e mandou-os a todas as livrarias da cidade para comprarem mais exemplares do livro para que seu pessoal pudesse ter acesso a eles logo após minha segunda sessão. Acho que ele acabou comprando todos os exemplares da cidade.

O que gostei nessa história foi que ele queria que seu pessoal se beneficiasse com o livro, e ele sabia que, se o livro não estivesse disponível ali depois de minha palestra, o pessoal provavelmente não adquiriria um exemplar. Por isso ele deu um jeito — mesmo tendo de comprar os livros no varejo e revendê-los pelo mesmo preço. Foi preciso muito esforço, e sem retorno financeiro. Que líder!

3. Membros confiáveis produzem quando a força é pequena

As organizações têm apenas três tipos de pessoas em se tratando de força. Há os violadores da força — pessoas que sabotam o líder ou a organização e minam sua força. Essas pessoas têm atitudes terríveis e representam os 10% na base da organização. (Na General Electric, Jack Welch tinha por objetivo, todos os anos, identificar e demitir essas pessoas.) O segundo grupo inclui os aceitadores da força — pessoas que simplesmente aceitam as coisas como elas aparecem. Não criam nem diminuem a força; simplesmente fluem com ela. Essas pessoas representam os 80% no escalão médio.

O último grupo é os criadores de força — as pessoas que levam as coisas adiante e criam força. São os líderes na organização e incluem os 10% no topo. Esses criadores de força fazem progresso.

Superam obstáculos. Ajudam a levar os outros adiante. Na verdade, criam energia na organização quando o restante da equipe está se sentindo cansado ou desanimado.

4. Membros confiáveis produzem quando a carga está pesada

Bons funcionários sempre têm o desejo de ser úteis para seus líderes. Trabalhei com muitos deles ao longo dos anos. Sempre aprecio quando alguém que trabalha comigo diz: "Terminei meu trabalho. Posso fazer alguma coisa por você?" Mas há outro nível de atividade que alguns membros confiáveis alcançam, e você pode ver isso na capacidade que eles têm de carregar uma carga pesada sempre que seu líder precisa. Não ajudam o líder com uma carga pesada só quando a deles é leve. Fazem isso toda vez que a carga de seu líder é pesada.

Linda Eggers, Tim Elmore e Dan Reiland são exemplos de pessoas que levantam cargas pesadas para mim. Durante anos, quando eu estava apertado, eles assumiam tarefas para mim e concluíam-nas com excelência. Dan Reiland é tão excepcional nesse sentido que continua a fazer isso até hoje — e ele nem trabalha mais para mim. Ele o faz como amigo.

Se tiver disposição e capacidade para levantar a carga de seus líderes quando eles precisarem, você terá influência com eles.

As chaves para tornar-se esse tipo de membro são disponibilidade e responsabilidade. Ser uma pessoa que levanta cargas pesadas é de fato uma questão de atitude, não uma questão de posição. Se tiver disposição e capacidade para levantar a carga de seus líderes quando eles precisarem, você terá influência com eles.

5. Membros confiáveis produzem quando o líder está ausente

A maior oportunidade de distinção de um líder no escalão médio de uma organização é quando o líder está ausente. É nesses momentos que existe um vácuo na liderança, e os líderes podem se erguer para preenchê-lo. De fato, quando sabem que estarão ausentes, os líderes normalmente designam um líder para substituí-los. Mas, ainda assim, há ainda oportunidades para as pessoas subirem, assumirem responsabilidade e se distinguirem.

Se você der um passo à frente para liderar quando houver um vácuo na liderança, talvez tenha uma boa chance de se distinguir. Você deve também saber, no entanto, que, quando as pessoas sobem para preencher o vácuo, tal atitude quase sempre mostra quem elas realmente são. Se os motivos forem bons, e se houver desejo de liderar para o bem da organização, isso irá transparecer. Se a motivação for subir e tomar o poder para obter ganho pessoal, isso irá transparecer também.

6. Membros confiáveis produzem quando o tempo é limitado

Gosto de um aviso que vi em uma pequena empresa intitulado "As 57 regras para dar conta do recado". Abaixo do título, dizia:

> Regra nº 1: Dê conta do recado
> Regra nº 2: As outras 56 não têm importância

Essa é a filosofia de membros confiáveis. Eles dão conta do recado, independentemente de quanto a situação esteja difícil.

Enquanto eu estava trabalhando neste capítulo, Rod Loy contou-me uma história de quando ele era líder no escalão médio de uma organização. Em uma importante reunião, seu líder anunciou um novo programa que, segundo ele, estava pronto. Rod ouviu com interesse, pois não estava ciente disso. O programa parecia maravilhoso, mas então seu líder anunciou que Rod estaria conduzindo o programa, e quem estivesse interessado poderia conversar com Rod sobre o assunto após a reunião.

Rod não havia sido informado de seu papel, mas isso não teve importância. Durante o restante da reunião, enquanto seu líder falava, ele fez rapidamente um esboço do projeto e do plano de ação para o programa. Quando a reunião terminou e as pessoas se aproximaram de Rod, ele informou seu plano e deu início a ele. Rod disse que o programa talvez não tenha sido seu melhor trabalho, mas foi um bom trabalho sob aquelas circunstâncias. O programa gerou ganho para a organização, preservou a credibilidade de seu líder e serviu bem às pessoas.

Você talvez nunca se veja no tipo de situação em que Rod se viu. Mas se adotar a atitude positiva e tenacidade de um membro confiável, e aproveitar cada oportunidade para fazer as coisas acontecerem, seu desempenho provavelmente será como o dele sob circunstâncias similares. Nesse caso, seu líder chegará a confiar em você, e a confiança e a credibilidade das pessoas em quem confiamos só tendem a aumentar a cada dia.

Princípio de liderança para cima nº 9

Seja melhor amanhã do que hoje

Um peru estava conversando com um touro.

— Eu adoraria poder chegar à copa daquela árvore — suspirou o peru — mas não tive energia.

— Bem — replicou o touro —, por que você não belisca um pouco do meu estrume? Ele é rico em nutrientes.

O peru bicou um monte de estrume e viu que aquilo de fato lhe deu força suficiente para alcançar o galho mais baixo da árvore. No dia seguinte, depois de comer um pouco mais de estrume, ele alcançou o segundo galho. Finalmente, depois da quarta noite, lá estava o peru todo orgulhoso empoleirado na copa da árvore. Mas foi, de imediato, identificado por um caçador, que o fez cair da árvore com um tiro.

Moral da história: O diploma pode levar você ao topo, mas não mantê-lo lá.

Como o Crescimento Irá Ajudá-lo a Liderar para Cima

Conheço muitas pessoas que têm a doença do destino. Pensam que "chegaram lá" obtendo uma posição específica ou alcançando um certo nível em uma organização. Quando chegam àquela posição desejada, elas param de tentar crescer ou melhorar. Que desperdício de potencial!

É claro que não há nada errado com o desejo de progredir em sua carreira, mas nunca tente "chegar lá". Em vez disso, planeje para que sua jornada não tenha limite. A maioria das pessoas não faz idéia de quanto elas podem ir longe na vida. Seu alvo é muito baixo. Sei que fiz isso quando comecei, mas minha vida começou a mudar quando parei de estabelecer metas para *onde* eu queria estar e comecei a definir o curso no sentido de *quem* eu queria ser. Descobri para os outros e para mim que a chave para o desenvolvimento pessoal é ser mais orientado ao *crescimento* do que ao *objetivo*.

A chave para o desenvolvimento pessoal é ser mais orientado ao crescimento do que ao objetivo.

Não há aspecto negativo em fazer do crescimento seu objetivo. Se continuar a aprender, você será melhor amanhã do que hoje, e isso lhe abrirá portas.

Quanto melhor você for, mais as pessoas o ouvem

Se você tivesse interesse em cozinhar, com quem preferiria passar uma hora — Mario Batali (chef, autor de livros de receita, dono do Babbo Ristorante e Enoteca e outros restaurantes em Nova York, e apresentador de dois programas na Food Network) ou seu vizinho que gosta de cozinhar e de fato cozinha "de vez em quando"? Ou se fosse um aluno de liderança, como eu, você preferiria passar essa hora com o presidente da república ou com a pessoa que administra a loja de conveniências do seu bairro? Não há discussão. Por quê? Porque você respeita mais e pode aprender mais com a pessoa que tem grande competência e experiência.

Competência é uma chave para a credibilidade, e credibilidade é a chave para influenciar os outros. Se as pessoas o respeitam, elas irão ouvi-lo. O presidente Abraham Lincoln afirmou: "Não dou tanta importância ao homem que não é mais sábio hoje do que foi ontem." Ao concentrar-se no crescimento, você fica mais sábio a cada dia.

Quanto melhor você for, maior será o seu valor hoje

Se tivesse de plantar nogueiras e árvores frutíferas em seu quintal, quando esperaria começar a colher seus frutos? Você se surpreenderia em descobrir que teria de esperar anos — de três a sete anos para colher as frutas, de cinco a quinze anos para colher as nozes? Se quiser uma árvore que produza, primeiro você precisa deixá-la crescer. Quanto mais crescer e criar raízes fortes que possam sustentá-la, mais a árvore produzirá. Quanto mais ela produzir, maior será seu valor.

> *Se não estiver avançando como aprendiz, então você está retrocedendo como líder.*

As pessoas não são tão diferentes. Quanto mais crescem, mais valor elas têm porque podem produzir mais. Na verdade, diz-se que uma árvore continua crescendo desde que esteja viva. Eu adoraria viver de tal modo que o mesmo pudesse ser dito a meu respeito — "ele continuou a crescer até o dia de sua morte".

Gosto desta citação de Elbert Hubbard: "Se o que fez ontem ainda parece importante para você, você não fez muita coisa hoje." Se você olhar para suas realizações do passado, e elas não parecerem pequenas para você agora, então você não cresceu muito desde que as cúmpriu. Se olhar para um trabalho que fez anos atrás e não pensar que você poderia fazê-lo melhor agora, então você não está melhorando naquela área de sua vida.

Se você não estiver sempre crescendo, então isso provavelmente é prejudicial para sua habilidade de liderança. Warren Bennis e Bert Nanus, autores de *Líderes: Estratégias para assumir a verdadeira liderança*, declararam: "É a capacidade dos líderes de se desenvolverem e melhorarem que os distinguem de seus seguidores." Se não estiver avançando como aprendiz, então você está retrocedendo como líder.

Quanto melhor você for, maior será seu potencial para amanhã

Quem são as pessoas mais difíceis para ensinar? As pessoas que nunca tentaram aprender. Fazê-las aceitarem uma nova idéia é como tentar transplantar uma muda de tomate para o concreto. Ainda que você conseguisse fazê-lo penetrar na terra, sabe que ele não sobreviveria de forma alguma. Quanto mais você aprender e crescer, maior será sua capacidade de continuar a aprender. E isso aumenta seu potencial e seu valor para amanhã.

O reformador indiano Mahatma Gandhi observou: "A diferença entre o que fazemos e o que somos capazes de fazer seria suficiente para resolver grande parte dos problemas do mundo." Isso é para vermos como é grande nosso potencial. Tudo o que temos de fazer é continuar a lutar para aprendermos mais, crescermos mais, sermos mais.

Um líder que entrevistei para este livro contou-me que, na época de seu primeiro emprego, ele cometeu um erro e seu chefe o chamou para conversar. Toda vez, antes de ele sair de uma dessas reuniões, seu chefe perguntava: "Você aprendeu alguma coisa com isso?", e pedia que ele explicasse. Na época, esse jovem líder achava que o chefe estava sendo muito rígido com ele. Mas, à medida que progrediu em sua carreira, ele descobriu que muitos de seus sucessos poderiam ser frutos de práticas que havia adotado por causa daquelas conversas. Isso lhe causou um grande impacto positivo porque continuou a torná-lo alguém melhor.

Se quiser influenciar as pessoas que estão à sua frente na organização — e continuar a influenciá-las —, então você precisa continuar a melhorar. Um investimento em seu crescimento é um investimento em sua habilidade, sua capacidade de se adaptar e sua capacidade de ser promovido. Independentemente do preço que você tenha de pagar para continuar a crescer e aprender, o preço de não fazer nada é mais alto.

Como se Tornar Melhor Amanhã

O fundador Ben Franklin comentou: "Quando você aperfeiçoa a si mesmo, o mundo se faz melhor. Não tenha medo de crescer lentamente. Tenha medo apenas de ficar parado. Esqueça seus erros, mas lembre-se do que eles lhe ensinaram." Então, como se tornar melhor amanhã? Tornando-se melhor hoje. O segredo de seu sucesso pode ser encontrado em sua agenda diária. Eis o que sugiro que você faça para continuar a crescer e liderar para cima:

1. Aprenda seu ofício hoje

Em uma parede do escritório de uma grande fazenda com árvores está uma placa que diz: "A melhor época para se plantar uma árvore foi há vinte e cinco anos. A segunda melhor é agora." Não há melhor momento como o presente para você se tornar um especialista em seu ofício. Talvez você quisesse ter começado antes. Ou talvez quisesse ter tido um professor ou mentor melhor anos atrás. Nada disso importa. Olhar para trás e lamentar não irá ajudá-lo a avançar.

Um amigo do poeta Longfellow perguntou-lhe qual era o segredo de seu constante interesse pela vida. Apontando para uma macieira que estava por perto, Longfellow revelou: "O propósito daquela macieira é produzir um pouco de madeira nova a cada ano. É isso que planejo fazer." O amigo teria encontrado um sentimento semelhante em um dos poemas de Longfellow:

> Não são as alegrias ou as dores
> o nosso destino ou as nossas caminhadas;
> Mas o agir de modo que cada amanhã
> nos encontre mais à frente do que estamos hoje.[2]

Talvez você não esteja onde deveria estar. Talvez você não seja o que deseja ser. Você não precisa ser o que costumava ser. E não tem de chegar lá. Simplesmente precisa aprender a ser o melhor que pode ser neste exato momento. Como disse Napoleon Hill: "Você não pode mudar seu ponto de partida, mas pode mudar a direção para a qual está seguindo. O que conta não é o que você vai fazer, mas o que vai fazer agora."

> *"Você não pode mudar seu ponto de partida, mas pode mudar a direção para a qual está seguindo. O que conta não é o que você vai fazer, mas o que vai fazer agora."*
> — Napoleon Hill

2. Fale de seu ofício hoje

Uma vez que você atingiu um grau de proficiência em seu ofício, então uma das melhores coisas que pode fazer por si mesmo é falar de seus ofícios com outras pessoas que estejam no mesmo nível que você ou em um nível superior. Muitas pessoas fazem isso naturalmente. Guitarristas falam sobre guitarras. Pais falam de educação dos filhos. Jogadores de golfe falam sobre golfe. Eles agem assim porque é divertido, estimula a paixão que têm, ensina-lhes novas habilidades e percepções e prepara-os para tomarem novas decisões.

Conversar com colegas é maravilhoso, mas se você também não fizer um esforço para falar sobre seu ofício de modo estratégico com aqueles que estão à sua frente em termos de experiência e habilidade, então realmente está deixando de descobrir oportunidades. Douglas Randlett reúne-se regularmente com um grupo de multimilionários aposentados para aprender com eles. Antes de se aposentar, Tony Gwynn, jogador da liga de beisebol profissional, era conhecido por falar sobre lances com qualquer pessoa que tivesse conhecimento sobre o assunto. Toda vez que ele via Ted Williams, eles falavam sobre lances.

Gosto de conversar sobre liderança com bons líderes o tempo todo. Na verdade, faço questão de marcar um almoço para aprender com alguém que admiro, pelo menos, seis vezes por ano. Antes de ir, procuro me informar sobre a pessoa lendo seus livros, estudando suas lições, ouvindo suas palestras ou tudo o que for preciso fazer. Meu objetivo é aprender o suficiente sobre ela e sua "doce posição" para fazer as perguntas certas. Se fizer isso, então poderei aprender com seus pontos fortes. Mas esse não é meu principal objetivo. Meu objetivo é aprender o que posso transferir das zonas de pontos fortes delas para as minhas. É daí que virá meu crescimento — não do que estão fazendo. Tenho de aplicar o que aprendo à minha situação.

O segredo para uma ótima entrevista é ouvir. É a ponte entre aprender coisas sobre as pessoas e aprender coisas sobre você. E esse é o seu objetivo.

3. Ponha em prática seu ofício hoje

William Osler, o médico que escreveu *The principles and practice of medicine* [Princípios e prática da medicina] em 1982, certa vez aconselhou a um grupo de alunos de medicina:

> Acabe com o futuro. Viva somente o momento e para cumprir seu trabalho distribuído. Não pense no que há para ser realizado, nas dificuldades a serem superadas ou no objetivo a ser alcançado, mas se aplique com afinco à pequena tarefa ao seu alcance, deixando que isso seja suficiente para o dia; pois, seguramente, nosso simples dever, como diz Carlyle, não é ver o que se encontra vagamente a distância, mas fazer o que se acha claramente ao nosso alcance.

A única maneira de você melhorar é pôr em prática seu ofício até conhecê-lo de trás para frente. Quanto mais você praticar seu ofício, mais saberá. Mas, ao fazê-lo mais, você também descobrirá mais sobre o que deveria fazer de modo diferente. A essa altura, você tem uma decisão para tomar: você fará o que sempre fez ou tentará fazer mais do que pensa que deveria fazer? A única maneira de você melhorar é sair de sua zona de conforto e experimentar coisas novas.

As pessoas muitas vezes me perguntam: "Como posso crescer em meu negócio?" ou "Como posso melhorar meu departamento?". A resposta é você crescer como pessoa. A única maneira de fazer sua organização crescer é fazer com que os líderes que a dirigem cresçam. Quando você se dedica a se aperfeiçoar, você contribui para o progresso dos outros. Jack Welch, CEO aposentado da General Electric, afirmou: "Antes de você ser um líder, o sucesso tem tudo a ver com seu crescimento pessoal. Quando você se torna um líder, o sucesso tem tudo a ver com o crescimento dos outros."[3] E o tempo para começar é hoje.

Revisão da 3ª seção

Os princípios de que Líderes 360º precisam para liderarem para cima

Antes de começar a aprender o que é necessário para liderar para os lados, recapitule os nove princípios que você precisa dominar para liderar para cima:

1. Lidere-se a si mesmo excepcionalmente bem.
2. Alivie a carga de seu líder.
3. Esteja disposto a fazer o que os outros não se dispõem a fazer.
4. Faça mais do que gerenciar — lidere!
5. Invista na química relacional.
6. Esteja preparado toda vez que usar o tempo de seu líder.
7. Saiba quando avançar e quando recuar.
8. Torne-se um membro de equipe confiável.
9. Seja melhor amanhã do que hoje.

4ª SEÇÃO

Os princípios que líderes 360° põem em prática na liderança para os lados

"Siga-me, andarei com você."

O que distingue um líder meramente competente de um que passa para o nível seguinte? Líderes competentes podem liderar seguidores. Podem encontrá-los, reuni-los, recrutá-los e alistá-los. Essa não é uma tarefa fácil, mas um líder que pode liderar somente seguidores é limitado. Para conseguir passar para o próximo nível de liderança, um líder deve ser capaz de liderar outros líderes — não apenas os que estão abaixo dele, mas também aqueles que estão acima e ao lado dele.

Líderes que trabalham realmente com afinco e exibem um alto nível de competência podem influenciar seus chefes. Por isso, nesse sentido, eles se tornaram líderes de líderes. Mas liderar colegas é outro tipo de desafio. Na verdade, para pessoas altamente produtivas que geram sentimentos de ciúmes ou ressentimento por causa de seu relacionamento com seus chefes, liderar colegas pode ser, sobretudo, difícil. Se os líderes no escalão médio que lideram para cima forem vistos como políticos ou puxa-sacos, então seus colegas podem rejeitar qualquer proposta no sentido de liderar para os lados.

Para ter sucesso como um Líder 360° que lidera de igual para igual, você tem de se esforçar para dar aos seus colegas razões para respeitá-lo e segui-lo. Como fazer isso? Ajudando seus colegas. Se puder ajudá-los a vencer, você não apenas irá ajudar a organização, mas também a si mesmo.

As pessoas que acham mais difícil liderar para os lados são aquelas que não se destacam em construir relacionamentos. Se observar os Cinco Níveis de Liderança em "O Mito da Posição", você verá que, depois do primeiro nível, que é posição, o segundo e o terceiro níveis são permissão e produção. Líderes que se destacam na produção mas negligenciam a permissão podem influenciar seus chefes, mas quase não terão possibilidade de tentar influenciar seus colegas. Se quiser liderar para os lados, você precisa trabalhar nesse sentido e conseguir a permissão de seus colegas. Isso pode ser um grande desafio, mas, definitivamente, é um desafio que vale a pena aceitar.

Princípio de liderança para os lados nº 1

Entenda, ponha em prática e complete o círculo de liderança

Muitas pessoas que têm dificuldade para liderar para os lados têm problemas porque sua abordagem não tem uma visão a longo prazo. Tentam ganhar influência rápido demais. Liderar não é um evento do passado; é um processo contínuo que leva tempo — principalmente com os colegas.

Se quiser ganhar influência e credibilidade com as pessoas que trabalham ao seu lado, então não tente pegar atalhos ou enganar o processo. Em vez disso, aprenda a entender, pôr em prática e completar o círculo de liderança com elas.

O círculo de liderança

Observe o seguinte gráfico que lhe dará uma idéia de como é o círculo de liderança:

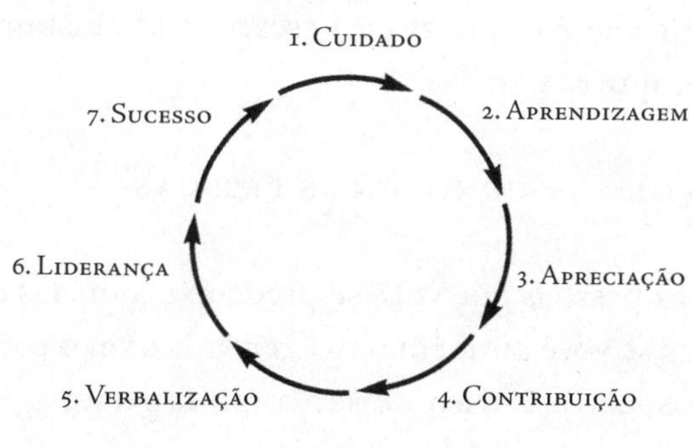

Você pode ver que é um ciclo que começa com cuidado e termina com sucesso. Eis como cada um desses passos funciona no círculo.

1. Cuidado — tenha interesse pelas pessoas

Pode parecer extremamente simples, mas tudo realmente começa aqui. Você tem de mostrar às pessoas que se preocupa com elas tendo interesse por elas. Muitos líderes são tão orientados à ação e levados pela agenda que não fazem das pessoas de fato uma prioridade. Se essa for a sua situação, então você precisa mudá-la.

Não quero parecer grosseiro, mas gostar das pessoas é algo que ajuda. Se você não for uma pessoa que gosta de pessoas, esse talvez seja o primeiro passo que precisa dar. Procure valor em cada pessoa. Ponha-se no lugar dos outros. Encontre razões para gostar delas. Você não terá interesse pelas pessoas se, lá no fundo, não se preocupar com coisa alguma em relação a elas. E, nesse caso, essa falha sempre será um obstáculo à sua capacidade de liderar pessoas.

Se essa é uma área de desafio para você, então é possível que você queira dar uma olhada em *25 ways to win with people: How to make others feel like a million bucks* [25 maneiras de ganhar as pessoas: Como fazer com que os outros se sintam como se valessem um milhão de dólares], no qual fui co-autor com Les Parrott; ou ler o clássico *Como fazer amigos e influenciar pessoas*, de Dale Carnegie. Por mais que você pretenda desenvolver habilidades pessoais, lembre-se de que as pessoas sempre se aproximam de alguém que as faça crescer e se afastam de qualquer pessoa que as empurre para baixo.

> *As pessoas sempre se aproximam de alguém que as faça crescer e se afastam de qualquer pessoa que as faça decrescer.*

2. Aprendizagem — conheça as pessoas

Mostrar às pessoas que você se preocupa com elas é sempre uma boa atitude. Mas se você também não fizer um esforço para conhecê-las como indivíduos, corre o risco de ser como o personagem de *Snoopy*,

Charlie Brown, que dizia: "Amo a raça humana. O que não consigo suportar são as pessoas."

Reserve tempo para conversar com seus colegas na organização. Peça para ouvir as histórias deles. Tente descobrir as melhores habilidades deles. Aprenda a apreciar suas diferenças. Peça opiniões sobre questões relacionadas ao trabalho. E, o máximo que puder, tente se pôr no lugar deles.

Há também maneiras organizadas de descobrir coisas sobre seus colaboradores. Freqüentemente dou palestras para o Maximum Impact, uma empresa da qual fui fundador que agora pertence a — e é dirigida por — Todd Duncan. Um dos exercícios que a organização oferece aos clientes inclui Cartões com Valor. Os participantes são solicitados a folhear uma pilha com mais de quarenta cartões, com um valor impresso em cada um, como integridade, compromisso, riqueza, fé, criatividade e família. Eles são solicitados a escolher seus seis principais valores, aqueles que consideram inegociáveis. Depois, são solicitados a eliminar dois cartões e depois outros dois. Esse exercício estimula as pessoas a pesarem o que é importante e fazerem algumas escolhas difíceis.

Recentemente, Rick Packer, um instrutor empresarial, compartilhou um e-mail comigo que havia recebido de John Farrell, da Printing House Press. No e-mail, John elogiava a experiência do Cartão com Valor e como o havia utilizado para conhecer melhor as pessoas em sua organização. John declarou:

> Algumas semanas depois que voltei [do seminário], sentei-me com cada um de meus vinte e cinco funcionários — dois de cada vez — para que eles pudessem participar do exercício do Cartão com Valor da Maximum Impact. Eu lhes disse que, para mim, seria uma grande experiência, e que eles poderiam se ver diante de grandes descobertas um do outro. Não fiquei desapontado. Cada um dos vinte e cinco funcionários gostou tanto do exercício que todos ficaram ansiosos para que eu publicasse os valores de cada um de seus colegas de trabalho. Por isso, por voto unânime, pedi para meu designer gráfico que criasse e imprimisse um cartaz de aproximadamente 75 cm x 60 cm mostrando os três valores mais altos. Hoje, o cartaz é oficialmente publicado em nosso escritório para que todos vejam.

John ainda disse que a amizade que já existia entre o pessoal ficou ainda melhor. Ele também incluiu uma versão reduzida do cartaz que seu designer criou.

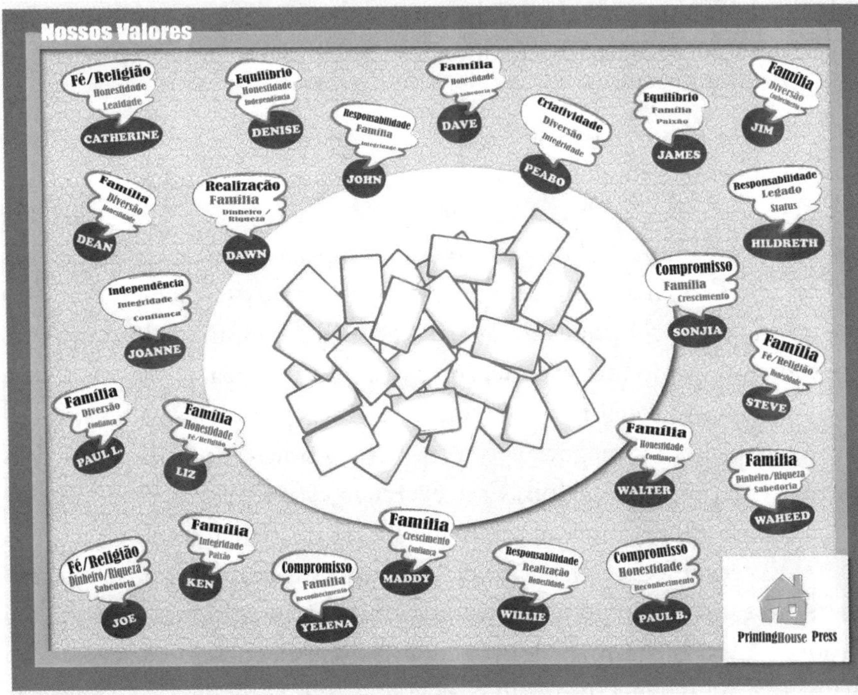

3. Apreciação — respeite as pessoas

Temos a tendência de apreciar pessoas que podem fazer as coisas que admiramos. Isso é natural. Mas se só apreciamos pessoas iguais a nós mesmos, estamos perdendo muita coisa. Devemos esforçar-nos para ver as habilidades e experiências únicas dos outros como um recurso e tentar aprender com elas.

Dennis Bakke, presidente da AES e autor de *Joy at work* [Alegria no trabalho], crê que devemos sempre esperar o melhor das pessoas e respeitá-las. Bakke explica sua filosofia descrevendo os funcionários da AES:

- São adultos criativos, atenciosos e confiáveis, capazes de tomar decisões importantes.
- Prestam contas e são responsáveis por suas decisões e ações.
- São únicas.
- Querem usar nossos talentos e habilidades como uma contribuição positiva à organização e ao mundo.[1]

Se você tratar seus colegas (e seus funcionários) com esse tipo de respeito, apreciando-os pela pessoa que eles são, então é mais provável que eles respeitem e ouçam você em troca.

4. Contribuição — agregue valor às pessoas

Poucas coisas aumentam mais a credibilidade de líderes do que agregar valor às pessoas à volta deles. Isso se aplica sobretudo quando o líder faz isso espontaneamente, sem o estímulo de qualquer tipo de benefício direto. Quando você faz todo o possível para agregar valor aos seus colegas, eles entendem que você realmente quer que eles vençam sem nenhuma agenda secreta sua.

Poucas coisas aumentam mais a credibilidade de líderes do que agregar valor às pessoas à volta deles.

Aqui estão algumas sugestões sobre como começar:

Não guarde para si o que você tem de melhor. Nossa tendência natural é proteger o que é nosso, seja nossa área de influência, nossas idéias ou nossos recursos. Mas, ao compartilhar o que tem com o objetivo de ajudar os outros, você realmente envia uma mensagem positiva às pessoas que trabalham com você.

Preencha as lacunas delas. Gosto da parte em que, no filme *Rocky*, o personagem de Sylvester Stallone diz sobre sua noiva, Adrian: "Eu tenho lacunas, ela tem lacunas, mas, juntos, não temos lacunas." Isso se aplica a todos nós no trabalho. Em vez de explorar as lacunas de outras pessoas para ficar à frente delas, por que não preencher as lacunas um do outro e ambos ficarem à frente?

Invista no crescimento de seus colegas. Sugeri no Desafio nº 2 (O Desafio da Frustração: seguindo um líder ineficiente) que você compartilhe recursos com seu líder. Por que não fazer o mesmo com seus colegas? Como se costuma dizer, ao acender a vela do outro, você não perde nada. Simplesmente produz mais luz.

Caminhe com eles. Muitas vezes, quando temos uma oportunidade de fazer algo emocionante ou especial, absorvemos as experiências de que gostamos, mas as guardamos para nós mesmos; Líderes 360° sempre dão um jeito de caminhar junto. Se quiser influenciar seus colegas, compartilhe o que você está fazendo com eles.

A princípio, pode parecer um pouco estranho agregar valor às pessoas em seu nível. Se você trabalhar em um ambiente hostil e altamente competitivo, seus colegas podem desconfiar de você no início. Mas persevere. Se você se der incondicionalmente e tentar ajudar os outros a vencerem, eles irão, com o tempo, passar a confiar em seus motivos.

5. Verbalização — dê afirmação às pessoas

Reserve um momento para pensar nos professores que teve em sua vida. Quem eram seus favoritos? Por que você gostou mais desses professores do que dos muitos outros? Se for como a maioria das pessoas, você os respeitou porque eles o afirmaram e fizeram-no se sentir bem consigo mesmo.

Poucas coisas edificam uma pessoa como a afirmação. De acordo com o *Webster's New World Dictionary, Third College Edition* (Simon and Schuster, 1991), o termo *afirmar* vem de *ad firmare*, que significa "tornar firme". Portanto, ao afirmar as pessoas, você torna firme dentro delas aquilo que vê nelas. Faça isso com freqüência, e a fé que se solidifica dentro delas ficará mais forte do que as dúvidas que têm com relação a si mesmas.

Se quiser influenciar seus colegas, torne-se o melhor líder deles. Elogie seus pontos fortes, reconheça o que eles realizam, diga coisas positivas sobre eles para seu chefe e colegas. Cumprimente-os com sinceridade em todas as ocasiões e, algum dia, você poderá ter a oportunidade de influenciá-los.

6. Liderança — influencie as pessoas

Depois de dar os cinco passos anteriores — cuidado, aprendizagem, apreciação, contribuição e verbalização — agora você está, finalmente, pronto para começar a liderar seus colegas. As coisas que você fez até agora serviram para formar seu relacionamento com eles, dar-lhes credibilidade e mostrar que seus motivos são bons. Com esse tipo de histórico, você terá conquistado a oportunidade de influenciá-los.

Alguns líderes conseguem passar rapidamente por todos os passos, enquanto outros precisam de um pouco mais de tempo para completá-los. Quanto maior for seu talento natural para liderar, mais rápido será seu percurso. Mas influenciar os outros não é o fim da estrada. Se sua única motivação é simplesmente fazer com que as pessoas o ouçam e façam o que você quer, então você realmente deixou escapar uma oportunidade. Se desejar tornar-se um Líder 360º, então você precisa tomar o próximo passo. Você precisa ajudá-los a vencer!

7. Sucesso — vença com as pessoas

Sei que você tem o desejo de liderar os outros, ou não teria chegado até aqui na leitura deste livro. Mas não sei se você já refletiu o bastante nas razões para liderar. Acredito que bons líderes equilibram duas motivações muito importantes. A primeira é cumprir sua visão. Todos os líderes têm no íntimo um sonho, uma visão que querem ver se realizar. Para alguns, ela é modesta; para outros, é grande. A segunda motivação é ver o sucesso dos outros. Grandes líderes não usam as pessoas para que possam vencer. Eles lideram pessoas para que todos possam vencer juntos. Se essa realmente for a sua motivação, você pode tornar-se o tipo de pessoa que os outros querem seguir — quer estejam elas ao seu lado, acima ou abaixo de você na hierarquia organizacional.

Grandes líderes não usam as pessoas para que possam vencer. Eles lideram pessoas para que todos possam vencer juntos.

O que há de maravilhoso em ajudar os outros a terem sucesso é que isso lhe dá mais oportunidades de ajudar um número ainda maior de pessoas. Você não viu isso em todas as áreas da vida? Um técnico de sucesso ou líder empresarial tem muito mais facilidade para recrutar jogadores em potencial do que alguém sem um histórico de vitórias. Uma vez que os líderes provam que podem ajudar a fazer com que os sonhos das pessoas se concretizem, outros os procuram para que também possam ser ajudados a vencer.

E é isso que faz o ciclo iniciar novamente. Se você ajudar os outros a terem sucesso, outras pessoas a quem você terá a oportunidade de ajudar a ter sucesso irão aparecer em sua vida. Toda vez que isso acontecer, você deve optar por passar novamente pelo processo, começando com o cuidado e concluindo com o sucesso. Você não pode cortar caminho. De fato, se você ajudar os outros a vencerem consistentemente por um bom tempo, eles irão permitir-lhe passar com eles pelo processo mais rapidamente, mas você ainda terá de dar um passo de cada vez.

Palavras de Lou Holtz, ex-treinador do time de futebol americano de Notre Dame: "Faça o que é certo! Faça o possível e trate os outros como você gostaria de ser tratado, pois eles farão três perguntas: (1) Posso confiar em você? (2) Você acredita nisso? Você tem compromisso com isso — tem paixão por isso? (3) Você se preocupa comigo como pessoa?" Se as pessoas à sua volta puderem responder afirmativamente a todas essas perguntas, então você tem uma boa chance de causar um impacto na vida delas.

Princípio de liderança para os lados nº 2

Complementar seus colegas de liderança é mais importante que competir com eles

Chris Hodges, um bom líder natural de Baton Rouge, é conhecido por contar piadas sobre Boudreaux, um tipo de humor popular em Louisiana. Recentemente, em uma viagem da EQUIP, ele me contou a seguinte piada (tentarei transcrever o sotaque da melhor maneira possível):

> Um grupo de cajuns estava à toa vangloriando-se de quanto eles eram bem-sucedidos. Thibideaux diz:
>
> — Acabei de comprar parra mim outrro barco parra pescar camarrão e tenho um grrupo de dez pessoas trrabalhando parra mim.
>
> — Isso aí não é nada — retrucou Landry. — Fui promovido na refinaria e agorra tenho cinqüenta homens trrabalhando parra mim.
>
> Boudreaux ouve isso e, não querendo parecer inoportuno diante dos amigos, comenta:
>
> — Oh, si, tenho trrezentas pessoas trrabalhando abaixo de mim.
>
> Thibideaux diz:
>
> — Do que você tá falando, Boudreaux? Você corta grrama todo dia.
>
> — É verdade — respondeu Boudreaux — mas agorra estou cortando grrama no cemitérrio e tenho trrezentas pessoas abaixo de mim.

Não há nada errado em competir. O problema para muitos líderes é que o modo de competir acaba sendo prejudicial à equipe e aos colegas. Tudo depende de como você lida com a competição e de como a canaliza. Em ambientes de trabalho saudáveis, há competição e trabalho em equipe. A questão é saber quando é adequado competir. Em se tratando de seus colegas de equipe, você deseja competir de tal maneira que, em vez de realmente *competir* com eles, você os está *complementando*. Essas são duas mentalidades totalmente diferentes.

> *Vencer a qualquer preço irá custar-lhe alto em se tratando de seus colegas. Se seu objetivo for derrotar seus colegas, então você nunca poderá liderar para os lados com eles.*

Competir *Versus* Complementar

Competir	Complementar
Mentalidade de escassez	Mentalidade de abundância
Eu em primeiro lugar	A organização em primeiro lugar
Destrói a confiança	Desenvolve a confiança
Pensa em vencer—perder	Pensa em vencer—vencer
Pensa individualmente (minhas boas idéias)	Pensa de modo compartilhado (nossas grandes idéias)
Exclui os outros	Inclui os outros

Como Equilibrar Competição e Complementação

O ponto principal é que o sucesso de toda a equipe é mais importante do que qualquer sucesso individual. As organizações precisam de competição e de trabalho em equipe para terem sucesso. Quando esses dois elementos existem na medida certa, o resultado é uma grande química na equipe.

Então, como você equilibra competir e complementar? Como você aprende facilmente a passar de uma atitude para outra? Eis o que recomendo.

1. Reconheça seu desejo natural de competir

Cerca de quatro ou cinco anos depois de me formar na faculdade, voltei a participar de um jogo de basquete entre ex-alunos e o time da faculdade na época. Quando jogava no time, eu era escolta, mas, dessa vez, eles me colocaram para marcar o armador do time adversário. Ao vê-lo no aquecimento, eu soube que estava encrencado. Ele era muito mais rápido do que eu. Assim, rapidamente desenvolvi uma estratégia.

A primeira vez que tentei tomar a bola para impedi-la de entrar na cesta, fiz falta nele. Não quero dizer que bati na mão dele quando ele arremessou a bola. Quero dizer que realmente fiz falta nele — uma bela falta. Ele se levantou, foi mancando até a linha para fazer seus arremessos livres e fez dois deles soarem na parte de trás do aro. Até agora, maravilha.

Da próxima vez que o time dele voltou à quadra e ele tentou armar uma jogada do lado de fora, fiz falta nele outra vez. Ao se levantar, ele começou a resmungar em voz baixa.

Logo depois disso, quando houve um arremesso livre, eu me lancei atrás da bola, mas também me certifiquei de cair bem em cima dele. Eu não era tão grande como sou agora, mas era mais pesado do que ele.

Ele veio gritando comigo:

— Você está jogando pesado demais. É só um jogo.

— Tudo bem — respondi com um riso forçado —, então me deixe vencer.

Independentemente de quem você seja ou do que faça, a competitividade é um instinto natural da liderança. Ainda não conheci um líder que não gostasse de vencer. Olho para trás agora e reconheço que não era muito maduro. A boa notícia é que a equipe de ex-alunos venceu o jogo. A má notícia é que não ganhei um amigo naquele dia.

A chave para ser competitivo é canalizar a competição de um modo positivo. Se a reprime, você perde o pique que o motiva a fazer parte de seu melhor trabalho. Se a deixa correr solto, você atropela seus colegas de equipe e os aliena. Mas, se a controla e direciona, a competitividade poderá ajudá-lo a ter sucesso.

2. Aceite a competição saudável

Toda equipe de sucesso que já presenciei ou da qual participei exercitava uma competição saudável entre seus membros. A competição saudável rende muitos frutos para a equipe, frutos que de outra forma não existiriam.

A competição saudável ajuda a ressaltar o que você tem de melhor. Quantos recordes mundiais você imagina que são estabelecidos quando um corredor corre sozinho? Não sei de nenhum! As pessoas usam toda a sua capacidade quando têm o estímulo de outra pessoa. Isso se aplica quer você esteja aprendendo, exercitando ou participando do jogo.

A competição saudável promove uma avaliação honesta. Qual é a forma mais rápida de avaliar sua eficiência em sua profissão? Talvez você tenha avaliações a longo prazo adequadas, como objetivos mensais ou anuais. Mas o que aconteceria se você quisesse saber como está se saindo hoje? Como você começaria a avaliar seu desempenho? Você poderia observar sua lista de afazeres. Mas o que aconteceria se você estipulasse um padrão baixo demais para si mesmo? Você poderia perguntar a seu chefe. Mas talvez a melhor forma seria ver o que os outros em sua linha de trabalho estão fazendo. Se você estivesse consideravelmente atrás ou à frente deles, isso não seria significativo? E se você estivesse atrás, não tentaria descobrir o que está fazendo de errado? Essa pode não ser a única maneira de avaliar-se a si mesmo, mas certamente pode dar uma boa noção da realidade.

A competição saudável cria amizade. Quando as pessoas competem juntas, isso muitas vezes cria uma conexão entre elas, quer estejam na mesma equipe ou em equipes adversárias. Quando a competição é contínua e amigável na mesma equipe, ela cria uma ligação mais forte que pode levar a uma grande amizade.

A competição saudável não se torna pessoal. A competição entre colegas de equipe tem a ver, em última instância, com diversão. Quando a competição é saudável, os colegas de equipe continuam amigos quando o jogo acaba. Eles jogam uns contra os outros pela emoção do jogo e, quando o jogo acaba, podem ir embora juntos sem ressentimentos.

Gosto da piada do galo que arrastou um ovo de avestruz até o galinheiro. Ele o exibiu para que todas as galinhas vissem e disse: "Não quero intimidar vocês, meninas, mas quero mostrar-lhes o que estão fazendo lá na estrada."

A competição pode definitivamente ajudar a motivar uma equipe a começar a se mexer.

3. Ponha a competição no seu devido lugar

Todo o objetivo de uma competição saudável é incentivar o sucesso da empresa. A competição na prática ajuda os colegas de equipe a se aperfeiçoarem mutuamente para o dia do jogo. Se conduzida corretamente, ela é usada para derrotar a outra equipe.

Sem dúvida, alguns líderes podem levar isso ao extremo. Tommy Lasorda, ex-dirigente do Los Angeles Dodgers, conta a história do dia em que sua equipe estava com viagem marcada para jogar contra o Cincinnati Reds. De manhã, Lasorda foi à missa. Enquanto ele se acomodava em seu banco, o dirigente do Reds, Johnny McNamara, entrou, por acaso, na mesma igreja e sentou-se no mesmo banco.

> *Todo o objetivo de uma competição saudável é incentivar o sucesso da empresa.*

Os dois se olharam, mas nenhum deles falou.

Terminada a missa, eles começaram a sair quando Lasorda percebeu que o outro dirigente havia parado para acender uma vela. Ele imaginou que aquilo dava vantagem aos Reds. "Quando ele saiu, fui e apaguei aquela vela", confidenciou Lasorda. "Durante o jogo, fiquei gritando para ele: 'Hei, Mac, não vai funcionar. Eu a apaguei.' Vencemos os Reds naquele dia por 13 a 2."

4. Saiba onde estabelecer um limite

Independentemente de quanto você deseja vencer, se quiser cultivar a habilidade de competir de um modo saudável, você deve certificar-se de que nunca cruzará a linha "avançando no pescoço" de seus colegas, pois, se fizer isso, irá aliená-los. E não é fácil definir essa linha. Eu diria que, quando a competitividade tem um alto padrão e melhora os outros, ela é saudável. Toda vez que ela diminui o moral e prejudica a equipe, é prejudicial e inadequada.

Quando eu estava à frente da Skyline Church, na região de San Diego, minha equipe era muito competente e muito competitiva. O grupo central que sempre levava a responsabilidade incluía Dan Reiland, Sheryl Fleisher e Tim Elmore. Todos tinham seu próprio departamento e área de competência, mas estavam sempre competindo, sempre tentando parecer melhores do que os outros. A competição amigável entre eles os mantinha alertas e inspirava o restante da equipe a se unir e dar tudo de si. Contudo, dinâmicos e competitivos como eles eram, se algum deles tivesse um problema, os outros estavam ali, prontos para entrar em cena e dar uma mão. Eles sempre colocaram o sucesso da equipe acima do sucesso pessoal.

Hoje, esses três líderes estão longe, fazendo coisas diferentes em diferentes organizações pelo país, mas continuam amigos. Eles mantêm contato, compartilham histórias e ainda ajudam uns aos outros toda vez que podem. O tipo de ligação que se desenvolve quando vocês competem juntos não acaba facilmente. Eles têm um profundo respeito mútuo que continua a dar-lhes credibilidade — e influência — entre eles.

Princípio de liderança para os lados nº 3

Seja um amigo

No trabalho, nós nos vemos muito facilmente como colegas de trabalho, colegas de equipe, colaboradores, competidores — mas costumamos esquecer de ser aquilo que todos querem: um amigo. O poeta Ralph Waldo Emerson escreveu: "A glória da amizade não é a mão estendida, nem o sorriso carinhoso, nem a alegria da companhia; é a inspiração espiritual que vem quando você descobre que alguém acredita e está disposto a confiar em você."

Independentemente de quanto seus colegas de trabalho pareçam ser compulsivos ou competitivos, eles irão gostar de ter um amigo no trabalho. Algumas pessoas não olham para o local de trabalho como um lugar para encontrar uma amizade, mas certamente irão se beneficiar ao encontrarem-na lá. Quando um trabalho é, sobretudo, difícil ou desagradável, ter um amigo às vezes é a única coisa que uma pessoa espera encontrar quando vai trabalhar. E, quando o trabalho é agradável, então ter um amigo é uma boa surpresa.

Some Amizade à Equipe de Trabalho

Por que recomendo que você se esforce para criar amizades no trabalho?

Amizade é o alicerce da influência

O presidente Abraham Lincoln afirmou: "Se quiser convencer um homem para sua causa, primeiro convença-o de que você é seu amigo sincero." Bons relacionamentos possibilitam a influência, e a amizade é a relação mais positiva que você pode desenvolver no trabalho com seus colegas.

Amizade é a estrutura para o sucesso

Acredito que o sucesso a longo prazo é inatingível sem boas habilidades pessoais. Theodore Roosevelt declarou: "O ingrediente mais importante na fórmula do sucesso é saber se relacionar bem com as pessoas." Sem isso, a maioria das realizações não é possível, e até o que realizamos pode parecer vazio.

Amizade é o abrigo contra tempestades repentinas

Se você estiver tendo um dia difícil, quem pode fazê-lo se sentir melhor? Um amigo. Quando você tem de enfrentar seus medos, com quem prefere fazê-lo? Com um amigo. Quando você dá com os burros n'água, quem pode ajudá-lo a se levantar? Um amigo. Aristóteles estava certo quando disse: "Os verdadeiros amigos são um refúgio garantido."

Como Ser um Amigo

Indubitavelmente, você já tem amigos, por isso sabe fazer amizades. Mas os relacionamentos no trabalho podem ser diferentes, e quero sugerir uma maneira específica pela qual você deve abordar a amizade dentro de sua organização. Tenha por objetivo ser amigo, não encontrar um amigo.

Quando a maioria das pessoas tenta fazer amizades, elas esperam pessoas que irão corresponder aos seus esforços na criação de um relacionamento, e se não perceberam resposta, deixam de investir na relação com aquele indivíduo e seguem em frente. No trabalho, se você quiser liderar para os lados, precisa continuar a se esforçar para ser um amigo — até com pessoas que, inicialmente, não fazem esforço algum para serem amigas.

Enquanto você tenta alcançar seus colegas de trabalho, quero incentivá-lo a incluir os seguintes passos em sua abordagem:

1. Ouça!

O autor Richard Exley declarou:

> Um verdadeiro amigo é aquele que ouve e entende quando você compartilha seus sentimentos mais profundos. Ele o apóia quando você está passando por lutas; ele o corrige, gentilmente e com amor, quando você erra; e ele o perdoa quando você fracassa. Um verdadeiro amigo o estimula a crescer como pessoa, tenta levá-lo a atingir seu máximo potencial. E o mais incrível de tudo é que ele comemora seus sucessos como se fossem dele.

Todo esse processo começa com ouvir.

Muitas pessoas no trabalho só querem ser deixadas em paz para que possam cumprir suas tarefas. Quando buscam interagir com os outros, muitas vezes é estratégia para obter vantagem ou fazer com que os outros ouçam o que elas têm a dizer. Como é raro as pessoas se esforçarem e fazerem questão de ouvir os outros!

Ralph Nichols afirmou: "A mais básica de todas as necessidades humanas é a necessidade de entender e ser entendido. A melhor maneira de entender as pessoas é ouvi-las." Se você se tornar um líder consistentemente bom para seus colegas de trabalho, eles irão querer passar tempo com você. Irão começar a procurá-lo. E, se estabelecerem uma boa relação com você, é provável que também comecem a lhe pedir conselhos. Esse é o ponto de partida para você ter influência com eles.

2. Descubra interesses comuns não relacionados a trabalho

Frank A. Clark declarou: "Para ter um amigo, preciso ter mais em comum com ele do que odiar as mesmas pessoas." Infelizmente, para muitas pessoas que trabalham juntas, isso é tudo o que elas parecem ter em comum. Então qual é a solução se você, ao que parece, não compartilha interesses comuns com alguém no trabalho? Tente descobrir o que vocês têm em comum fora do trabalho.

Se vir cada pessoa como um amigo em potencial e procurar pontos de ligação dentro e fora do trabalho, você terá uma boa chance de descobrir interesses comuns. E é aí que as amizades são formadas.

3. Esteja disponível além do horário comercial

Assim como você precisa descobrir interesses comuns fora do trabalho para tornar-se um amigo para seus colegas, você também precisa tornar-se disponível fora do horário comercial. A verdadeira amizade significa estar disponível.

Se você não fizer nada fora do horário de trabalho, então é provável que seu relacionamento nunca vá além dos limites do ambiente de trabalho. No momento em que você leva seu relacionamento com um colega para fora do ambiente de trabalho, esse relacionamento instantaneamente começa a mudar. Pense na primeira vez que você almoçou fora com um colega. Ainda que tenham conversado sobre trabalho o tempo todo, isso não mudou seu modo de ver aquela pessoa? E se você já jogou uma partida de *softball* no trabalho ou golfe com colegas de trabalho? Você não descobriu muitas coisas que jamais soube sobre essas pessoas? Você não conseguiu entender personalidades que estavam ocultas até então? Pense na primeira vez que você foi à casa de um colega e considere a conexão pessoal que sentiu depois com aquela pessoa.

A verdadeira amizade não está no relógio. Quando um amigo está necessitado, os verdadeiros amigos não dizem: "Já passa das cinco. Você não pode ligar amanhã de novo?" É claro que você quer respeitar a privacidade dos outros, e não quer violar os limites pessoais de ninguém. Mas, uma vez que a liderança não se limita das 9h às 17h, a amizade também não pode.

4. Tenha senso de humor

O pianista e comediante Victor Borge afirmou: "O riso é a distância mais curta entre duas pessoas." Muitas vezes atestei que isso é uma verdade. O humor une com rapidez pessoas que não poderiam, de outra forma, ter muita coisa em comum.

Charlie Wetzel disse que, quando ia para a escola de pós-graduação para elaborar seu mestrado, aos 24 anos, ele era uma pessoa extremamente séria. Ele levava a si mesmo — e tudo na vida — a sério demais. Mas, durante seu segundo ano na escola, ele se tornou monitor e chegou a conhecer alguns de seus colegas de pós-graduação que também davam aula de redação na Universidade de New Orleans. Uma dessas pessoas era Homer Arrington.

Homer havia crescido no sul da Califórnia, ido para a escola em Berkeley e depois trabalhado em várias coisas interessantes, incluindo ser taxista em Nova York por alguns anos. Uma vez que todos os catorze alunos de pós-graduação se reuniam em um lugar comum, eles trocavam histórias de suas experiências em sala e os problemas com os quais estavam lidando. Homer era um bom aluno e um intelectual, mas também tinha um grande senso de humor. Quando Charlie contava uma história sobre algo que realmente o deixava irritado, Homer via humor nela, fazia piadas e ambos acabavam rindo.

Embora os dois, inicialmente, tivessem pouca coisa em comum, eles rapidamente se tornaram amigos. Agora, vinte anos mais tarde, Charlie dá a Homer o crédito por ajudá-lo a não se levar tão a sério e por despertar novamente seu senso de humor, algo pelo que ele continua a ser agradecido.

> *"Seu melhor amigo é aquele que traz à tona o que há de melhor em você."*
> — Henry Ford

Se mantiver seu senso de humor — mesmo quando o momento for difícil, o trabalho ficar difícil e seus colegas de trabalho estiverem mal humorados —, você ajudará a criar uma atmosfera positiva e parecerá amigável e acessível para seus colegas de trabalho. E isso certamente aumentará suas chances de fazer um amigo.

5. Diga a verdade quando os outros não falarem

Henry Ford perguntou à sua companhia no almoço: "Quem é seu melhor amigo?" Quando o homem respondeu que não sabia ao certo,

Ford exclamou: "Vou lhe dizer!" Pegou um lápis e escreveu sua resposta na toalha de mesa: "Seu melhor amigo é aquele que traz à tona o que há de melhor em você."

É isso que os amigos fazem uns pelos outros. Eles trazem à tona o que há de melhor. Muitas vezes o que há de melhor neles aflora graças ao encorajamento, mas, em outras, o melhor que você pode fazer por seus amigos é dizer-lhes a verdade. Nem todos estão dispostos a fazer isso, pois não querem arriscar o relacionamento, ou realmente não se preocupam o suficiente para fazer o esforço.

Diz um provérbio oriental: "Quem avisa amigo é." Quando você está arrumando problemas, um amigo diz isso para você. Quando você está cego por conta de suas emoções, um amigo lhe diz. Quando a qualidade de seu trabalho está prejudicando a organização ou pode prejudicar sua carreira, um amigo lhe diz a verdade.

Ir adiante e dizer terríveis verdades pode ser arriscado. A ironia é que, para que uma pessoa ouça o que você tem a dizer, você, primeiro, precisa ter credibilidade no relacionamento com ela. Por isso, é um tipo de situação sem saída. Se não disser a verdade, você não está de fato sendo um amigo. Mas, para dizer-lhe a verdade, você já deve ser amigo; do contrário, ela não aceitará o que você tem a dizer. Quanto mais moedas você tiver depositado no relacionamento, maior será a chance de ela ouvir o que você tem a dizer.

Diz-se que Charles Schwab, que começou como motorista e se empenhou para chegar ao cargo de presidente da Carnegie Steel (e, mais tarde, U.S. Steel), era um líder incrível e um mestre em motivação. Ele via o valor da amizade em cada aspecto da vida, incluindo no trabalho. Schwab dizia:

> Tenha amizade com todos. Quando tiver amigos, você saberá que tem alguém ao seu lado. Você conhece o velho ditado que diz que, se você tiver um inimigo, irá encontrá-lo em todos os lugares. Não vale a pena fazer inimigos. Leve a vida que fará de você uma pessoa gentil e amigável com todos à sua volta, e você se surpreenderá com a vida feliz que levará.

E você também se surpreenderá com a influência que ganhará com seus colegas.

Princípio de liderança para os lados nº 4

Evite a política de cargos

Um político chegou atrasado para um evento em que era o principal orador. Normalmente ele colhia informações sobre a área e a organização, mas, por causa de sua agenda cheia, não pôde fazê-lo. Foi levado às pressas para dentro do local, enquanto os participantes terminavam a sobremesa, e alçado imediatamente ao palanque sem ter a chance de falar com ninguém.

Apresentado à multidão, nada lhe restou fazer senão ir fundo. Com as luzes fortes brilhando em seus olhos, ele imediatamente começou com um dos principais temas da campanha e falou muito. Quando fez uma pausa, o senhor que o havia apresentado sussurrou dizendo que o grupo para o qual ele estava falando tinha uma visão contrária da questão.

Sem perder a pose, o político disse: "Meus amigos, agora que expliquei detalhadamente a posição da oposição, irei dizer-lhes a verdade. "Quem busca um cargo público pode até se dar bem com tal tática — embora normalmente o efeito seja oposto —, mas em um ambiente de trabalho onde todos se conhecem isso não dará certo. Fazer política no trabalho é uma maneira infalível de alienar seus colegas.

Eu definiria "fazer política" como adotar uma imagem ou tomar certas atitudes para ganhar vantagem com quem tem poder no momento.

Entre aqueles que concorrem a cargos públicos, isso muitas vezes significa mudar de posição sobre questões dependendo do grupo para o qual estão falando. Em ambientes de trabalho, talvez signifique bajular o chefe, sempre mudando de posição para se dar bem com o lado que está ganhando ou usando pessoas para ganho pessoal sem respeitar o modo como isso as afeta. Pessoas políticas são instáveis e oportunistas, fazendo o que é expediente no momento para vencer, sem considerar o que é melhor para seus colegas, seus funcionários ou a organização.

Duas Maneiras de Progredir

Parece haver dois caminhos principais para as pessoas progredirem nas organizações. Uma maneira é fazendo o trabalho. A outra, trabalhando por um ângulo só. É a diferença entre produção e política.

Pessoas que contam com a produção	Pessoas que contam com a política
Dependem de como crescem	Dependem de quem elas conhecem
Concentram-se no que fazem	Concentram-se no que dizem
Ficam melhores do que parecem	Parecem melhores do que são
Provêm material	Cortam caminhos
Fazem o que é necessário	Fazem o que é popular
Trabalham para controlar seu próprio destino	Deixam que outros controlem seu destino
Passam para o próximo nível	Esperam que o próximo nível lhes seja dado
Baseiam decisões em princípios	Baseiam decisões em opiniões

O ponto principal é que pessoas que poderiam ser descritas como "políticas" são controladas por seu desejo de progredir, em vez de um desejo de excelência, produtividade, trabalho em equipe ou consistência.

Quaisquer valores e habilidades que tenham são secundários para sua ambição. E, embora às vezes pareçam progredir, seus ganhos são sempre passageiros. Com o passar do tempo, integridade, consistência e produtividade sempre compensam — para um melhor trabalho em equipe e uma consciência limpa.

Se você fez política no trabalho no passado, talvez tenha visto outros fazerem o mesmo e pensou que aquilo era o que tinha de fazer para progredir em sua carreira. Ou talvez você não teve confiança em si mesmo porque não estava crescendo, e suas habilidades não estavam avançando. Talvez você não o tenha feito com malícia, mas, seja qual for a razão, se você fez política, pode estar certo de que traiu a confiança de alguns de seus colegas de trabalho. E provavelmente terá de procurar essas pessoas para se desculpar e tentar se reconciliar. Isso talvez seja difícil, mas, se você quiser liderar para os lados, precisará fazê-lo para recuperar a credibilidade de seus colegas.

Se você não for uma pessoa política por natureza, ainda recomendo que tenha cuidado. Alguns ambientes de trabalho parecem atrair as pessoas para um comportamento que, no final, prejudicará os relacionamentos entre colegas. Para evitar tais dificuldades, faça o seguinte:

1. Evite fofocas

Diz-se que pessoas inteligentes discutem idéias, pessoas medianas falam sobre si mesmas e pessoas medíocres falam sobre a vida alheia. É isso o que a fofoca faz. Faz com que as pessoas sejam pequenas. De fato não há nenhum lado positivo na fofoca. Ela deprecia a pessoa de quem se está falando, deprecia a pessoa que está dizendo coisas indelicadas sobre os outros e até deprecia quem ouve. Essa é a razão por que você deve evitar não apenas espalhar fofocas, mas também dar ouvido a elas. Se você impedir as pessoas de lhe contarem fofocas, isso irá fazê-lo se sentir melhor com relação à pessoa de quem se está falando, bem como com relação a você mesmo. Além disso, quem lhe fala sobre a vida alheia falará sobre você.

O primeiro-ministro britânico Winston Churchill afirmou: "Quando as águias estão em silêncio, os papagaios começam a falar besteiras." Líderes 360° são como águias: planam, inspiram, voam alto. E não falam somente para ouvir a si mesmos. Não desabafam sobre uma pessoa para se sentirem melhores. Se tiverem um problema com uma pessoa, eles a procuram e discutem a questão diretamente — nunca por meio de terceiros. Elogiam em público e criticam em particular. E nunca dizem algo sobre os outros que não gostariam de ouvir — porque provavelmente ouvirão.

Pessoas inteligentes discutem idéias, pessoas medianas falam sobre si mesmas e pessoas medíocres falam sobre a vida alheia.

2. Fique longe de discussões pequenas

Na maioria dos lugares onde as pessoas trabalham, há ressentimentos passados, rixas constantes e discussões pequenas que correm como rios pela organização. Líderes inteligentes no escalão médio de uma organização evitam se deixar levar facilmente por isso, ainda que pensem que possam resolvê-lo. Como se costuma dizer, um buldogue pode vencer um gambá em uma briga em qualquer momento, mas sabe que não vale a pena. Essa também é a atitude de Líderes 360°.

Recentemente, recebi um e-mail de Marvin "Skip" Schoenhals, diretor e presidente da Wilmington Savings Fund Society, a quem conheci quando eu estava dando uma palestra em um fórum de CEOs em Dallas, no Texas. Quando conheci Skip, ele me falou um pouco sobre ele, e lhe pedi que escrevesse para mim e compartilhasse mais de sua história. Ele escreveu sobre sua vida profissional em Owosso, Michigan, como um dos sete membros da câmara municipal. Skip contou que o macete era ver a situação como um todo e sintetizar muitos pontos de vista. Ele escreveu:

> Muitas vezes eu podia sintetizar questões rapidamente e levar o grupo a um nível de discussão mais alto e menos detalhado. Conseqüentemente, os companheiros da câmara cada vez mais buscavam minha opinião sobre várias questões que surgiam.

> Embora reconhecesse que isso estivesse acontecendo, nunca tentei tirar proveito. Eu me dispunha a dizer o que pensava, mas, no final, me submetia ao prefeito. Além disso, eu também me coloco no meu lugar. Às vezes, mesmo pensando que a câmara não estava vendo toda a situação pelo lado certo, eu nem sempre intervinha. Abria mão de algumas questões, mesmo não concordando com elas. Percebi que ganhei credibilidade por não ter uma opinião sobre tudo.

Skip ainda fala sobre como, em um período de um ano, se tornou o líder informal da câmara e depois, mais tarde, o prefeito.

É um sinal de maturidade quando alguém sabe o que é pequeno e o que não é — quando intervir e quando se sentar e ouvir. Se desejar tornar-se eficiente como um Líder 360°, você precisará cultivar esse tipo de habilidade.

3. Defenda o que é certo, não só o que é popular

Embora eu acredite que líderes inteligentes sentem e ouçam, também acredito que os líderes devem defender o que é certo, mesmo quando tal atitude for malquista. Como fazer isso? Como saber quando defender e quando não defender, principalmente em uma cultura em que muitas pessoas vêem a verdade como algo subjetivo? Minha resposta é que você use a Regra de Ouro: em tudo, faça aos outros o que gostaria que eles fizessem a você.[1]

Em *Ethics 101* [Ética 101], explico que um modelo da Regra de Ouro é aceito por quase todas as culturas do mundo. Além do Cristianismo, as religiões que têm alguma versão da Regra de Ouro incluem o judaísmo, islamismo, budismo, hinduísmo, zoroastrismo, confucionismo, baha'i e jainismo, entre outras. Quando alguém está sendo tratado de um modo que você não gostaria de ser, então é hora de se levantar.

4. Observe todos os lados da questão

Gosto deste ponto de vista de um conselho empresarial: antes de ter uma discussão com seu chefe, dê uma boa olhada nos dois lados —

no seu e no lado de quem está de fora. Embora ver as coisas por vários pontos de vista com seus colegas possa não ser tão interessante quanto ver as coisas pelo ponto de vista de seu chefe, ainda é muito importante ver as questões pelo maior número de lados possível. Sempre compensa evitar ser dogmático ou se prender ao próprio raciocínio.

Uma das vantagens de liderar do escalão médio de uma organização é que você tem a oportunidade de ver as coisas pelas perspectivas que muitos outros não têm. Líderes no topo da organização muitas vezes têm dificuldade para ver outra coisa que não seja a situação como um todo ou a razão fundamental. Os que estão na base da organização são igualmente limitados, vendo muitas vezes apenas as questões relacionadas à sua área. Mas os líderes no escalão médio da organização têm uma perspectiva melhor. Vêem como determinada questão os impacta, mas também podem olhar para cima e para baixo. Estão próximos das pessoas nas bases e podem ver as coisas pelo ponto de vista delas, e estão próximos o suficiente do topo para ver, pelo menos, parte da situação como um todo. Líderes 360º aproveitam essa perspectiva ao máximo para liderarem não só para cima e para baixo, mas também para os lados.

Antes de ter uma discussão com seu chefe, dê uma boa olhada nos dois lados — no seu e no lado de quem está de fora.

5. Não proteja sua área de influência

Política muitas vezes tem a ver com poder. Líderes políticos protegem tudo aquilo que é deles porque não querem perder o poder. Se perderem o poder, é possível que não vençam. E, como já mencionei, vencer é a principal motivação deles. Pessoas que querem vencer a qualquer preço lutam e brigam para preservarem tudo aquilo que lhes pertence. Lutam por seu orçamento. Lutam por espaço no cargo. Defendem suas idéias. Acumulam seus suprimentos. Se lhes pertencem, elas os protegem.

Pessoas que desejam liderar para os lados têm uma visão mais ampla. Olham para o que é melhor para a equipe. Se tiverem de ceder espaço para ajudarem a organização, elas o fazem. Se fizer mais sentido que outro líder faça uma tarefa que elas fizeram no passado — e se parte de seu orçamento também for para esse líder —, elas lidam com isso. O importante é a equipe.

6. Diga o que você quer dizer e queira dizer o que você diz

Como todo outro tipo de liderança, tornar-se um Líder 360° tem a ver com criar confiança com as pessoas. Quando perguntado sobre o que considerava a qualidade mais essencial para um político, Winston Churchill respondeu: "É a habilidade de prever o que acontecerá amanhã, no próximo mês e no próximo ano — e explicar depois por que não aconteceu." Churchill entendia a dinâmica da política tão bem quanto qualquer pessoa no século 20. Líderes políticos vêem-se sob terrível pressão. Talvez essa seja a razão por que alguns deles acabem cedendo e resolvam dizer às pessoas o que querem ouvir em vez da verdade. E aqueles que cedem criam uma reputação negativa sob a qual todos os políticos têm de trabalhar.

Se quiser desenvolver confiança com os outros, você deve ser mais do que competente. Você deve também ser confiável e consistente. Uma maneira para obter essas qualidades é certificar-se de que o que você *diz*, o que você *faz* e o que você *diz que faz* estão de acordo. Se você fizer isso, as pessoas que trabalham com você irão saber que podem depender de você.

Não quero dizer que você deve ter uma visão negativa de todos que estão envolvidos com política. Conheci muitos candidatos a cargos públicos que se mostraram extremamente íntegros e queriam de fato servir às pessoas. Mas o termo *político*, que antes evocava imagens positivas, traz à mente imagens negativas para a maioria das pessoas.

Em vez de tentar ser um político, esforce-se para ser um estadista. O *Webster's New Universal Unabridged Dictionary* diz:

> Esses termos diferem, principalmente, em suas conotações; *político* sugere os esquemas e artifícios de uma pessoa que se engaja na política (sobretudo, pequena) para fins partidários ou para vantagem própria; um político

> desonesto. *Estadista* sugere a habilidade eminente, presciência e devoção patriota abnegada de uma pessoa que está lidando com assuntos do estado (sobretudo, importantes ou grandes): um estadista distinto.[2]

Tornar-se um estadista de sua organização é uma excelente idéia. Se você sempre tiver em mente a situação como um todo, continuar abnegado em seus esforços e tentar ser diplomático com seus colegas, irá se distinguir, ganhar credibilidade e melhorar sua eficiência e a da equipe. E também aumentará sua influência.

Princípio de liderança para os lados nº 5

Amplie seu círculo de relações

Em 1997, transferi minhas empresas de San Diego, na Califórnia, para Atlanta, na Geórgia. Após a mudança, percebi que eu precisava ampliar meu círculo de relações na comunidade afro-americana, que de fato era um mundo novo para mim.

Cresci em uma cidadezinha em Ohio, na década de 50 e de 60, onde não havia muitos negros. Nos dez primeiros anos de minha carreira, trabalhei principalmente na zona rural de Indiana e Ohio — na região central dos Estados Unidos. Nos quinze anos seguintes, trabalhei no sul da Califórnia. Lá fui apresentado à cultura hispânica e ao seu povo, e dirigi uma igreja que incluía pessoas de muitas origens; contudo, mais uma vez, não havia muitos afro-americanos. Até nas conferências que ministrei pelo país, apenas uma pequena porcentagem de participantes era afro-americana. Por isso, quando cheguei em Atlanta, no centro da Deep South, soube que havia chegado o momento de ampliar meus horizontes e crescer nessa área.

Conhecia uma pessoa em Atlanta que eu esperava que me ajudaria nesse sentido: Dr. Samuel Chand. Sam é reitor da Beulah Heights Bible College, uma faculdade multirracial com uma população de estudantes predominantemente afro-americana. Perguntei a Sam se ele estava disposto a me apresentar a líderes afro-americanos influentes da região, ao que ele respondeu que teria prazer em fazê-lo. A partir daí, a cada dois meses eu participava de um almoço que ele organizava com diferentes líderes daquela comunidade.

Foi uma experiência maravilhosa de crescimento para mim. Conheci muitas pessoas extraordinárias, como o bispo Eddie Long, um excelente líder de uma das maiores igrejas de Atlanta; Corretta Scott King e seus filhos; e muitos outros. Algumas pessoas conheciam-me de nome, mas a maioria desses líderes não. Passei momentos maravilhosos me relacionando com eles. Eu podia dizer que algumas pessoas se perguntavam se eu tinha algum tipo de interesse oculto, mas acho que elas rapidamente aceitaram a idéia de que meu desejo era aprender — e agregar valor a elas se pudesse. Essa é minha mentalidade toda vez que conheço uma pessoa nova. Às vezes, durante aqueles almoços, eu era arrancado de minha zona de conforto, mas tenho prazer em dizer que aprendi muito sobre a comunidade afro-americana e desenvolvi ótimas relações com muitos de meus novos amigos.

É sempre mais fácil permanecermos dentro dos ambientes onde estamos à vontade e seguros. Na verdade, é isso que a maioria das pessoas faz. Elas evitam mudança e permanecem onde é seguro. Mas você não pode crescer e evitar mudanças ao mesmo tempo. As coisas simplesmente não funcionam assim. Se quiser aumentar sua influência, você tem de ampliar seu círculo de relações.

Ampliar seu círculo de relações pode não ser confortável, mas pode fazer muita coisa por você. Primeiro, isso o ajuda a melhorar. Ampliar seu círculo irá expô-lo a novas idéias. Irá induzi-lo a ver coisas por um ponto de vista diferente, o que o ajudará a criar suas próprias novas idéias. Irá ajudá-lo a aprender novos métodos de trabalho e adquirir outras habilidades. E irá ajudá-lo a se tornar mais inovador.

Ampliar seu círculo também tem outro benefício valioso. Amplia sua rede de relações, colocando-o em contato com mais pessoas e dando-lhe potencial acesso às redes de relações delas, algo que Tim Sanders, vice-presidente de soluções do Yahoo, descreve em *O amor é a melhor estratégia*. Sanders escreve:

> No século 21, nosso sucesso estará baseado nas pessoas que conhecemos. Cada nome em nossa agenda de endereços será um parceiro em potencial para cada pessoa que conhecermos... Relacionamentos são pequenos pontos em nossa rede individual que constituem a promessa de nossa vida empresarial e servem como indicador de nosso sucesso. Alguns dos expoentes mais brilhantes da nova economia, como Kevin Kelly (*Novas regras para uma nova economia*) ou Larry Downes e Chunka Mui (*Unleashing the killer app* [Expandindo uma aplicação assassina]), argumentam que empresas, organizações e indivíduos incluem — e são muito mais valorizados por — sua teia de relacionamentos. Se organizar e estimular seus relacionamentos como uma rede, você gerará um valor duradouro (e paz de espírito) além de suas opções de ações, fundos mútuos e contas bancárias. Você também criará uma proposição de valor para novos contratos, que, por sua vez, introduz novos membros a essa rede — a primeira lei do ecossistema comercial, conhecida como a Lei dos Efeitos em Rede. O valor explode com novos membros... Quando estamos completa e totalmente conectados à rede, somos poderosos.[1]

Sanders acredita que, junto com conhecimento e compaixão, sua rede é seu bem mais precioso.

Como Ampliar seu Círculo

Cada um de nós tem um círculo natural de pessoas com quem ficamos à vontade. Essas pessoas incluem nossa zona de conforto relacional. Talvez você goste de conhecer pessoas e já tenha feito como prática sair e relacionar-se com pessoas que não fazem parte de seu círculo. Nesse caso, continue a fazer isso. Quanto mais amplamente você se relacionar com as pessoas, maior será seu potencial para influenciar — e ser positivamente influenciado por — outras pessoas.

Se você não está propenso a se expandir em termos de relacionamentos, então pense nisso. As pessoas são como elásticos. São mais valiosas quando são esticadas, não quando estão em descanso. Seu valor como líder no escalão médio da organização aumentará à medida que você se esticar e sair dos relacionamentos de sua zona de conforto, que normalmente incluem:

- Pessoas que você conhece há muito tempo.
- Pessoas com quem você tem experiências comuns.
- Pessoas que você sabe que são como você.

O que aconteceria se o número de pessoas em seu círculo passasse de cinco para cinqüenta ou de uma dúzia para mais de cem? Quando você tivesse uma dúvida que nem você nem seus colegas de trabalho pudessem sanar, com que rapidez você imagina que poderia saná-la com alguém que você conhece? Se um amigo estivesse procurando um emprego, quanto mais chances você teria de ajudá-lo a se relacionar com alguém que talvez estivesse procurando ajuda? Se você estivesse tentando entrar em um novo mercado, não seria provável que pudesse telefonar para um conhecido e ter uma rápida visão geral daquele ramo — ou, pelo menos, telefonar para alguém que tivesse um amigo naquele ramo? Você até teria acesso mais rápido a informações sobre os melhores restaurantes na cidade, os melhores lugares para passar as férias ou onde comprar um carro. E, com cada conexão rápida que você poderia fazer ou compartilhar com um colega, maior valor você teria — e maior influência você ganharia — com seus colegas.

Se deseja expandir seu círculo de relações, tudo de que você precisa é de estratégia e vontade para isso. Cabe a você se esforçar. Contudo, terei o prazer de dar-lhe as seguintes idéias para ajudá-lo na estratégia.

1. VÁ ALÉM DE SEU CÍRCULO ÍNTIMO

Para sair de sua zona de conforto, por que não começar com aqueles que estão em sua zona de conforto? Cada um de seus amigos tem um amigo que você não tem.

Para sair de sua zona de conforto, por que não começar com aqueles que estão em sua zona de conforto? Cada um de seus amigos tem um amigo que você não tem. Comece com os amigos de seu círculo íntimo e abra o leque. Em que negócios estão seus amigos mais próximos? Quem eles conhecem que poderia beneficiá-lo? Pense nas pessoas interessantes sobre as quais ouviu seus amigos falarem. Também considere os interesses deles, os hobbies em comum, o gosto por viagens...

Aposto que, para cada um de seus amigos, você poderia aparecer com uma lista de, pelo menos, três ou quatro — e, em alguns casos, mais de doze — pessoas que você teria interesse em conhecer. E é provável que eles tivessem o mesmo interesse em conhecer você! Por que não começar a pedir para seus amigos que o apresentem para alguns deles? Peça a eles para marcarem um almoço, como fiz com Sam Chand. Ou pergunte se você pode acompanhá-los enquanto os amigos se entretêm com os hobbies deles. Ou simplesmente peça o número de telefone deles e faça você mesmo o contato.

Você se surpreenderá ao ver como seu círculo se ampliará rapidamente nessa primeira rodada. Você pode duplicar, triplicar ou quadruplicar seu círculo de relações quase da noite para o dia. E, uma vez que ampliar o leque de pessoas que conhece, não deixe de entrar em contato com seus novos amigos periodicamente para que vocês preservem a relação.

2. Vá além de sua especialidade

É claro que valorizo as pessoas que têm experiência em minha área. Na verdade, recomendo que você "fale sobre seu ofício" com outras pessoas que compartilham conhecimento em sua área. Mas você nunca deve se limitar a relacionar-se com pessoas dentro de seu departamento ou profissão.

Se você trabalha em uma organização grande o suficiente para ter vários departamentos, então recomendo que comece relacionando-se com pessoas de outros departamentos. Não importa o tipo de organização em que você está, quando há ligação e entendimento entre departamentos, todos vencem. Quando o pessoal de vendas e o da contabilidade desenvolvem relações e compreendem o que um e o outro fazem, quando a equipe de garçons e o pessoal da cozinha se dão bem em um restaurante, quando funcionários do departamento de marketing e engenheiros apreciam uns aos outros, isso ajuda a eles, seus clientes e a organização. Todos vencem.

3. Vá além de seus pontos fortes

Mesmo fora do trabalho, acho que todos temos a tendência de relacionar-nos e girar em torno de pessoas cujos pontos fortes são como os nossos. Estrelas do esporte saem juntos. Atores casam-se com outros do meio. Empreendedores gostam de trocar histórias com outros empreendedores. O problema é que, se você passar tempo somente com pessoas como você, seu mundo pode ficar terrivelmente pequeno e seu raciocínio limitado.

Se você for do tipo criativo, faça todo o possível para conhecer pessoas que sejam analíticas. Se você tiver uma personalidade forte, então aprenda a apreciar os pontos fortes de pessoas que sejam mais relaxadas. Se seu interesse for negócio, passe tempo com pessoas que trabalhem em ambientes sem fins lucrativos. Se você for colarinho-branco, aprenda a relacionar-se com pessoas que não sejam. Toda vez que tiver a chance de conhecer pessoas com pontos fortes muito diferentes dos seus, aprenda a elogiar as habilidades delas e conheça-as melhor. Isso ampliará sua experiência e aumentará sua apreciação pelas pessoas.

4. Vá além de seus preconceitos pessoais

O romancista francês André Gide disse que "uma mente não preconceituosa é a coisa mais rara no mundo". Infelizmente, é provável que seja verdade. Acho que todos os seres humanos têm algum tipo de preconceito. Prejulgamos pessoas que não conhecemos por causa de sua raça, etnia, sexo, ocupação, nacionalidade, religião ou amizades. E isso de fato nos limita.

Se quisermos ir além não só de nosso círculo de relações, mas também de algumas das limitações criadas por nossos próprios pensamentos, então precisamos derrubar os muros do preconceito que existem em nossa mente e coração. A romancista Gwen Bristow afirmou: "Podemos ter o novo mundo que desejamos, se o desejarmos a ponto de abandonarmos nossos preconceitos, todos os dias, em todos os lugares. Podemos construir esse mundo se colocarmos em prática agora aquilo pelo que dissemos que estávamos lutando."

De que grupo de pessoas você imagina não gostar ou desconfiar? Por que você tem essas opiniões? Sua visão foi ofuscada pelas ações de uma ou mais pessoas? A maneira de mudar suas preferências e aversões gerais é aproximar-se de pessoas desse grupo e tentar encontrar interesses compartilhados com elas. De todos os círculos, talvez esse seja o mais difícil de ser quebrado, mas vale a pena.

5. Vá além de sua rotina

Um dos maiores obstáculos que o impedem de conhecer pessoas novas é a rotina. Muitas vezes vamos sempre aos mesmos lugares — aos mesmos postos de gasolina, lanchonetes, mercados e restaurantes. Contratamos os mesmos prestadores de serviços. Usamos as mesmas empresas para nossos negócios. É fácil. Mas, às vezes, precisamos agitar as coisas e experimentar algo novo. Tudo tem a ver com sair de sua zona de conforto.

Existem até momentos em que sair de sua rotina o ajuda a manter-se em contato com pessoas que você já conhece. Na primavera de 2005, mudamos os escritórios de minhas empresas, EQUIP e ISS, para um novo estabelecimento. No passado, as duas empresas usavam espaços separados, mas bem ligados um ao outro por corredores comuns. Também dividiam algumas salas de trabalho, salas para conferências, um refeitório e assim por diante.

Os escritórios no novo local ainda ocupam o mesmo prédio, mas ficam muito mais separados. Ocupam duas salas diferentes, cada uma com todo o seu aparato de apoio. Algumas semanas depois da mudança, eu estava conversando com Linda Eggers, minha assistente que já trabalha comigo há quase vinte anos, e ela me disse que as mudanças no escritório levaram-na a mudar sua rotina.

Toda vez que converso com Linda, pergunto-lhe como vão as coisas no trabalho, pois ela sempre tem uma boa impressão quanto ao clima do escritório, e normalmente está ciente de qualquer problema no local. Mas, depois da mudança, ela observou que a EQUIP estava tão distante de sua rotina normal que ela não fazia a menor idéia de como todos estavam se saindo naquela parte do prédio. Então Linda, que é muito relacional, fez como seu objetivo quebrar sua rotina, pelo menos uma vez por dia, para conhecer alguém da EQUIP. É um trabalho extra, mas ela sabe como pode ser valioso.

Sei que minhas idéias para ampliar o círculo de influência de uma pessoa podem não ser revolucionárias. Elas são, na verdade, apenas dicas práticas. Mas todo o tema deste capítulo é lembrá-lo de que você não pode esperar que as coisas venham até você. Você precisa ter iniciativa, investir e fazer o que é certo quando não tiver vontade — principalmente em se tratando de cultivar relacionamentos.

Não consigo me lembrar de uma única vez em que me arrependi de sair de minha zona de conforto e tentar conhecer alguém que eu não conhecia. Ainda que não conseguisse me relacionar, ou se não houvesse química, ou se a pessoa acabasse por ser desagradável, tal atitude sempre rendia algum tipo de benefício, ou porque eu tinha uma nova experiência, aprendia algo novo ou era apresentado a alguém que gostei de conhecer. É um investimento em tempo — e influência — que sempre vale a pena ser feito.

Princípio de liderança para os lados nº 6

Deixe que a melhor idéia prevaleça

Imagine-se se preparando para ir à reunião de um projeto importante em que estarão presentes seu chefe e várias pessoas que estão no mesmo nível que você na organização. Digamos que você tenha sido escolhido entre seus colegas por seu chefe para liderar a reunião, e vê esse momento como sua chance de se distinguir. Você se preparou muito. Passou inúmeras horas pensando no projeto, quebrando a cabeça, planejando e tentando prever qualquer obstáculo que pudesse aparecer pela frente. Com base em suas discussões preliminares com sua equipe e seus colegas, você sente que suas idéias são melhores do que qualquer coisa que ouviu de qualquer outra pessoa.

Assim você começa a reunião com grande confiança. Mas não demora muito e a pauta não segue como você esperava ou planejava. Seu chefe faz um comentário e faz a discussão tomar um rumo completamente diferente. A princípio você pensa: *Tudo bem. Posso dar um jeito nisso. Minhas idéias ainda irão funcionar; só preciso fazer com que todos voltem a se concentrar nelas.*

E então um de seus colegas lança uma idéia. Você não pensa muito nela, mas todos parecem achá-la maravilhosa. Algumas outras pessoas na sala se baseiam naquela idéia inicial e começam a desenvolvê-la.

É possível sentir a energia na sala começando a fluir. Idéias estão surgindo. E todos estão claramente se distanciando de tudo aquilo que você passou semanas planejando — a idéia que era seu "filhinho".

O que você faz?

O instinto natural da maioria das pessoas nessas circunstâncias seria lutar para defender suas idéias. Afinal de contas, até então elas tinham feito um grande investimento nelas, tais como os que seguem:

- *O investimento intelectual* — leva horas de raciocínio, planejamento e solução de problemas gastas para juntar, criar e aprimorar uma idéia.

- *O investimento físico* — para preparar-se para uma importante reunião ou apresentação normalmente é preciso muito tempo, esforço e recursos.

- *O investimento emocional* — quando pessoas sugerem algo que consideram uma boa idéia, é difícil impedi-las de pensarem não só no que a idéia poderia fazer pela empresa, mas também no que poderia fazer por elas e sua carreira.

Nesse momento, elas se prendem muito às suas idéias, e fica difícil detê-las, principalmente quando outra pessoa que não teve trabalho algum pode chegar e levar todo o crédito.

Idéias: a Alma de uma Organização

Se você deseja tornar-se um Líder 360°, então precisa resistir à tentação de lutar para defender sua idéia quando ela não for a melhor idéia. Por quê? Porque boas idéias são muito importantes para a organização. Harvey Firestone, fundador da Firestone Tire & Rubber Company, afirmou: "Capital não é tão

Se você deseja tornar-se um Líder 360°, então precisa resistir à tentação de lutar para defender sua idéia quando ela não for a melhor idéia.

importante no negócio. Experiência não é tão importante. É possível conseguir as duas coisas. O que é importante são idéias. Se tiver idéias, você tem o maior bem de que precisa, e não há limite algum para o que você pode fazer com seus negócios e sua vida. As idéias são o maior bem de qualquer homem."

Grandes organizações possuem líderes por toda a organização que apresentam grandes idéias. É assim que elas se tornam grandes. O progresso que fazem e as inovações que criam não caem do céu. Suas sessões criativas não são dominadas por líderes que ditam de cima para baixo. Nem toda reunião se torna um tipo de luta corpo a corpo para ver quem pode dominar os demais. As pessoas reúnem-se como equipes, colegas trabalham juntos e fazem progressos porque querem que a melhor idéia prevaleça.

> *"Capital não é tão importante no negócio. Experiência não é tão importante. É possível conseguir as duas coisas. O que é importante são idéias."*
> — Harvey Firestone

Líderes no escalão médio da organização que ajudam a trazer à tona boas idéias estão criando aquilo de que uma organização mais precisa. Fazem isso produzindo sinergia entre seus colegas. E irão desenvolver influência com seus colegas porque, quando estão presentes, eles tornam toda a equipe melhor.

O que Leva às Melhores Idéias?

Para que a melhor idéia prevaleça, você deve, primeiro, gerar boas idéias. E depois deve esforçar-se para deixá-las ainda melhores. Como Líderes 360° fazem isso? Como eles ajudam a equipe a encontrar as melhores idéias? Acredito que Líderes 360° sigam este padrão:

1. Líderes 360° ouvem todas as idéias

Encontrar boas idéias começa com uma disposição imparcial para ouvir todas as idéias. Alfred North Whitehead, matemático e filósofo, declarou: "Quase todas as novas idéias têm um certo aspecto de loucura quando apresentadas pela primeira vez." Durante o processo de *brainstorming*, interromper qualquer idéia pode impedi-lo de descobrir as boas idéias.

Em *Thinking for a change*, uma das onze habilidades de raciocínio que recomendo que as pessoas aprendam é o pensamento compartilhado. É mais rápido do que pensar sozinho, é mais inovador e tem maior valor. O mais importante, em minha opinião, é o fato de que um ótimo raciocínio vem quando boas idéias são compartilhadas em um ambiente colaborativo onde as pessoas contribuem formando-as e levando-as para um próximo nível. Um Líder 360° ajuda a criar tal ambiente.

> *"Quase todas as novas idéias têm um certo aspecto de loucura quando apresentadas pela primeira vez."*
> — ALFRED NORTH WHITEHEAD

2. LÍDERES 360° NUNCA SE CONTENTAM COM UMA ÚNICA IDÉIA

Costumo observar que os líderes são rápidos demais em se contentarem com uma única idéia e seguirem com ela. Isso acontece porque são orientados à ação. Eles querem prosseguir. Querem fazer algo acontecer. Querem subir a montanha! O problema é que, às vezes, eles lutam para chegar ao topo da montanha e acabam por descobrir que aquela não é a montanha certa.

Uma idéia nunca é suficiente. Muitas idéias deixam-nos mais fortes. Certa vez, ouvi um analista dizer que ele considerava ser essa a razão para a queda do bloco comunista no final do século XX: o comunismo criou um sistema baseado, principalmente, em uma única idéia. Se uma pessoa tentasse fazer as coisas de um modo diferente, ela era derrubada ou expulsa do país.

Em contrapartida, a democracia é um sistema baseado em muitas idéias. Se quiserem tentar algo diferente, as pessoas têm a chance de proporem sua idéia e verem o que acontece. Se for aprovada, ela segue adiante. Do contrário, é substituída por outra idéia. Por causa dessa liberdade, a criatividade em países democráticos é alta, as oportunidades são ilimitadas e o potencial para crescimento é impressionante. O sistema democrático pode ser confuso, mas isso também acontece com qualquer iniciativa que seja criativa e colaborativa.

O mesmo tipo de mentalidade de mercado livre que impulsiona a maior economia do mundo pode também impulsionar organizações. Se as pessoas estiverem abertas a idéias e opções, elas podem continuar a crescer, inovar e melhorar.

3. Líderes 360° procuram idéias em lugares incomuns

Bons líderes prestam atenção em idéias; estão sempre à procura delas. E cultivam essa atenção e a põem em prática como uma disciplina regular. Enquanto lêem o jornal, assistem a um filme, ouvem seus colegas ou se divertem em uma atividade recreativa, eles estão sempre atentos a idéias ou práticas que possam usar para melhorarem seu trabalho e sua liderança.

Se desejar encontrar boas idéias, você tem de procurá-las. Raramente uma boa idéia vem atrás de você.

4. Líderes 360° não deixam a personalidade ofuscar o objetivo

Quando alguém de quem você não gosta ou a quem não respeita sugere algo, qual é a sua primeira reação? Aposto que é descartá-lo. Você ouviu a frase: "Considere a fonte." Não é ruim fazer isso, mas, se não tomar cuidado, talvez seja muito provável que você troque o bom pelo ruim.

Não deixe que a personalidade de alguém com quem você trabalha o leve a perder de vista o objetivo maior, que é agregar valor à equipe e fazer a organização progredir. Se isso significa ouvir as idéias de pessoas com quem você não tem química, ou pior, com quem tem uma história difícil, que assim seja. Ponha de lado seu orgulho e ouça. E, quando tiver de rejeitar as idéias de outros, certifique-se de que você está rejeitando apenas a idéia, e não a pessoa.

5. Líderes 360° protegem pessoas criativas e as idéias delas

As idéias são coisas frágeis, principalmente quando são apresentadas pela primeira vez. Charlie Brower, executivo de propaganda, afirmou: "Uma idéia nova é delicada. Pode ser assassinada por um gesto de desprezo ou um bocejo; pode ser apunhalada fatalmente por um comentário irônico e angustiada até a morte por uma sobrancelha franzida de um homem importante."

Se você deseja que a melhor idéia prevaleça, então torne-se um defensor de pessoas criativas e das contribuições delas para sua organização. Quando descobrir colegas que sejam criativos, promova-os, encoraje-os, proteja-os. Pessoas pragmáticas muitas vezes liquidam as idéias de pessoas criativas. Líderes 360° que valorizam a criatividade podem ajudar as pessoas criativas à sua volta a terem sucesso e continuarem a ter idéias que beneficiam a organização.

6. Líderes 360° não levam a rejeição para o lado pessoal

Quando suas idéias não forem bem recebidas pelos outros, faça o possível para não levar isso para o lado pessoal. Quando alguém age assim em uma reunião, isso pode matar o processo criativo, pois, naquele momento, a discussão não mais tem a ver com as idéias ou ajudar a organização; ela passa a ser sobre a pessoa cujos sentimentos estão feridos. Nesses momentos, se você puder parar de competir e focar sua energia na criação, abrirá o caminho para que as pessoas à sua volta levem a criatividade que elas têm ao próximo nível.

Ao dar esse conselho, não estou só oferecendo lugares-comuns. Tive de adotar a atitude certa em se tratando de idéias, e posso dar-lhe um exemplo da situação em que tive de pôr de lado minhas próprias vontades e desejos, e aceitar a criatividade dos outros. Se você não tem nenhuma experiência pessoal no mundo editorial, então acho que acredita que os autores sempre escolhem os títulos de seus livros. Embora talvez seja assim que funcione para alguns autores, não foi o meu caso. Escrevi mais de quarenta livros, mas acho que escolhi o título de aproximadamente uma dúzia deles. Segue uma lista dos últimos nove livros comerciais que escrevi.

Líder 360º	O título que eu queria era *Leading from the middle of the pack* [Liderando do escalão médio].
25 maneiras de ganhar as pessoas	Les Parrott sugeriu o conceito e o título.
Vencendo com as pessoas	Charlie Wetzel sugeriu esse título.
Questões de hoje	O título que eu queria era *The secret of your success* [O segredo de seu sucesso].
Pensando para fazer uma mudança	O título que eu queria era *Thinking your way to the top* [Pensando em seu caminho para o topo].
As 17 qualidades essenciais de um membro de equipe	A equipe da Thomas Nelson escolheu esse título.
As 17 incontestáveis leis do trabalho em equipe	Consegui escolher o título desse livro!
As 21 indispensáveis qualidades de um líder	O conceito e o título foram desenvolvidos em uma reunião de marketing conjunta.
As 21 irrefutáveis leis da liderança	O conceito e o título foram de Victor Oliver, meu editor.

Um livro é algo muito pessoal para um autor. Por que eu deixaria outra pessoa escolher o título? Porque sei que minhas idéias nem sempre são as melhores. Muitas vezes penso que elas são, mas, quando todos na sala têm uma opinião diferente, vale a pena ouvir. Foi por isso que adotei a atitude de que o dono da empresa não precisa prevalecer — a melhor idéia, sim.

Mel Newhoff é vice-presidente executivo da Bozell Worldwide, uma das principais agências de publicidade. Em seu ramo, idéias são tudo. Newhoff tem um bom conselho sobre toda a questão acerca de idéias e como abordar sua interação com outros em relação a elas:

Tenha paixão por seu trabalho e a integridade para defender suas idéias. Mas também saiba quando ceder.

Sem paixão você não será levado a sério. Se não defender suas idéias, ninguém irá fazê-lo também. Quando princípios estiverem em questão, não se mexa. Mas há o outro lado disso também. Há poucos "absolutos" na vida. A maioria das questões envolve gosto ou opinião, não princípio. Nessas áreas, reconheça que você pode ceder. Se você for alguém que jamais consegue ceder, perderá oportunidades para aqueles que conseguem.

Ser um Líder 360° e liderar para os lados não tem a ver com seguir o próprio caminho. Não tem a ver com vencer a qualquer preço. Tem a ver com ganhar respeito e influência com seus colegas para que você possa ajudar toda a equipe a vencer. Você deve ter paixão e ser determinado, acreditando em si mesmo e em sua habilidade de contribuir? Definitivamente. Você deve se apegar aos valores que defende com unhas e dentes e basear-se em princípios quando eles estiverem em risco? Completamente. Mas nunca se esqueça de que ter um espírito colaborativo ajuda a organização. Ao pensar em termos de *nossa* idéia, em vez de *minha* idéia ou da idéia *dele*, você provavelmente está no caminho de ajudar a equipe a vencer. Essa deve ser sua motivação, não só tentar fazer amigos e influenciar pessoas. Mas acho que você descobrirá que, se deixar a melhor idéia prevalecer, irá fazer amigos e influenciar pessoas.

Princípio de liderança para os lados nº 7

Não finja ser perfeito

Nada seria feito se alguém esperasse até poder fazer algo tão bem-feito a ponto de ninguém achar defeito algum.
— John Henry Cardinal Newman

Um homem que sofria de constantes dores de cabeça finalmente procurou seu médico.

— Não sei por que ainda tenho essas terríveis dores de cabeça — lamentou. — Não bebo como tantas outras pessoas fazem. Não fumo como tantas outras pessoas fazem. Não saio por aí à noite como tantas outras pessoas fazem. Não exagero na alimentação como tantas outras pessoas fazem. Não...

Neste momento, o médico o interrompeu.

— Diga-me — perguntou ele, essa dor de que você se queixa é uma dor aguda?

— Sim — respondeu o homem.

— E dói aqui, aqui e aqui? — perguntou o médico, indicando três lugares em volta da cabeça do homem.

— Sim — o homem respondeu, esperançoso, é exatamente aí.

— Simples — diagnosticou o médico, seu problema é que sua auréola está apertada demais.

Muitos líderes são iguais ao homem da piada. Tentam tanto fazer com que os outros pensem que eles são perfeitos que isso quase os mata. O problema, para citar Norman Cousins, editor de longa data da revista *Saturday Review*, é que "falar sobre a necessidade de perfeição no homem é falar sobre a necessidade de outras espécies".

Como ser "Verdadeiro" em um Ambiente Competitivo

Uma das piores coisas que os líderes podem fazer é gastar energia tentando fazer com que os outros pensem que eles são perfeitos. Essa é uma verdade tanto para o líder que é CEO quanto para um funcionário do escalão médio da organização. É irreal. O mais perto da perfeição que as pessoas chegam é quando preparam seu currículo. Uma vez que ninguém é perfeito — nem você, nem seus colegas, nem seu chefe —, precisamos parar de fingir. Pessoas que são verdadeiras, que são sinceras sobre seus pontos fracos e seus pontos fortes, atraem outras pessoas. Inspiram confiança. São acessíveis. E são um sopro de ar fresco em um ambiente onde os outros estão brigando para chegarem ao topo, tentando parecer bons.

Eis o que recomendo sobre como abordar a questão de "ser verdadeiro" para tornar-se um Líder 360° mais eficiente:

1. Admita seus erros

Recentemente, em um fórum para CEOs no qual fui convidado a palestrar, sugeri aos líderes presentes que fossem honestos com relação aos seus pontos fracos e admitissem seus erros para as pessoas com quem trabalham quando voltassem para a empresa. Terminada a palestra, um CEO aproximou-se de mim porque queria falar sobre essa observação.

— Não acredito que você está sugerindo que falemos sobre nossos pontos fracos com nosso pessoal — reclamou ele. — Para mim, essa é uma péssima idéia.

Quando lhe perguntei a razão, ele respondeu:

— Um líder nunca deve mostrar fraqueza ou medo. Ele deve sempre estar no controle, no comando. Do contrário, seu pessoal perde a confiança nele.

— Acho que você está sob uma falsa suposição — respondi.

— Como assim? — ele perguntou.

— Você acha que as pessoas que trabalham para você não conhecem seus pontos fracos — expliquei. — Não estou sugerindo que você admita seus erros para dar às pessoas informações que elas ainda não têm. Estou dando essa sugestão porque isso permite que elas saibam que você conhece seus erros.

As pessoas que trabalham ao seu lado conhecem seus pontos fracos, erros e pontos cegos. Se você duvidar disso — e tiver muita coragem —, pergunte a elas! Ao ser verdadeiro e admitir seus defeitos, o que você está fazendo é tornando-se acessível e digno de confiança. E, quando cometer erros, admita-os e peça perdão rapidamente. Nada tem maior poder de desarme, e nada é mais eficaz para as mudanças necessárias nos relacionamentos.

2. Peça conselho

Diz-se que conselho é o que pedimos quando já sabemos a resposta, mas gostaríamos de não saber. Não é isso que acontece muitas vezes? Algumas pessoas não pedirão conselho quando não tiverem uma resposta porque têm medo de que o conselho dê a entender que não estão bem; elas só pedem conselho se não conseguirem se decidir. Como as pessoas fariam as coisas muito mais rapidamente se pedissem ajuda quando precisassem, em vez de tentarem disfarçar até resolverem o problema?

3. Preocupe-se menos com o que os outros pensam

James C. Hunt, em *The wit and wisdom of Winston Churchill* (Harper Perennial, 1994) [A inteligência e sabedoria de Winston Churchill], conta um incidente ocorrido na Câmara dos Comuns. É costume os membros do parlamento fazerem comentários, e depois é dada ao primeiro-ministro a oportunidade de responder ao que foi dito. Um dia, um membro do partido socialista afrontou o primeiro-ministro Churchill, com referências abusivas contra ele. Enquanto o homem falava, Churchill permaneceu impassível. Ele parecia quase entediado. Quando o homem terminou, Churchill levantou-se e disse: "Se eu valorizasse a opinião do nobre cavalheiro, talvez ficasse irritado."

Pessoas que consideram demasiadamente a opinião dos outros muitas vezes fazem muito pouco. Elas se prendem em agradar aos outros. Sei disso porque costumava agradar às pessoas. No início de minha carreira, muitas vezes eu ficava mais preocupado com o que os outros pensavam de mim do que com o que eu estava fazendo, que sabia ser o melhor. Mas, no final, cada um de nós tem de conviver consigo. Levei um tempo, mas, finalmente, entendi que saber em meu coração que agi certo era mais importante do que agradar aos outros ou impressioná-los. O fracasso é inevitável, por isso eu talvez também aja de um modo que me permita dormir bem à noite. Além disso, uma das boas coisas em ser imperfeito é a alegria que isso traz aos outros!

Uma das boas coisas em ser imperfeito é a alegria que isso traz aos outros!

Se quiser ganhar credibilidade com seus colegas, você tem de ser você mesmo. Se você for genuíno, todos irão gostar de você? Não. Mas fingir ser algo que você não é também não fará com que todos gostem de você. Isso fará, na verdade, com que seja menos fácil gostar de você.

4. Esteja aberto a aprender com os outros

Você já conheceu alguém que se sente instigado a bancar o sabe-tudo o tempo todo? Depois de um tempo, não tem muita graça ficar perto dessas pessoas, porque a única contribuição à qual elas parecem abertos é a deles mesmos. E, como se costuma dizer, as pessoas não cooperam com você a menos que possam se entender com você.

Gosto do modo como dizem que o presidente Abraham Lincoln tratou um sabe-tudo. Lincoln perguntou:

— Quantas pernas uma ovelha tem se considerarmos a cauda como uma perna?

— Cinco — respondeu o homem.

— Não — respondeu Lincoln. — Ela ainda tem quatro, pois considerar a cauda como perna não faz dela uma perna.

Se você realmente deseja que os outros o vejam como uma pessoa acessível, dê um passo além de simplesmente se dispor a admitir seus pontos fracos. Esteja disposto a aprender. Uma das coisas que ensino em *Vencendo com as pessoas* é o Princípio da Aprendizagem: "Cada pessoa que conhecemos tem o potencial de ensinar-nos alguma coisa." Realmente acredito nisso. Se você aceitar essa idéia, descobrirá duas coisas. Primeiro, você aprenderá muito, pois toda vez que conhecer alguém, essa será uma oportunidade para aprender. Segundo, as pessoas irão se animar com você. Pessoas completamente estranhas muitas vezes me tratam como se eu fosse um velho amigo, simplesmente porque estou aberto para elas.

5. Ponha de lado o orgulho e o fingimento

Quase sempre pensamos que, se pudermos impressionar os outros, ganharemos influência. Queremos tornar-nos os heróis dos outros — ter personalidade marcante. Isso gera um problema porque somos seres humanos de verdade. As pessoas podem ver-nos pela pessoa que realmente somos. Se tivermos como objetivo impressioná-las, inflamos nosso orgulho e acabamos por ser presunçosos — e isso afasta as pessoas.

Se quiser influenciar os outros, não tente impressioná-los. Orgulho de fato não é nada mais do que uma forma de egoísmo, e fingimento é apenas a maneira de manter as pessoas a distância para que elas não possam ver quem você realmente é. Em vez de impressionar os outros, deixe que eles o impressionem.

Essa de fato é uma questão de atitude. As pessoas com carisma, aquelas que atraem os outros para si mesmas, são indivíduos que se concentram nos outros, e não em si mesmos. Fazem perguntas sobre os outros. Ouvem. Não tentam ser o centro das atenções. E nunca tentam fingir ser perfeitos.

Robert Hillyer, poeta e professor de Harvard, declarou: "Perfeccionismo é um perigoso estado de espírito em um mundo imperfeito. A melhor maneira é esquecer-se das dúvidas e começar a tarefa que está ao seu alcance... Se estiver fazendo o melhor, você não terá tempo para se preocupar com o fracasso." Esse é um bom conselho. Se você sempre fizer o melhor, seus colegas irão respeitá-lo. E, se eles o respeitarem, irão ouvi-lo e dar-lhe uma chance. E é aí que começa a liderança.

Revisão da 4ª seção

Os princípios de que Líderes 360° precisam para liderarem para os lados

Antes de começar a aprender a liderar para baixo como faz o Líder 360°, recapitule os sete princípios que você precisa dominar para liderar para os lados:

1. Entenda, ponha em prática e complete o círculo de liderança.
2. Complemente seus colegas de liderança em vez de competir com eles.
3. Seja um amigo.
4. Evite a política de cargos.
5. Amplie seu círculo de relações.
6. Deixe que a melhor idéia prevaleça.
7. Não finja ser perfeito.

5ª SEÇÃO

OS PRINCÍPIOS QUE LÍDERES 360º PÕEM EM PRÁTICA NA LIDERANÇA PARA BAIXO

"Siga-me, eu lhe agregarei valor."

A liderança é tradicionalmente considerada uma atividade de cima para baixo. O líder lidera; os seguidores seguem. Simples. Se você estiver liderando outras pessoas por qualquer período de tempo, talvez seja tentado a ignorar esta seção do livro, pensando: *Já sei fazer isso.* No entanto, não quero que você deixe passar algo realmente importante. Uma vez que os Líderes 360º são, por definição, não-posicionais, eles lideram por meio de influência, não de posição, poder ou vantagem. E adotam essa abordagem não só com aqueles que estão acima e ao lado deles, mas também com aqueles que trabalham abaixo deles. É isso que faz os Líderes 360º únicos — e tão eficientes. Eles usam tempo e esforço para ganhar influência tanto com seus seguidores como com aqueles sobre os quais não têm autoridade.

> *Os Líderes 360º usam tempo e esforço para ganhar influência tanto com seus seguidores como com aqueles sobre os quais não têm autoridade.*

Na essência dessa abordagem com seguidores está o desejo de agregar-lhes valor. O almirante James B. Stockdale, já aposentado, declarou:

> A liderança deve estar baseada na boa vontade. Boa vontade não significa pose e, muito menos, aproveitar-se das fraquezas da multidão. Significa um compromisso claro e sincero de ajudar os que nos seguem. Estamos cansados de líderes de quem temos medo, cansados de líderes a quem amamos e

> cansados de líderes que nos deixam tomar liberdades com eles. Precisamos como líderes de homens de coração que ajudem tanto que, de fato, dispensem a necessidade de seu trabalho. Mas líderes como esses nunca ficam sem trabalho, nunca ficam sem seguidores. Por mais estranho que pareça, grandes líderes ganham autoridade quando abrem mão dela.

Como um Líder 360°, ao liderar para baixo, você faz mais do que simplesmente levar as pessoas a fazerem o que você quer. Você descobre quem elas são. Você as está ajudando a descobrir e atingir seu potencial. Você mostra o caminho ao se tornar um exemplo que elas podem seguir. Você as ajuda a tornarem-se parte de algo maior, fazendo mais do que elas poderiam fazer sozinhas. E você as recompensa por contribuírem com a equipe. Em resumo, você está se empenhando para agregar valor a elas de qualquer maneira possível.

Princípio de liderança para baixo nº 1

Ande devagar pelos corredores

Um dos maiores erros que os líderes cometem é passar tempo demais no escritório e não passar tempo suficiente entre as pessoas. Os líderes muitas vezes são levados pela agenda, concentrados em tarefas e orientados à ação porque gostam de concluir coisas. Eles hibernam em seu escritório, correm para reuniões e ignoram todos pelos quais passam nos corredores ao longo do caminho. Um grande erro! Em primeiro lugar, liderança é um negócio voltado para pessoas. Se você se esquece das pessoas, está minando sua liderança e corre o risco de tê-la reduzida. Então, um dia, quando pensar que está liderando, você irá se virar e descobrir que ninguém o está seguindo e que você está sozinho, passeando.

> *Em primeiro lugar, liderança é um negócio voltado para pessoas.*

Construir relacionamentos é sempre a base de uma liderança eficiente. Líderes que ignoram o aspecto relacional da liderança tendem, em vez disso, a confiar em sua posição. Ou esperam que a competência se encarregue de"toda a conversa". De fato, bons líderes são competentes, mas também se esforçam para ser ligados às pessoas a quem lideram.

Uma das melhores maneiras de permanecer ligado às pessoas a quem você lidera e acompanhar como elas estão se saindo é cumprir a tarefa de modo informal, andando entre elas. Ao vê-las no estacionamento, converse com elas. Chegue às reuniões alguns minutos antes para ver as pessoas, mas não comece a discutir a pauta até que tenha tido tempo de conversar com elas. E, como sugere o título deste capítulo, reserve um tempo para andar devagar pelos corredores. Relacione-se com as pessoas e dê-lhes uma oportunidade de terem contato com você.

Os líderes no escalão médio de uma organização têm uma vantagem distinta sobre seus colegas de liderança que estão no topo quando se trata de agir informalmente. Líderes intermediários costumam ser vistos como mais acessíveis do que os líderes máximos, ou com mais tempo (ainda que isso não seja verdade). Parecem ser mais abertos. As pessoas que trabalham para eles não se preocupam em "incomodá-los" e são menos relutantes em usar o tempo deles, ao contrário das pessoas que se reportam diretamente ao líder máximo.

Andar devagar pelos corredores é uma habilidade útil para liderar para baixo, independentemente de onde você esteja em uma organização, mas o melhor momento para dominar essa habilidade é enquanto você está no escalão médio, não depois que chega ao topo. Para ajudá-lo a desenvolver essa habilidade com sucesso, aqui estão algumas sugestões.

1. Diminua o ritmo

Para relacionar-se com as pessoas, você tem de andar no ritmo delas. Ao se relacionar com seu líder, é provável que você precise acelerar. Embora nem sempre seja o caso, em geral, quanto mais alto você chega na hierarquia de uma organização, mais rápido os líderes andam. O líder no topo muitas vezes tem uma energia ilimitada e é muito rápido mentalmente.

Para relacionar-se com as pessoas, você tem de andar no ritmo delas.

De modo inverso, quando você desce, as pessoas andam mais devagar. Mais uma vez, nem todos serão mais lentos, mas, em geral, é o que acontece. Pessoas na base não processam informações com tanta rapidez e não tomam decisões tão rápido. Isso acontece tanto pelo número reduzido de informações quanto pela pouca experiência.

A maioria das pessoas que querem liderar é naturalmente rápida. Mas, se quiser tornar-se um líder melhor, você realmente precisa diminuir o ritmo. Você pode ir mais rápido sozinho. Pode acumular mais prêmios individuais sozinho. Mas, para liderar os outros, você precisa diminuir o ritmo o suficiente para relacionar-se com eles, engajá-los e levá-los com você.

Se tiver filhos, a compreensão desse ponto é instintiva. Há duas maneiras de fazer tarefas caseiras. Na primeira, você pede a ajuda de seus filhos. Isso significa que você precisa recrutá-los, treiná-los, direcioná-los, supervisioná-los, redirecioná-los... E precisa recuperá-los e recrutá-los novamente quando eles se afastarem do objetivo inicial. Dependendo da idade de seus filhos, isso pode ser muito exaustivo, e, mesmo quando o trabalho estiver concluído, talvez não esteja de acordo com o padrão que você gostaria.

Na segunda maneira, você tenta fazer a tarefa sozinho. Você consegue ser mais rápido? É melhor a qualidade do trabalho? Ficou menos irritado na sua execução? Pois é. Não é de admirar que muitos pais comecem recrutando os filhos em tarefas para ensiná-los e desenvolvê-los, mas entregam os pontos depois de um tempo e fazem eles mesmos o trabalho.

Trabalhar sozinho é mais rápido (pelo menos no começo), mas não dá o mesmo retorno. Se quiser que seus filhos aprendam, cresçam e atinjam seu potencial, você precisa pagar o preço, reservar um tempo e ter o trabalho de conduzi-los ao longo do processo — mesmo quando isso significa diminuir o ritmo ou abrir mão de parte de sua agenda. O mesmo se aplica a funcionários. Os líderes não são, necessariamente, os primeiros a cruzar a linha de chegada — pessoas que correm sozinhas são as mais rápidas. Os líderes são os primeiros a levar todas as pessoas a cruzarem a linha de chegada. O pagamento da liderança — no trabalho ou em casa — vem do outro lado.

2. Expresse que você se preocupa

Quando você vai à caixa de correio em casa, aposto que uma das primeiras coisas que faz é revirar os vários itens. Em que você presta atenção? Seus olhos buscam certamente algo cujo envelope esteja escrito à mão, um sinal de que o que está dentro é algo pessoal de alguém conhecido. Todos desejamos um toque pessoal de alguém que se preocupa conosco.

Li em algum lugar que o Serviço Postal dos Estados Unidos entrega 170 bilhões de correspondências a cada ano. Contudo, nesse vasto mar de correspondências, menos de 4% do total inclui cartas pessoais. Isso significa que você tem de revirar cem contas, revistas, extratos bancários, ofertas de cartões de crédito, anúncios e outras correspondências não desejadas para encontrar quatro itens de alguém que conhece e realmente se preocupa com você.

As pessoas que o seguem também desejam um toque pessoal. Querem saber que outros se preocupam com elas. A maioria, sobretudo, ficaria satisfeita em saber que o chefe tem uma preocupação genuína com elas e as valoriza como seres humanos, não apenas como funcionários com responsabilidades para com eles ou a organização.

3. Crie um equilíbrio saudável de interesse pessoal e profissional

Líderes que mostram interesse nos indivíduos que trabalham para eles precisam encontrar o equilíbrio entre o interesse pessoal e profissional. O interesse profissional mostra que você tem o desejo de ajudá-los. Isso é algo que todos os bons líderes compartilham. O interesse pessoal vai mais fundo — mostra seu coração.

Quando você tem interesse nas pessoas que trabalham para você como seres humanos, você precisa ter certeza de que não ultrapassará os limites. Há um momento em que o interesse se torna inadequado. Seu desejo deve ser o de ajudar, não o de invadir a privacidade da pessoa ou deixá-la pouco à vontade.

Comece fazendo perguntas absolutamente neutras. Você pode seguramente perguntar como vai o cônjuge ou os filhos da pessoa. Pode perguntar sobre os hobbies ou interesses externos da pessoa. Ou pode fazer uma pergunta bastante comum como: "Como vão as coisas?" Em seguida, preste atenção não só no conteúdo da resposta, mas também procure algum tipo de reação emocional. Se perceber que talvez exista alguma coisa ali, então faça uma pergunta sem tom de ameaça, querendo saber se está tudo bem — mas não pressione. Se ela optar por falar, não julgue, não interrompa e não queira dar logo um conselho a menos que ela, especificamente, o peça.

Por que você deve reservar um tempo para fazer isso? A realidade é que, quando a vida pessoal dos funcionários vai bem, a vida profissional costuma acompanhar. O que acontece em casa dá cor a cada aspecto da vida das pessoas, incluindo o trabalho. Se fizer idéia de onde as pessoas estão em termos pessoais, você poderá saber o que esperar delas no trabalho, e poderá ter a oportunidade de ajudá-las.

4. Preste atenção quando as pessoas começarem a evitá-lo

Se você adquirir o hábito de andar devagar pelos corredores, irá conhecer melhor seu pessoal e a organização. Irá saber se as coisas estão funcionando. Sua intuição na liderança irá aumentar e, quando algo estiver errado, você irá perceber muito mais rápido.

A maioria das pessoas cria hábitos e se encaixam em padrões, fazendo coisas do mesmo modo na maior parte do tempo. Ao dar uma volta, você se habituará a ver pessoas. Uma vez que você for visto como acessível, as pessoas irão sair do escritório ou saleta em que trabalham para conversarem com você. Elas serão visíveis. Se algo estiver errado com alguém que normalmente é comunicativo, essa pessoa, de repente, irá evitá-lo. Assim, ao dar uma volta, você tem de perguntar para si mesmo: *Quem não estou vendo?*

É quando a pista é dada não pelas palavras ditas, mas pelo silêncio. As pessoas são sempre rápidas em trazer boas notícias, mas evitam trazer más notícias. Vejo exemplos disso o tempo todo em minha empresa de consultoria, a ISS. Quando estamos trabalhando com um líder para tentar desenvolver uma parceira, se esse líder pretende fechar negócio conosco, ficamos sabendo disso no mesmo instante. Mas, se não é essa a intenção do líder, ele leva um bom tempo para entrar em contato conosco. Um bom Líder 360° sempre diminui o ritmo o suficiente para olhar, ouvir e ler as entrelinhas.

5. Cuide das pessoas, e elas irão cuidar dos negócios

Um Líder 360° tem muitas qualidades excepcionais. Na verdade, o Valor nº 5 da próxima seção do livro descreve essas características. Mas uma coisa que todos eles têm em comum é que, a despeito de sua paixão pela visão e seu amor por ação, eles cedem grande parte de seu esforço às pessoas. Líderes que cuidam apenas dos negócios muitas vezes acabam por perder as pessoas *e* os negócios. Mas líderes que cuidam das pessoas normalmente edificam as pessoas — e os negócios.

Enquanto você se esforça para andar devagar pelos corredores, quero incentivá-lo a encontrar seu modo único de fazer isso. Procure métodos que se adaptem à sua personalidade, situação de trabalho e estilo de liderança. Certa noite, no outono, quando eu estava assistindo ao *Monday Night Football*, vi um exemplo maravilhoso de um líder que estava fazendo exatamente isso. A atração do intervalo era o técnico da NFL, Dick Vermeil. Ele estava sendo entrevistado em um estúdio sobre seu time, o Kansas City Chiefs, e como sua temporada estava indo, mas não foi isso que me intrigou.

Líderes que cuidam apenas dos negócios muitas vezes acabam por perder as pessoas e os negócios.

Entre as perguntas da entrevista, mostravam Vermeil e seu time durante um treino. Enquanto os jogadores se alongavam durante o aquecimento, o experiente técnico passava pelas filas de jogadores, conversando com eles. Ele parou ao lado de um jogador, e pude ouvi-lo perguntar: "Como está a sua esposa?" E eles conversaram por um tempo.

O entrevistador perguntou a Vermeil sobre sua reação, e ele explicou que a esposa daquele jogador estava lutando contra o lúpus. Ele ainda disse que se preocupa mais com isso do que com o modo como seus jogadores pegam a bola ou atacam. Ele interage com eles primeiro como pessoas, depois como jogadores de futebol. Desde então tenho conversado com Dick Vermeil e ele me disse que muitas vezes leva jogadores para sua casa para que eles possam se conhecer melhor.

O que é interessante para mim é que quando Vermeil abandonou a aposentadoria para treinar o St. Louis Rams, em 1997, depois de uma parada de catorze anos, lembro-me de ouvir rumores de que os jogadores não acreditavam nos métodos de Vermeil e achavam-no antiquado e desatualizado. E ele continuou a dizer-lhes que não desanimassem e vissem o que aconteceria. O que aconteceu foi que o time venceu o principal torneio de futebol do país em 1999.

Vermeil vencerá outro torneio? Não sei. Mas sei que ele encontrou seu modo de andar devagar pelos corredores, um modo que o mantém visível, disponível e conectado. E, por causa disso, seus jogadores respeitam-no e trabalham com afinco por ele porque sabem que ele se preocupa. Um líder dificilmente pode pedir mais do que isso.

Princípio de liderança para baixo nº 2

Veja todos como um "10"

Quero fazer-lhe uma pergunta: Quem foi seu professor favorito? Lembre-se de todos os seus anos na escola, desde o jardim de infância até o último ano de seus estudos. Quem se destaca? Há um professor que mudou sua vida? A maioria de nós tem um. O meu, na verdade, foi um professor de escola dominical chamado Glen Leatherwood. Quem foi o seu?

O que fez esse professor diferente? Foi o conhecimento do assunto? Foi a técnica de ensino? Embora seu professor talvez tenha tido um grande conhecimento e dominado uma técnica notável, aposto que o que o separou de todos os outros professores foi que ele acreditava em você. Esse professor provavelmente viu que você era inteligente. O professor que o amedronta e diz como você é ignorante ou indisciplinado não é o que o inspira a aprender e crescer. É o que acha que você é maravilhoso e lhe diz isso.

Agora eu gostaria de pensar em sua vida profissional e nos líderes para os quais você trabalhou ao longo dos anos. Ao pensar neles, faça as seguintes perguntas para si mesmo:

- Quem consegue que eu me esforce mais? O líder que acredita que sou 10 ou o líder que acredita que sou 2?

- Com quem estou gostando de trabalhar? Com o líder que acredita que sou 10 ou com o líder que acredita que sou 2?
- Quem é mais fácil de abordar? O líder que acredita que sou 10 ou o líder que acredita que sou 2?
- Quem quer o melhor para mim? O líder que acredita que sou 10 ou o líder que acredita que sou 2?
- Com quem aprenderei mais? Com o líder que acredita que sou 10 ou com o líder que acredita que sou 2?

Líderes 360° recebem mais das pessoas com quem trabalham porque pensam mais nelas. Eles as respeitam e valorizam, e, conseqüentemente, essas pessoas querem segui-los. A atitude positiva e edificante que eles trazem à liderança cria um ambiente de trabalho positivo onde todos da equipe têm um lugar e objetivo — e onde todos compartilham o sucesso.

Para alguns líderes, isso é fácil e natural, principalmente se tiverem uma personalidade positiva. Vejo que pessoas que foram incentivadas e valorizadas quando crianças muitas vezes edificam os outros quase instintivamente. Mas trata-se de uma habilidade que pode ser aprendida por qualquer pessoa, e é uma obrigação para qualquer um que deseja tornar-se um Líder 360°.

Se quiser realmente se distinguir nessa área, aplique as seguintes sugestões:

1. Veja as pessoas como quem elas podem se tornar

O autor Bennett Cerf escreveu que J. William Stanton, que atuou por muitos anos como representante de Ohio no Congresso dos Estados Unidos, guardou uma carta que recebeu da Câmara de Comércio em Painesville, Ohio, datada de 1949. A carta recusava a sugestão de Stanton de trazer um novo congressista como preletor de destaque de um jantar para angariação de fundos. A carta diz: "Sentimos que, neste ano, realmente precisamos de um célebre preletor que seja uma atração, por isso esperamos trazer o técnico de futebol americano da John Carroll University. Obrigado, de qualquer forma, por sugerir o representante John F. Kennedy."[1] Você faz idéia de quem poderia ter sido esse técnico? Eu, com certeza, não.

Você tem um John Kennedy em potencial no seu meio? Ou um Jack Welsh? Ou uma Madre Teresa? É fácil reconhecer uma grande liderança e um grande talento quando estão prontos, mas e antes disso?

Procure o grande potencial que está dentro de cada pessoa a quem você lidera. Ao encontrá-lo, faça o possível para extraí-lo. Alguns líderes são tão inseguros que, quando vêem uma pessoa brilhante em potencial, tentam derrubá-la, pois se preocupam que o grande desempenho dessa pessoa os ofusque. Mas Líderes 360° as estimulam, reconhecendo que pessoas com grande potencial vão ter sucesso de qualquer modo. O melhor papel que podem aceitar é o de descobri-las e encorajá-las. Desse modo, eles lhes agregam valor e contribuem para a revelação dessas pessoas como líderes.

2. Deixe que elas "tomem emprestada" a fé que você tem nelas

Em 1989, Kevin Myers mudou-se de Grand Rapids, em Michigan, para Lawrenceville, na Geórgia, para implantar uma igreja. Kevin era um líder jovem e veemente cujo futuro parecia brilhante, e a organização que o patrocinava, a Kentwood Community Church, tinha prazer em apoiar seus esforços.

Kevin fez tudo certo enquanto se preparava para o primeiro culto da Crossroads Community Church. Passou semanas conversando com pessoas da comunidade, escolheu um bom local e preparou seus voluntários. Quando ele abriu as portas pela primeira vez, suas esperanças se despedaçaram uma vez que apenas noventa pessoas apareceram — cerca de um terço do que ele esperava. Foi uma grande frustração, pois Kevin estava na equipe de uma grande e dinâmica igreja em crescimento e tinha pouca vontade de dirigir uma congregação pequena. Ele estava decidido a perseverar, no entanto, imaginando que, em um ou dois anos, ele iria vencer as dificuldades e construir o tipo de igreja que correspondia à sua visão.

Depois de três anos de luta e pouco crescimento, Kevin estava pronto para entregar os pontos. Fez uma viagem para Michigan para encontrar-se com Wayne Schmidt, seu ex-chefe em Kentwood e primeiro patrocinador de sua iniciativa de implantar igrejas. Sentindo-se um fracasso, Kevin explicou para Wayne que precisava de um emprego, pois planejava fechar a igreja na Geórgia. A resposta de Wayne mudou a vida de Kevin: "Kevin, se você perdeu a fé, tome a minha emprestada."

Incerto quanto ao seu futuro, mas grato a Wayne por ter fé nele, Kevin voltou para a Geórgia e não desistiu. Aos poucos, enquanto Kevin crescia como líder, o mesmo acontecia com sua congregação. Enquanto escrevo isso, Kevin tem sob seus cuidados três mil e quatrocentas pessoas, o que coloca sua congregação na lista de 1% das principais igrejas nos Estados Unidos.

Quando as pessoas a quem você lidera não acreditarem em si mesmas, você pode ajudá-las a fazer isso, assim como Wayne fez com Kevin. Pense nisso como um empréstimo, algo que você está dando gratuitamente, mas que, mais tarde, retornará com lucro à medida que essa pessoa tiver sucesso.

3. Surpreenda-as fazendo algo certo

Se você deseja ver todos como um "10" e ajudá-los a acreditarem em si mesmos, precisa encorajá-los, surpreendendo-os enquanto fazem algo certo. E isso de fato vai contra a cultura. Somos treinados a vida toda a buscar erros nas pessoas. Se nossos pais e professores surpreendiam-nos fazendo algo, pode apostar que era algo errado. Por isso temos a tendência de pensar nesses mesmos termos.

Quando você se concentra no aspecto negativo e surpreende as pessoas fazendo algo errado, isso não tem de fato poder para fazer bem algum a elas. Quando surpreendemos as pessoas fazendo algo errado, elas ficam na defensiva. Inventam desculpas. Esquivam-se. Por outro lado, se surpreendermos as pessoas fazendo algo certo, isso lhes dá um reforço positivo. Ajuda-as a usarem seu potencial. Faz com que tenham vontade de fazer melhor.

Faça com que seja parte de sua agenda diária procurar coisas que estejam indo bem. Não precisa ser coisas grandes, embora, sem dúvida, você queira elogiar essas coisas também. Pode ser quase tudo, desde que você seja sincero em seus elogios.

4. Acredite no melhor — dê aos outros um crédito de confiança

Quando fazemos um auto-exame, naturalmente damos a nós mesmos um crédito de confiança. Por quê? Porque nos vemos à luz de nossas intenções. Por outro lado, quando olhamos para os outros, normalmente os julgamos de acordo com suas intenções. Pense como nossa interação com os outros seria muito mais positiva se acreditássemos no melhor deles e lhes déssemos o crédito de confiança, assim como fazemos para nós mesmos.

Muitas pessoas relutam em adotar essa atitude porque têm medo de que os outros as considerem ingênuas ou se aproveitem delas. A realidade é que as pessoas confiantes não são mais fracas do que as desconfiadas; são, de fato, mais fortes. Como evidência, ofereço as seguintes falácias sobre a confiança e os fatos que as refutam, pelo professor de sociologia Morton Hunt.

Falácia: Pessoas confiantes são mais ingênuas.
Fato: Pessoas confiantes não têm mais chances de serem enganadas do que as desconfiadas.

Falácia: Pessoas confiantes percebem menos o que os outros estão realmente sentindo do que as pessoas desconfiadas.
Fato: Pessoas que têm muita confiança, na verdade, saem-se melhor que os outros ao analisar pessoas.

Falácia: Pessoas que têm uma impressão ruim de si mesmas são mais confiantes do que pessoas que têm uma boa impressão de si mesmas.
Fato: O oposto é verdadeiro. Pessoas com muita auto-estima são mais dispostas a assumir riscos emocionais.

Falácia: Pessoas tolas são confiantes; pessoas espertas são desconfiadas.
Fato: Pessoas que têm muita aptidão ou estudo não são mais desconfiadas ou céticas do que pessoas tidas como menos inteligentes.

Falácia: Pessoas confiantes confiam nos outros para dirigirem sua vida por elas; pessoas desconfiadas confiam em si mesmas.
Fato: O oposto é verdadeiro. Pessoas que se sentem controladas por pessoas e forças externas são mais desconfiadas, enquanto aquelas que se sentem no controle da própria vida são mais confiantes.

Falácia: Pessoas confiantes não são mais confiáveis do que pessoas desconfiadas.
Fato: Pessoas desconfiadas são menos confiáveis. A pesquisa valida o que os antigos gregos costumavam dizer: "Deve-se confiar menos em quem desconfia mais."[2]

Não estou dizendo que você deve ser como um avestruz e enterrar a cabeça na areia. Tudo o que estou sugerindo é que você considere os outros como se considera. Não é pedir muito, e os lucros que você terá em termos de relacionamento podem ser grandes.

5. Perceba que "10" tem muitas definições

O que significa ser um 10? Quando você começou a ler este capítulo e sugeri que visse todas as pessoas como um 10, uma certa imagem de um 10 veio à sua mente? E você começou, no mesmo instante, a comparar as pessoas que trabalham para você com essa imagem e viu que elas estão aquém de suas expectativas? Eu não ficaria surpreso se isso acontecesse, pois acho que a maioria de nós tem uma visão muito limitada do que constitui um 10.

Em se tratando de aperfeiçoar habilidades, acredito que a maioria das pessoas não pode aumentar sua habilidade mais do que aproximadamente dois pontos em uma escala de 1 a 10. Assim, por exemplo, se você tem nota 4 quando o assunto é matemática, não importa quanto se esforce, você provavelmente nunca será melhor do que 6. Mas aqui está a boa notícia. Todos são excepcionais em alguma coisa, e um 10 nem sempre parece ser a mesma coisa.

Em seu livro *Now, discover your strengths* (Free Press, 2001) [Agora, descubra seus pontos fortes], Marcus Buckingham e Donald O. Clifton identificam trinta e quatro áreas de força que acreditam que as pessoas exibem — qualquer coisa desde responsabilidade à habilidade de conquistar os outros. E os autores afirmam que todos, pelo menos, têm uma habilidade que podem desempenhar melhor do que outras dez mil pessoas. Isso significa que eles acreditam que todos podem ser um 10 em alguma área. Você pode sempre se concentrar nessa área quando estiver incentivando um de seus funcionários.

Mas digamos que você contrate alguém que não tenha nenhuma habilidade que seja um 10 ou poderia ser desenvolvida até ser um 10. Isso significa que você o considera um caso perdido? Não. Veja, há outras áreas não voltadas a habilidades em que uma pessoa pode chegar a um 10, independentemente de qual seja o ponto de partida dela — áreas como atitude, desejo, disciplina e perseverança. Se não vir o 10 em potencial em nenhuma outra área, procure-o ali.

6. Dê a elas o tratamento "10"

A maioria dos líderes trata as pessoas de acordo com a nota que dão a elas. Se o desempenho dos funcionários está em um nível médio — digamos que seja um 5 —, então o chefe lhes dá o tratamento 5. Mas creio que as pessoas sempre merecem o melhor do líder, mesmo quando não estão dando o melhor de si. Digo isso porque acredito que toda pessoa tem valor como ser humano e merece ser tratada com respeito e dignidade. Isso não significa que você deve recompensar o mau desempenho. Simplesmente significa que você deve tratar bem as pessoas e agir corretamente com elas, mesmo que não façam o mesmo por você.

As pessoas normalmente atendem às expectativas do líder — se gostarem do líder.

Tenho observado que as pessoas normalmente atendem às expectativas do líder — se gostarem do líder. Se você formou um relacionamento sólido com seus funcionários e eles realmente gostam de você e o respeitam, eles irão trabalhar com afinco e dar o melhor de si.

Aprendi muitas coisas sobre liderança com muitos líderes ao longo dos anos, mas o que mais admiro ainda é meu pai, Melvin Maxwell. Em dezembro de 2004, visitei meus pais na região de Orlando e, enquanto estive lá, agendaram-me para participar de uma conferência. Uma vez que eu precisava de um lugar tranqüilo para me preparar, meu pai, de bom grado, deixou que eu usasse seu escritório.

Enquanto eu estava sentado à sua mesa, percebi um cartão ao lado do telefone com as seguintes palavras com a grafia de meu pai:

nº 1 Edifique as pessoas por meio do incentivo.
nº 2 Dê crédito às pessoas pelo reconhecimento.
nº 3 Dê reconhecimento às pessoas por meio de gratidão.

Eu soube em um instante por que aquele cartão estava ali. Meu pai o havia escrito para se lembrar de como devia tratar as pessoas enquanto falava ao telefone com elas. E me lembrei, no mesmo instante, de que meu pai, mais do qualquer outra pessoa, ensinou-me a ver todos como um 10.

Comece hoje a ver e liderar as pessoas como elas podem ser, não como elas são, e você se surpreenderá com o modo como elas irão lhe responder. Não só seu relacionamento com elas irá melhorar e a produtividade delas irá aumentar, mas você também irá ajudá-las a atingirem seu potencial e tornarem-se quem elas foram criadas para ser.

Princípio de liderança para baixo nº 3

Desenvolva cada membro da equipe como pessoa

Quando era CEO da General Electric, Jack Welch notavelmente tentava cortar 10% dos funcionários todos os anos. Essa prática era criticada por muitos de seus difamadores, mas não está claro por que ele fazia isso? Não era para ser cruel. Era para tentar melhorar a organização.

Demitir funcionários com péssimo desempenho é uma maneira de tentar ajudar a organização. Recrutar de outras organizações funcionários com ótimo desempenho é outra maneira. Porém, os líderes estão começando a ver que esses nem sempre são os melhores métodos para melhorar a organização. Há alguns anos li um artigo na *USA Today* que mostrava que os líderes estavam começando a perceber o valor de alguns membros de equipe sólidas que não eram nem excepcionais nem fiascos. O artigo chamava-os de "membros medianos":

> Quando os empregadores não estão ocupados eliminando os 10% de seus funcionários, estão tentando arrancar os ótimos membros da competição em uma batalha para seduzir os melhores. Mas alguns desses empregadores estão começando a perceber que fracasso e sucesso talvez não estejam entre os elos mais fracos e mais fortes, mas no nível sólido do meio, os membros medianos... 75% dos trabalhadores que têm sido completamente ignorados.[1]

O artigo ainda dizia que os funcionários no nível intermediário são a coluna vertebral de toda organização e que elas deveriam ser valorizadas, com o que concordo. Mas acredito que os líderes precisam levar esse conceito um pouco mais adiante. Como dar uma vantagem à sua equipe, ajudando os membros médios a terem o máximo desempenho e ajudando os membros excelentes a elevarem ainda mais sua atuação? Você os desenvolve!

Há muito mais sobre a boa liderança do que simplesmente concluir o trabalho. Concluir o trabalho faz de você um sucesso. Concluir o trabalho por meio de outras pessoas faz de você um líder. Mas desenvolver as pessoas ao mesmo tempo em que as ajuda a concluir o trabalho no nível mais alto faz de você um líder excepcional. Quando você desenvolve os outros, eles ficam melhores, fazem melhor o trabalho e você e a organização se beneficiam. Todos ganham. O resultado? Você se torna o tipo de líder que os outros procuram e querem seguir por causa do seu modo de valorizar as pessoas.

Como Desenvolver seu Pessoal

Antes de fazer algumas recomendações sobre como desenvolver os outros, preciso deixar clara a diferença entre equipar pessoas e desenvolvê-las. Ao equipar pessoas, você lhes ensina como fazer um trabalho. Se você mostra a alguém como usar uma máquina ou algum outro dispositivo, isso é equipar. Se você ensina alguém a fazer uma venda, isso é equipar. Se você treina as pessoas nos procedimentos do departamento, isso é equipar. Você já deve dar treinamento ao seu pessoal para que ele saiba fazer o trabalho. Equipar é obrigatório (embora eu saiba que nem todos os líderes façam isso bem).

O desenvolvimento é diferente. Ao desenvolver pessoas, você as está ajudando a melhorarem como indivíduos. Você as está ajudando a adquirirem qualidades pessoais que irão beneficiá-las em muitas áreas da vida, não só o trabalho delas. Quando você ajuda alguém a cultivar disciplina ou uma atitude positiva, isso é desenvolvimento. Quando você ensina alguém a gerenciar o tempo de modo mais eficiente ou melhorar as habilidades pessoais, isso é desenvolvimento. Quando você ensina liderança, isso é desenvolvimento. O que descobri é que muitos líderes não têm uma mentalidade de desenvolvimento. Eles esperam que seus funcionários cuidem sozinhos de suas necessidades de desenvolvimento. O que não conseguem perceber, no entanto, é que desenvolver traz lucros mais altos do que equipar, porque ajuda a pessoa como um todo e a leva para um nível mais alto.

Ao equipar pessoas, você lhes ensina como fazer um trabalho. Ao desenvolver pessoas, você as está ajudando a melhorarem como indivíduos.

Desenvolver é mais difícil do que equipar, mas vale a pena pagar o preço. Aqui está o que você precisa fazer ao começar:

1. Veja o desenvolvimento como um processo a longo prazo

Equipar é normalmente um processo razoavelmente rápido e simples. A maioria das pessoas pode aprender o mecanismo do trabalho que realizam muito rapidamente — em uma questão de horas, dias ou meses, dependendo do tipo de trabalho. Mas desenvolver sempre leva tempo. Por quê? Porque exige mudança da parte da pessoa que está sendo desenvolvida, e você não pode apressar isso. Como diz o velho ditado, leva nove meses para gerar um filho — independentemente de quantas pessoas você coloca para fazer o trabalho.

Ao abordar o desenvolvimento de seu pessoal, pense nele como um processo contínuo, e não como algo que você pode fazer uma vez e pronto. Quando dirigi a Skyline Church na região de San Diego, fiz do desenvolvimento de minha equipe uma de minhas prioridades. Parte dele foi de uma pessoa por vez. Mas eu também agendava um tempo para ensinar todos da equipe todo mês sobre tópicos que os fariam crescer como líderes. Foi algo que fiz regularmente por uma década.

Você não pode dar o que não tem. Para desenvolver sua equipe, você deve continuar a crescer.

Recomendo que você trace um plano para desenvolver as pessoas que trabalham para você. Faça disso uma atividade consistente e agendada com regularidade. Você pode pedir à sua equipe que leia um livro todo mês ou a cada dois meses e vocês podem discuti-lo juntos. Você pode ensinar uma lição. Pode levá-los a conferências ou seminários. Aborde a tarefa usando seu próprio método. Mas saiba disso: você não pode dar o que não tem. Para desenvolver sua equipe, você deve continuar a crescer.

2. Descubra os sonhos e desejos de cada pessoa

Ao equipar as pessoas, você baseia o que você faz em suas necessidades ou nas da organização. Você ensina às pessoas o que quer que elas saibam para que possam fazer um trabalho para você. Por outro lado, o desenvolvimento está baseado nas necessidades delas. Você lhes dá aquilo de que elas precisam para se tornarem pessoas melhores. Para fazer isso bem, você precisa conhecer os sonhos e desejos das pessoas.

> *"Ignore o que um homem deseja e você ignorará a fonte do poder dele."*
> — Walter Lippmann

Walter Lippmann, fundador da revista *The New Republic,* disse: "Ignore o que um homem deseja e você ignorará a fonte do poder dele." Sonhos são os geradores de energia em se tratando das pessoas que trabalham com você. Se elas têm muita paixão pelos sonhos que têm, elas têm muita energia. Se você sabe quais são esses sonhos e os desenvolve de um modo que leve esses sonhos a serem alcançados, você não só aproveita essa energia, mas também a estimula.

Infelizmente, alguns líderes não gostam de ver os outros indo atrás de seus sonhos porque isso os faz se lembrar de quanto estão longe de viver seus sonhos. Conseqüentemente, esses tipos de líderes tentam convencer as pessoas a não tentarem alcançar seus sonhos, e muitas vezes fazem isso usando as mesmas desculpas e explicações que deram para si mesmos.

Se você se vê ofendido com os sonhos de outras pessoas e tentando convencê-las a não irem atrás deles, então precisa reacender a chama que tem por seus próprios sonhos e começar a alimentá-los novamente. Quando um líder está aprendendo, desenvolvendo e tentando alcançar seus próprios sonhos, ele tem mais chances de ajudar os outros a buscarem os deles.

3. Lidere a todos de um modo diferente

Um dos erros que líderes iniciantes muitas vezes cometem é tentar liderar todos do mesmo modo. Mas encaremos o fato. As pessoas não respondem ao mesmo tipo de liderança. Você deve tentar ser coerente com todos. Deve tratar a todos com delicadeza e respeito. Mas não espere usar as mesmas estratégias e os mesmos métodos com todo mundo.

Você tem de imaginar o botão da liderança que deve apertar com cada pessoa de sua equipe. Uma pessoa responderá bem quando for desafiada; outra irá querer ser estimulada. Uma precisará que um plano de ação lhe seja traçado; outra ficará mais entusiasmada se ela mesma puder criar o plano de ação. Uma exigirá acompanhamento consistente e freqüente; outra irá querer pausa para tomar fôlego. Se quiser ser um Líder 360º, você precisa assumir a responsabilidade por adequar seu estilo de liderança ao que seu pessoal precisa, não esperando que as pessoas se adaptem a você.

> *Se deseja ser um Líder 360º, você precisa assumir a responsabilidade por adequar seu estilo de liderança ao que seu pessoal precisa, não esperando que as pessoas se adaptem a você.*

4. Use metas organizacionais para o desenvolvimento individual

Se você tiver de construir um mecanismo que seja totalmente separado do real trabalho que precisa ser feito para desenvolver seu pessoal, isso provavelmente vai desgastá-lo ou frustrá-lo. A maneira de evitar isso é usar metas organizacionais o máximo possível para o desenvolvimento individual das pessoas. É realmente a melhor maneira de levar isso adiante.

- Quando é ruim para o indivíduo e ruim para a organização — todos perdem.
- Quando é bom para o indivíduo, mas ruim para a organização — a organização perde.
- Quando é ruim para o indivíduo, mas bom para a organização — o indivíduo perde.
- Quando é bom para o indivíduo e bom para a organização — todos ganham.

Sei que isso pode parecer um pouco simplista, mas quero que você perceba uma coisa. O único cenário onde não há perdas é quando algo é bom para a organização *e* para o indivíduo. Essa é uma receita para o sucesso a longo prazo.

A maneira de criar esse tipo de sucesso é combinar três coisas:

- Uma Meta: Encontre uma necessidade ou função dentro da organização que traria valor à organização.
- Um Ponto Forte: Encontre um indivíduo em sua equipe com um ponto forte que precisa ser desenvolvido que ajudará a atingir essa meta organizacional.
- Uma Oportunidade: Dê o tempo, dinheiro e recursos de que o indivíduo precisa para atingir a meta.

Quanto maior a freqüência com que você puder criar ajustes como esse, maior será a freqüência com que você criará sucessos para todos — para a organização, para o indivíduo a ser desenvolvido e para você.

5. Ajude-os a se conhecerem

Sempre trabalho sobre o princípio básico de que as pessoas não se conhecem. Uma pessoa não pode ser realista sobre seu potencial a menos que seja realista sobre sua posição. Em outras palavras, você tem de saber onde está antes de poder imaginar como chegar a algum outro lugar.

> *Uma pessoa não pode ser realista sobre seu potencial a menos que seja realista sobre sua posição.*

Max DePree, presidente emérito da Herman Miller, Inc. e membro da National Business Hall of Fame da revista *Fortune*, disse que o líder tem como primeira responsabilidade definir a realidade. Acredito que essa seja a primeira responsabilidade de um líder que desenvolve os outros: ajudá-los a definirem a realidade de quem eles são. Os líderes ajudam-nos a reconhecerem seus pontos fortes e pontos fracos. Isso é importante se quisermos ajudar os outros.

6. Prepare-se para ter uma conversa difícil

Não há desenvolvimento sem duras lições. Quase todo crescimento vem quando temos respostas positivas a coisas negativas. Quanto mais difícil for lidar com algo, mas precisamos investir para crescer. O processo muitas vezes não é muito agradável, mas você sempre tem de pagar o preço pelo crescimento.

Bons líderes dispõem-se a ter conversas difíceis para começarem o processo de crescimento das pessoas que estão sob seus cuidados. Um amigo contou-me uma história de um ex-oficial do exército dos Estados Unidos que trabalhava em uma empresa que fazia parte da lista das 500 mais da revista *Fortune*. O homem era sempre ignorado quando os líderes da organização procuravam e recrutavam funcionários com potencial de liderança para fazerem a organização progredir, e ele não conseguia entender o porquê. Seu histórico de desempenho era bom, sua atitude era positiva e ele tinha experiência. Então qual era o problema?

O ex-oficial tinha alguns hábitos pessoais peculiares que deixavam as pessoas à sua volta pouco à vontade. Quando ficava estressado, ele murmurava. Quando ficava irritado, ele deixava-se ficar inerte. Ele não tinha consciência desses hábitos peculiares, e ninguém lhe havia apontado o quanto eram distrativos e antiprofissionais. As pessoas simplesmente o rejeitavam porque o achavam esquisito.

Felizmente, o homem, por fim, trabalhou para um líder que se dispôs a ter uma conversa difícil com ele. O líder conscientizou-o sobre o problema, ele perdeu o hábito e, hoje, é líder sênior naquela organização.

Quando não quiser ter uma conversa difícil, você precisa se perguntar: *A conversa pode prejudicar a pessoa ou me prejudicar?* Se for porque irá prejudicar você, então está sendo egoísta. Bons líderes deixam de lado o incômodo de ter conversas difíceis por causa das pessoas a quem lideram e da organização. O que você precisa lembrar é que as pessoas irão superar coisas difíceis se acreditarem que você deseja trabalhar com elas.

7. Comemore as vitórias certas

Líderes que desenvolvem os outros sempre querem ajudar seu pessoal a ter vitórias no currículo, principalmente quando acabam de começar. Mas uma vitória estratégica tem maior valor. Experimente ter como objetivo vitórias com base no lugar onde você deseja que as pessoas cresçam e como deseja que elas cresçam. Isso irá dar-lhes um incentivo e encorajamento a mais para irem atrás de seu progresso.

De fato não tem importância o modo como você estabelece essas vitórias. Uma boa vitória é aquela que não é somente alcançada, mas também abordada da maneira correta. Se alguém que você está liderando inicia uma atividade de um modo totalmente errado, mas, de algum modo, obtém os resultados corretos — e você comemora —, você está levando essa pessoa ao fracasso. A experiência sozinha não basta para ensinar — é necessário que ela seja avaliada. Como líder, você precisa avaliar o que se apresenta como triunfo, para ter certeza de que a situação de fato está ensinando o que seu funcionário precisa aprender para crescer e se desenvolver.

A experiência não basta como professor — mas sim, quando avaliada.

8. Prepare-os para a liderança

Em um contexto organizacional, nenhum processo de desenvolvimento seria completo sem a inclusão do desenvolvimento na liderança. Quanto melhor for seu pessoal na liderança, maior impacto em potencial ele terá sobre a — e pela — organização. Mas isso significa mais do que simplesmente ensinar lições de liderança ou pedir às pessoas que leiam livros sobre o assunto. Significa conduzi-las ao longo de um processo que as prepare para se envolverem e liderarem.

O melhor processo que conheço é o treinamento em que as pessoas trabalham lado a lado. Imagine que eu quisesse prepará-lo para a liderança. É assim que procederíamos:

Eu faço. O processo começa comigo mostrando como fazer algo. Não posso dar o que eu mesmo não tenho.

Eu faço e você observa. Depois de ter dominado o processo, eu o levo comigo e peço para você observar. Explico o que estou fazendo. Eu o incentivo a fazer perguntas. Quero que você veja e entenda tudo o que estou fazendo.

Você faz e eu observo. Você só pode aprender pela observação. Em algum momento, você tem de interromper e de fato tentar. Quando você chega a esse estágio e começa a fazê-lo por si mesmo, meu papel é incentivá-lo, corrigi-lo educadamente e redirecioná-lo quando necessário.

Você faz. Uma vez que você assimilou os fundamentos, eu recuo e lhe dou espaço para que você possa dominá-lo e começar a desenvolver seu próprio estilo e métodos.

Você faz e outra pessoa observa. A última coisa que preciso fazer no processo de desenvolvimento é ajudá-lo a encontrar alguém para desenvolver e incentivar a começar. Você nunca realmente sabe algo até que o ensine a outra pessoa. Além disso, o processo não está realmente completo até que você passe o que recebeu para outra pessoa.

Você nunca realmente sabe algo até que o ensine a outra pessoa.

Se você se dedicar ao desenvolvimento das pessoas e comprometer-se com ele como um processo a longo prazo, perceberá uma mudança em seus relacionamentos com as pessoas que trabalham com você. Elas irão desenvolver uma forte lealdade a você porque sabem que você pensa no melhor para elas e tem provado isso com suas ações. E, quanto mais você as desenvolver, mais tempo é provável que elas fiquem com você.

Sabendo disso, não prenda demais seu pessoal. Às vezes a melhor coisa que você pode fazer pelas pessoas é deixá-las abrirem asas e voar. Mas se você foi diligente no processo de desenvolvimento — e as ajudou a passarem o que aprenderam —, outra pessoa irá subir e assumir o lugar delas. Quando você continuamente desenvolve pessoas, nunca faltam líderes para desenvolver a organização e ajudá-lo a levar a carga adiante.

Princípio de liderança para baixo nº 4

Ponha as pessoas onde elas tenham pontos fortes

A maioria dos líderes concorda que é importante ter as pessoas certas na equipe e pôr essas pessoas nos lugares certos. Mas até onde isso faz diferença, de fato? Estamos falando de uma pequena diferença ou de uma grande diferença? Foi isso que as pessoas na Gallup Organization perguntaram para si mesmas enquanto estavam fazendo uma pesquisa para o livro *Now, discover your strengths*. Aqui está o que os autores do livro descobriram:

> Em nossa mais recente meta-análise, a Gallup Organization fez essa pergunta para 198 mil funcionários trabalhando em 7.939 unidades empresariais dentro de 36 empresas: *No trabalho, você tem a oportunidade de fazer o que faz melhor todos os dias?* Então comparamos as respostas ao desempenho das unidades empresariais e descobrimos o seguinte: Quando os funcionários respondiam "sim, plenamente" a essa pergunta, eles tinham 50% mais de chances de trabalhar nas unidades empresariais com menor rotatividade de funcionários, 38% mais de chances de trabalhar em unidades empresariais mais produtivas e 44% mais de chances de trabalhar em unidades empresariais com pontuações mais elevadas de satisfação do cliente.[1]

Essa é uma diferença muito significativa. Que porcentagem de trabalhadores você acha que está trabalhando na área em que têm pontos fortes? Segundo os autores, a resposta é apenas 20%.[2]

A primeira razão por que as pessoas não gostam do trabalho que têm é que elas não estão trabalhando na área em que têm pontos fortes. Quando os funcionários são constantemente solicitados a cumprirem uma tarefa em uma área que tem pontos fracos, eles ficam desmoralizados, são menos produtivos e, por fim, se esgotam. De quem é a culpa? Normalmente a culpa é do líder!

Pessoas de sucesso encontram seus próprios pontos fortes. Líderes de sucesso encontram os pontos fortes das pessoas a quem lideram. Os indivíduos podem procurar um emprego em uma organização específica, mas geralmente não se colocam em sua posição no trabalho. Na maioria dos casos, seus líderes fazem isso.

A primeira razão por que as pessoas não gostam do trabalho que têm é que elas não estão trabalhando na área em que têm pontos fortes.

Quando você põe as pessoas onde elas têm pontos fortes, algumas coisas acontecem. Primeiro, você muda a vida das pessoas para melhor. Em um capítulo anterior, mencionei que a vida pessoal das pessoas dá cor a cada aspecto de sua existência, incluindo o trabalho. O inverso também é verdadeiro. A vida profissional das pessoas dá cor a outros aspectos da vida delas. Quando você põe as pessoas onde elas têm pontos fortes, o trabalho delas se torna gratificante e satisfatório. Muitas vezes faz diferença entre alguém que detesta ir para o trabalho e alguém que gosta. O outro benefício é que você ajuda a organização e a si mesmo.

Passos Para Pôr as Pessoas Onde Elas Têm Pontos Fortes

A habilidade de ajudar as pessoas a encontrarem sua melhor posição na carreira tem um impressionante poder e grande responsabilidade, uma responsabilidade que não devemos levar de modo inconseqüente como líderes. Ao pensar nas pessoas que trabalham para você, tente fazer o seguinte para cada indivíduo:

1. Descubra os pontos fortes das pessoas

A maioria das pessoas não descobre seus pontos fortes sozinhas. Elas muitas vezes se deixam levar pela rotina da vida cotidiana e se enchem de tarefas. Raramente exploram seus pontos fortes ou refletem em seus sucessos ou fracassos. Essa é a razão por que valorizam tanto ter um líder que esteja genuinamente interessado em ajudá-las a reconhecerem seus pontos fortes.

Há muitas ferramentas úteis disponíveis que você pode usar para ajudar as pessoas no processo de autodescoberta. Já mencionei o trabalho de Buckingham e Clifton. O livro deles, *Now, discover your strengths*, e o material no website dos autores que ajuda o visitante a encontrar seus pontos fortes podem ser úteis. O mesmo acontece com testes de personalidade como o DISC ou Myers-Briggs. E há muitos testes vocacionais também. Tudo o que funcionar no contexto de sua organização pode ser útil. Mas não se limite a testes. Muitas vezes a ajuda mais valiosa que você pode dar estará baseada em suas observações pessoais.

> *Pessoas de sucesso encontram seus próprios pontos fortes. Líderes de sucesso encontram os pontos fortes das pessoas a quem lideram.*

2. Dê-lhes o trabalho certo

Transferir uma pessoa de um trabalho que ela detesta para o trabalho certo pode mudar a vida dessa pessoa. Um executivo que entrevistei disse ter transferido uma pessoa de sua equipe para quatro posições diferentes em sua organização, tentando encontrar o lugar certo. Uma vez que a pôs no lugar errado tantas vezes, ele estava quase pronto a desistir dela. Mas ele sabia que essa pessoa tinha um grande potencial, que deveria continuar na organização. Por fim, depois que descobriu o trabalho certo para ela, o resultado foi brilhante!

Uma vez que esse executivo sabe como é importante fazer com que cada pessoa esteja no trabalho certo, ele pergunta o seguinte para sua equipe uma vez por ano: "Se vocês pudessem escolher, o que fariam?" A partir das respostas, ele obtém dicas sobre alguém que talvez tenha recebido um papel inadequado.

Tentar colocar a pessoa certa no trabalho certo pode levar muito tempo e energia. Encaremos o fato. Não é mais fácil para um líder simplesmente pôr as pessoas onde é mais conveniente e continuar o trabalho? Mais uma vez, essa é uma área em que o desejo que os líderes têm de ação trabalha contra eles. Lute contra sua tendência natural de tomar uma decisão e siga em frente. Não tenha medo de transferir as pessoas se elas não estiverem se distinguindo como você acha que poderiam.

3. Identifique as habilidades de que elas irão precisar e dê o melhor treinamento

Todo trabalho exige um conjunto específico de habilidades que os funcionários devem ter para ser realmente bem-sucedidos. Até alguém que tenha grandes pontos fortes pessoais e uma grande "facilidade de se adaptar" não estará de fato trabalhando onde tem pontos fortes se não tiver essas habilidades. Como líder, cabe a você certificar-se de que seu pessoal terá tudo de que precisa para vencer.

Duas das perguntas mais importantes que devem ser feitas são:

O que estou fazendo para me desenvolver?
O que estou fazendo para desenvolver minha equipe?

A primeira pergunta determina seu potencial pessoal e sua capacidade contínua de liderar. A segunda determina o potencial de sua equipe. Se as pessoas não estiverem crescendo, então não estarão nem um pouco melhores amanhã do que estão hoje.

Em *As 17 incontestáveis leis do trabalho em equipe*, a Lei do Nicho diz: "Todos os membros da equipe têm um lugar onde agregam o maior valor." Qualquer que seja esse nicho, ele determina o melhor papel que a pessoa deveria assumir em sua equipe. E isso realmente faz diferença. Quando os líderes realmente entendem isso, o desempenho das equipes que eles lideram chega a um nível incrível. E isso reflete de modo positivo nesses líderes. Não acredito que seja exagero dizer que o sucesso de um líder é determinado mais por se colocar as pessoas onde elas têm pontos fortes do que por qualquer outra coisa.

> *A Lei do Nicho diz: "Todos os membros da equipe têm um lugar onde agregam o maior valor."*

Quando estava no ensino médio, tive a sorte de ter um técnico que entendia isso. Durante um dos treinos de basquete de nossa equipe, nosso técnico, Don Neff, decidiu ensinar-nos uma lição muito importante sobre basquete. Ele pôs o time titular e o time reserva em quadra para treinarem. Aquilo não era raro — treinávamos o tempo todo. Nosso time reserva tinha alguns bons jogadores, mas claramente o time titular era muito melhor. Desta vez, ele pediu que saíssemos da rotina: mantendo os reservas em suas posições normais, ele designou cada um de nós, do time titular, a uma posição diferente dentro do jogo. Eu era armador lançador, mas, nesse treino, fui solicitado a jogar como pivô. E, pelo que me lembro, nosso pivô foi colocado na posição de primeiro armador.

> *"Ter os melhores jogadores em quadra não é suficiente. Você precisa ter os melhores jogadores nas posições certas."*
> — Don Neff

Fomos instruídos a jogar até os 20 pontos, mas o jogo não demorou tanto. O time reserva massacrou-nos em um abrir e fechar de olhos. Quando o treino acabou, o técnico Neff chamou-nos para o banco e disse: "Ter os melhores jogadores em quadra não é suficiente. Você precisa ter os melhores jogadores nas posições certas."

Nunca esqueci essa lição. E, uma vez que liderei pessoas ao longo dos últimos trinta anos, apliquei o que aprendi muito mais do que no basquete. Não importa o tipo de equipe que você esteja liderando. Se não puser as pessoas onde elas têm pontos fortes, você estará fazendo com que seja quase impossível para elas — e para você — vencer.

Princípio de liderança para baixo nº 5

Seja exemplo do comportamento que você deseja

Um de meus livros favoritos sobre liderança é *Learning to lead* (Word, 1986) [Aprendendo a liderar], de Fred Smith. Lembro-me muito nitidamente de onde eu estava quando o li pela primeira vez, em um avião voltando para San Diego. O livro ficou em minha memória porque, quando li as idéias do autor sobre "liderança encarnacional", puxei um bloco de notas para começar a raciocinar. No livro, Fred dizia que quando a identidade e as ações de um líder são consistentes, os resultados obtidos também são. Da mesma forma, um líder inconsistente obtém resultados idem.

Em meu bloco, criei três colunas. No alto da primeira escrevi: "O que sou." Ali, minha intenção foi escrever as qualidades que eu desejava adotar como líder. No alto da segunda escrevi: "O que faço", as ações que seriam consistentes com cada traço de caráter. A terceira coluna incluía os resultados decorrentes de um caráter e um comportamento consistentes.

O que sou	O que faço	Resultados
Levado pelo caráter	Faço o que é certo	Credibilidade
Relacional	Eu me preocupo	Coletividade
Incentivador	Acredito nas pessoas	Moral alto

O que sou	O que faço	Resultados
Visionário	Estabeleço metas	Direção
Aluno	Aprendo	Crescimento
Inspirador	Motivo	Ação
Abnegado	Concentro-me nos outros	Alcance
Confiante	Tomo decisões	Segurança

Uma lista como essa pode ser uma experiência realmente impressionante, pois, quando não obtemos os resultados que desejamos, muitas vezes somos tentados a transferir a culpa.

O Impacto do Líder

Assim como a consistência pode criar poder em sua vida pessoal, ela também pode criar poder em sua liderança. Líderes são responsáveis pelo ambiente e indicam direção para todos os seus liderados. Portanto, eles precisam ser o que desejam ver. Deixe-me explicar como isso funciona.

> *Líderes precisam ser o que desejam ver.*

Seu comportamento determina a cultura

Um dos lugares mais fáceis de ver culturas distintas é nos esportes. Por exemplo, pense no Oakland Raiders da NFL. Durante anos eles se orgulharam de sua imagem de menino mau. O empresário do time, Al Davis, é um vira-casaca. Seus jogadores são durões. Até os fãs seguem o exemplo. Durante um jogo, olhe para a quadra no estádio deles, a que chamam de "o buraco negro". Sua cultura determina as pessoas que você atrai. O comportamento daquela equipe há décadas tem criado sua cultura.

Pense em outro time da NFL, o Dallas Cowboys. Por um bom tempo, o time foi um constante vencedor e, por anos, o Cowboys foi chamado de "Time Norte-Americano". Tom Landry, técnico do time naquela época, ajudou a criar essa cultura. Depois da saída de Landry, o comportamento dos técnicos e dos jogadores começou a mudar — e o mesmo aconteceu com a cultura. Ninguém — exceto, talvez, um ou outro texano — chama mais o Cowboys de "Time Norte-Americano".

Se você deseja instilar um valor específico na cultura de sua organização, então precisa perguntar para si mesmo se esse valor se associa a algum comportamento identificável entre as pessoas de sua organização — começando com você. E a única maneira de mudar a cultura é você mudar seu comportamento.

Sua atitude determina a atmosfera

Você já trabalhou para alguém que tinha a atitude de quem estava com "o copo meio vazio"? Independentemente de quais fossem as circunstâncias, o cenário era deprimente. É completamente diferente de trabalhar para alguém cuja atitude é alegre e otimista. As pessoas mais felizes não necessariamente têm tudo de melhor. Elas simplesmente fazem o melhor de tudo.

A atitude do líder é como um termostato para o lugar onde ele trabalha. Se sua atitude for boa, a atmosfera é agradável e fica fácil trabalhar nesse ambiente. Mas, se sua atitude for ruim, a temperatura é insuportável. Ninguém deseja trabalhar em um ambiente que é quente demais ou extremamente gelado.

Seus valores determinam as decisões

Roy Disney, irmão e sócio de Walt Disney, declarou: "Não é difícil tomar decisões quando se sabe quais são seus valores." Não só isso é verdade, mas eu acrescentaria que também não é difícil permanecer com as decisões que você tomou quando elas estão baseadas em seus valores. Decisões que não são consistentes com seus valores sempre duram pouco.

Decisões que não são consistentes com seus valores sempre duram pouco.

Tudo o que você aceita irá aparecer nas decisões de seu pessoal. Se você valoriza atalhos, então seus funcionários irão tomar decisões que valorizem mais a velocidade do que a qualidade. Se você for insensível aos sentimentos dos outros, então sua equipe irá tomar decisões que não levam em conta os sentimentos das pessoas. Se você exibir tolerância à desonestidade, ainda que pequena, então pode apostar que alguém na equipe irá pensar que não há problema algum em tomar decisões que violem os padrões de integridade.

Seu investimento determina o retorno

Assim como no mundo das finanças, a única maneira de obter um retorno com as pessoas é fazer um investimento nelas. As sementes que você semeia determinam a colheita que terá. Nosso problema é que muitas vezes nos concentramos na colheita, e não na semeadura.

> *O que é pior do que treinar seu pessoal e perdê-lo? Não treiná-lo e mantê-lo.*

Já escrevi sobre a importância de desenvolver e equipar funcionários, por isso não preciso dizer muito mais aqui. Vou lhe dar apenas uma coisa para pensar: O que é pior do que treinar seu pessoal e perdê-lo? Não treiná-lo e mantê-lo.

Seu caráter determina a confiança

As pessoas confiam em você? As pessoas que trabalham para você se convencem da sinceridade de seus propósitos e boas intenções? Ou elas o questionam e pesam seus motivos quando você lhes apresenta uma nova idéia? As respostas a essas perguntas podem remontar ao seu caráter.

A confiança não é dada ou aceita só por causa da uma posição de liderança. Tem de ser adquirida, e normalmente vem quando você é testado. Sua aprovação ou reprovação no teste é quase sempre determinada por seu caráter. E aqui está a dificuldade. Quando você ia à escola, provavelmente a nota mínima era 60%; ou se sua escola tinha padrões altos, talvez 70%. Em se tratando de confiança, a única nota mínima é 100%. Se as pessoas não puderem confiar em você o tempo todo, então elas não irão considerá-lo digno de confiança alguma.

Sua ética profissional determina a produtividade

Gosto da história do velho escocês rabugento que trabalhava duro e esperava que as pessoas a quem liderava fizessem o mesmo. Seus funcionários provocavam-no:

— Ei, Scotty, você não sabe que Roma não foi construída em um dia?

— Sim, sei disso — ele respondia. — Mas só porque eu não chefiei a construção.

Os líderes de fato criam o ambiente no trabalho quando o assunto é produtividade. Os funcionários logo se sentem pouco à vontade se forem negligentes em sua ética profissional, mas puderem ver o chefe trabalhando diligentemente. Os funcionários que têm caráter sólido logo se sentem motivados a adotar o ritmo.

Thomas Jefferson afirmou: "É maravilhoso quando pode ser feito se estivermos sempre trabalhando." Se quiser que seu pessoal sempre esteja trabalhando, é melhor que você faça o mesmo.

Seu crescimento determina o potencial

A lição mais importante na liderança é a Lei da Tampa: "A capacidade de liderança determina o nível de eficácia de uma pessoa." Caso sua liderança mereça nota 5 (em uma escala de 1 a 10), então sua eficácia jamais será maior do que 5. Liderança é o "teto de vidro" da realização pessoal.

O mesmo se aplica às pessoas que você lidera. Sua liderança, se não estiver sempre crescendo, pode ser uma tampa que bloqueará o potencial de seu pessoal. Por quê? Porque você ensina o que sabe, mas reproduz o que é. Você não pode dar às pessoas o que não tem. Se quiser aumentar o potencial de sua equipe, você mesmo precisa continuar a crescer.

Um de meus exemplos favoritos de modelo de liderança pode ser encontrado na história de Davi, rei do antigo Israel. A maioria das pessoas conhece a história de Davi e Golias. Durante a guerra entre os hebreus e os filisteus, Golias, um gigante guerreiro, desafiou qualquer indivíduo que lutasse contra ele em uma batalha em que o vencedor levava tudo. Saul, rei de Israel, escondeu-se em sua tenda — e o mesmo fez seu exército. Mas Davi, um menino-pastor cujos irmãos mais velhos estavam entre os covardes, desafiou Golias e o derrotou em combate. O incidente muitas vezes é recontado como uma história infantil.

A maioria das pessoas que conhecem a Bíblia sabe que Davi se tornou rei. O que muitos não sabem é que, nos anos que antecederam sua ascensão ao trono, Davi atraiu guerreiros para si e criou um forte exército particular. E esses guerreiros se tornaram como Davi, a ponto de vários deles também se tornarem matadores de gigantes.

Embora os resultados nem sempre sejam tão impressionantes, sempre é verdade que os seguidores se tornam como seus líderes: são influenciados pelos valores do líder, adotam seus métodos de trabalho e até imitam muitas das "loucuras" e hábitos do líder. Essa é a razão por que devemos sempre estar cientes de nossa própria conduta antes de criticarmos as pessoas que trabalham para nós. Se você não gosta do que as pessoas estão fazendo, primeiro olhe para si mesmo.

Princípio de liderança para baixo nº 6

PASSE A VISÃO

Digamos que você esteja fazendo um bom trabalho como Líder 360° e esteja liderando para baixo com eficiência. Você se tornou um exemplo. Você desenvolve relacionamentos com as pessoas que trabalham para você e as edifica. Você as treinou. Você faz com que progridam e quer continuar a dar andamento ao processo. E agora? É como se você tivesse reservado um tempo para construir uma bela arma e carregá-la. Então o que você faz? Você mira no centro do alvo e puxa o gatilho! Na área da liderança, isso significa passar a visão.

Se fosse o líder no topo da organização, você estaria passando sua própria visão. Como líder no escalão médio da organização, você estará passando o que é, primeiramente, a visão de outros (como discutimos na 2ª Seção, Princípio de liderança para cima nº 6: "O desafio da visão"). Líderes intermediários são o elo importante nesse processo. A visão pode ser lançada pelos principais líderes, mas raramente é passada às pessoas sem a participação incondicional dos líderes abaixo na organização que estão mais próximos a elas. Embora os líderes no escalão médio talvez nem sempre sejam os criadores da visão, eles quase sempre são seus intérpretes.

Embora os líderes no escalão médio talvez nem sempre sejam os criadores da visão, eles quase sempre são seus intérpretes.

Então, como Líderes 360º interpretam a visão de um modo que estimule as pessoas e as coloque na direção certa? Se incluir os sete elementos a seguir, você estará se saindo bem no sentido de acertar o alvo.

1. Clareza

Quando morava em San Diego, eu costumava ir a muitos jogos de beisebol do Padres. Eu tinha lugares ótimos bem atrás do abrigo dos jogadores. Naquela época, o time não era muito bom, e a organização fazia várias promoções, jogos e atividades para tentar manter a multidão envolvida. Uma das brincadeiras que eles faziam entre dois *innings* era mostrar a imagem de um jogador no telão do estádio, fragmentada em doze partes, apresentando uma parte por vez até que, finalmente, a imagem estivesse completa.

> *Quando estiver se preparando para lançar a visão, pergunte para si mesmo: O que quero que elas saibam, e o que quero que elas façam?*

Sei que isso não é muito emocionante. O que realmente era interessante para mim era a reação da multidão. Havia um som que indicava a reação das pessoas quando elas descobriam quem era o jogador. No início, havia expectativa, mas dava para ver que ninguém sabia de quem era a imagem, extremamente desordenada e incompleta. Então você começava a ouvir um murmúrio — o som das primeiras pessoas que conseguiam rapidamente descobrir a imagem. Então o murmúrio ficava um pouco mais alto à medida que mais pessoas conseguiam e, de repente, o barulho crescia quando a maioria das pessoas no estádio descobria o jogador.

A apresentação da visão é muito semelhante. Se a visão não estiver clara, as pessoas não se manifestam, simplesmente não conseguem imaginá-la. Você tem de juntar todas as peças para ajudá-las a "entenderem". Quando estiver se preparando para lançar a visão, pergunte para si mesmo: *O que quero que elas saibam, e o que quero que elas façam?* E, uma vez que você souber a resposta, continue a passar a visão e preencher as lacunas até que possa perceber que a maioria das pessoas que trabalham para você a entende — não apenas as pessoas rápidas.

2. Ligação entre passado, presente e futuro

Notei que a maioria das pessoas que lançam a visão concentra-se quase inteiramente no futuro. De certo modo, isso faz sentido. Afinal de contas, a visão está, por sua própria natureza, focada no futuro. Mas qualquer líder que apresente a visão e deixe de ligar o passado e o presente está de fato perdendo uma oportunidade.

Falar apenas do passado não dá esperança para o futuro, por isso você, sem dúvida, não deseja pôr seu foco ali. Mas, se ignorar o passado, você não conecta as pessoas à história da organização. Se mostrar que valoriza o que aconteceu antes e honrar as pessoas que lançaram o alicerce para permitir que você esteja onde está hoje, você valida essas pessoas que trabalharam com afinco e se sacrificaram para construir o que já existe. Você também dá às pessoas que não conhecem bem o processo a segurança de saber que elas fazem parte de algo maior.

Quando as pessoas puderem lidar com o passado, elas estarão mais inclinadas a alcançar o futuro. Toda vez que você pode mostrar que o passado, o presente e o futuro estão unidos, você dá força e continuidade à sua apresentação da visão.

3. Propósito

Embora a visão revele às pessoas para onde elas precisam ir, o propósito revela por que elas devem ir. Não só isso ajuda as pessoas a perceberem o sentido do que lhes está sendo solicitado a fazer, mas também as ajuda a permanecerem no alvo. Ajuda-as a fazerem ajustes, improvisarem e inovarem à medida que encontram obstáculos ou passam por outras dificuldades.

Embora a visão revele às pessoas para onde elas precisam ir, o propósito revela por que elas devem ir.

4. Metas

Em *Leadership* [Liderança], o historiador e cientista político James MacGregor Burns escreve: "Liderança são líderes induzindo seus seguidores a agir em favor de certas metas que apresentem os valores e as motivações — as carências e necessidades, as aspirações e expectativas — tanto de líderes como de seguidores" (Harper Perennial, 1978). Sem metas e uma estratégia para alcançá-las, a visão não é mensurável ou alcançável.

Conheci muitos líderes ao longo dos anos que tinham uma falsa idéia, mas um pouco mais do que esperança, em se tratando de imaginar como chegar lá. Esperança não é uma estratégia. Quando você dá às pessoas um processo, elas percebem que a visão é realista. E isso aumenta a confiança delas em você e na visão.

5. Um desafio

Só porque você torna a visão realista não significa que não possa torná-la um desafio. Na verdade, se a visão não exigir que as pessoas se esforcem, elas se perguntarão se vale a pena dedicar-se.

Alguns líderes parecem ter medo de desafiar suas equipes, mas um desafio faz com que pessoas boas queiram abrir as asas e voar. Ela estimula as pessoas comprometidas — e acaba com as descompromissadas. Você, com precisão, definirá as pessoas de sua equipe se pedir que elas se esforcem.

6. Histórias

Se quiser dar um caráter pessoal a uma visão desafiadora, então inclua histórias. Elas dão um aspecto relacional à visão e a tornam interessante. Pense nas pessoas que estiveram envolvidas no progresso da organização até agora. Fale sobre as lutas e vitórias dessas pessoas. Elogie suas contribuições. Torne-a pessoal. Ao fazer isso, você torna a visão e o processo identificáveis para as pessoas comuns que estão se perguntando: *Devo fazer parte disso? Posso fazer parte disso? Posso fazer diferença?* Uma história ajuda-as a verem que, ainda que tenham de se esforçar para ajudar a alcançar a visão, essa visão está ao alcance.

7. Paixão

A última peça do quebra-cabeça da visão é a paixão. Se não houver paixão na descrição, então sua visão não é transferível; é apenas uma idéia simpática. Quem vai trabalhar duro, investir longas horas, lutar para superar obstáculos e ir um pouco além do esperado para isso? O que há de maravilhoso sobre a paixão é que ela é contagiante. Se você estiver animado, então elas ficarão animadas, e precisarão desse estímulo para continuarem.

Há definitivamente uma ligação entre autoria e sucesso. Você não tem o último sem a primeira, e os Líderes 360° cultivam a autoria, levando a visão "do eu para o nós". A melhor pessoa que já tive em minha equipe em se tratando de passar a visão foi Dan Reiland. Quando eu estava na Skyline Church, Dan era meu pastor-executivo. Ele fez um grande trabalho quando passou a visão para a equipe, mas o que mais me impressionou foi o modo como ele fez isso com os auxiliares da congregação.

Se não houver paixão na descrição, então sua visão não é transferível.

Por mais de uma década, Dan dirigiu uma classe de jovens casais profissionais chamado Joint Venture [Empreendimento Conjunto]. As pessoas que ele atraía eram realmente os líderes da organização com boas perspectivas de êxito. Durante os últimos cinco anos em que estive na Skyline, acho que todo novo membro do conselho emergia graças à liderança de Dan.

Todo ano, no Natal, Dan convidava-me para falar na festa do Joint Venture. Era sempre um acontecimento da melhor qualidade. Normalmente o evento se realizava em um belo hotel ou centro de conferência, a comida era maravilhosa e todos apareciam muito bem trajados — as mulheres usavam trajes a rigor, muitos dos homens usavam *smoking*. Tornou-se uma tradição eles serem o primeiro grupo de pessoas na congregação a quem eu apresentava a visão para o ano seguinte.

Havia duas razões por que eu fazia isso. Primeiro, havia muitos influenciadores naquele grupo. A segunda razão era que eles sempre entendiam. Eles estavam ali no meu encalço. Por quê? Porque eram como seu líder, Dan, que sempre lhes passava minha visão nas outras cinqüenta e uma semanas do ano. Estou convencido de que a igreja não teria caminhado tão rápido como caminhou se Dan não tivesse sido esse bom líder no centro da organização.

As pessoas dizem que, quanto maior for o navio, mais difícil ele é de virar. Isso pode ser verdade em se tratando de navios, mas é de fato diferente em organizações. Uma organização é uma grande entidade que tem nela muitas entidades pequenas. Se todo líder no escalão médio da organização for um Líder 360º que se destaca em passar a visão para a equipe em sua área, então até uma grande organização é capaz de virar muito rápido. Não é o tamanho da organização que é importante; é o tamanho dos líderes dentro dela.

Princípio de liderança para baixo nº 7

RECOMPENSE OS RESULTADOS

Um homem estava desfrutando de uma tarde em um barquinho de pesca em um lago tranqüilo. Ele pescava enquanto comia uma barra de chocolate. O tempo estava perfeito, seu celular estava desligado e tudo o que ele podia pensar era em quanto era feliz.

Só então ele percebeu uma cobra na água com uma rã na boca. Sentiu pena da rã, por isso pegou a cobra com sua rede de pesca, tirou a rã da boca da cobra e a jogou de volta, fora do alcance do predador. Então, sentiu pena da cobra. Quebrou um pedaço de sua barra de chocolate, deu-o para a cobra e a colocou novamente na água, onde ela foi embora nadando.

Está vendo!, pensou ele. *A rã está feliz, a cobra está feliz e agora estou feliz de novo. Isso é maravilhoso.* Jogou a linha de volta à água e depois se acomodou novamente.

Alguns minutos depois, ele ouviu um barulho ao lado do barco. Foi ver o que era e lá estava a cobra novamente. Dessa vez havia duas rãs em sua boca.

Essa é a moral da história: Cuidado com o que você recompensa, pois aquilo que é recompensado é feito de novo.

Imagino que, como líder, você provavelmente esteja bem ciente dessa verdade. E não importa se o que é recompensado é positivo ou negativo. Todas as ações que os líderes recompensarem serão repetidas.

Por isso, é muito importante recompensar resultados — e do modo certo. Ao usar toda ferramenta à sua disposição para recompensar as pessoas de sua equipe, você não só as inspira a agir corretamente na organização, mas também a trabalharem com mais afinco e se sentirem melhores com relação ao que fazem. Recompensar os resultados faz com que você seja um Líder 360° mais eficiente — e mais influente.

Todas as ações que os líderes recompensarem serão repetidas.

Para recompensar os resultados com mais eficiência, siga estes sete princípios:

1. Faça elogios em público e em particular

Para recompensar os outros, o ponto de partida é o elogio. Mas não se pode elogiar além da conta. Billy Hornsby, coordenador europeu da EQUIP, recomenda: "Não há problema em deixar aqueles que você lidera brilharem mais do que você, pois, se eles brilharem forte o suficiente, irão refletir positivamente sobre você."

Em 25 *ways to win with people*, Les Parrott e eu explicamos a importância de se elogiar as pessoas na frente de outras. Quanto mais importante for o "público", mais valiosos são os elogios. Mas eu gostaria de sugerir que, antes de elogiar as pessoas em público, primeiro, elogie-as em particular. Fazer isso dá caráter ao que você diz; as pessoas sabem que você não está simplesmente tentando manipulá-las com palavras carinhosas. Além disso, quando são elogiadas em particular, as pessoas secretamente desejam que outros estejam ali para ouvir. Se você elogiar em particular primeiro e, depois, em público, isso é duplamente importante porque corresponde ao que elas queriam.

"Não há problema em deixar aqueles que você lidera brilharem mais do que você, pois, se eles brilharem forte o suficiente, irão refletir positivamente sobre você."
— Billy Hornsby

2. Dê mais do que simples elogios

Agora que o incentivei a elogiar as pessoas, preciso dizer que você tem de dar a elas mais do que simples elogios.

Se você as elogiar, mas não as promover, isso não vai ajudá-las a ganhar mais.

Se você as promover, mas não as elogiar, isso não vai ajudá-las a errar menos.

Pouco adianta conversar — a menos que você endosse a conversa com dinheiro. Bons líderes cuidam bem de seu pessoal. Se você realmente pensar nisso, as pessoas que custam mais para a organização não são as que recebem mais. As que custam mais são as pessoas cujo trabalho não corresponde ao salário que recebem.

Quando o salário que as pessoas recebem não corresponde aos resultados que elas obtêm, então elas ficam bastante desanimadas. Se isso acontecer sob seus olhos como líder, não só prejudicará o esforço de seu pessoal, mas também prejudicará sua liderança. Um líder que entrevistei disse que, certa vez, mudou-se para o noroeste dos Estados Unidos para aceitar um emprego para dirigir um departamento que estava ficando cada vez menor em uma organização. Em um período de nove meses, ele dobrou o impacto de seu departamento.

Quando foi feito seu balanço anual, seu desempenho foi totalmente ignorado. Disseram-lhe que a equipe receberia um aumento geral de 5% no salário. Foi difícil engolir aquilo, porque ele seria recompensado da mesma forma que os outros líderes de departamento, até dos que não haviam feito nenhum tipo de melhoria significativa na área em que atuavam. Mas ele ficou ainda mais desmoralizado ao saber que seu aumento seria reduzido para 3,75% porque não fazia um ano que ele estava na organização. Isso é que é acabar com o entusiasmo de uma pessoa!

3. Não dê a mesma recompensa para todos

Isso me leva ao meu próximo ponto. Se quiser ser um líder eficiente, você não pode recompensar a todos do mesmo modo. Essa é uma grande pressão que a maioria dos líderes sofre. Todos, menos as principais pessoas em uma organização, querem que todo mundo seja tratado do mesmo modo. Argumentam que o tratamento deve ser "justo". Mas é justo alguém que produz duas vezes a receita de seu colega receber o mesmo pagamento? A pessoa que carrega a equipe deve receber a mesma coisa que quem é carregado? Acho que não. Mick Delaney afirmou: "Qualquer negócio ou ramo que paga os mesmos prêmios para seus folgados e seus CDFs mais cedo ou mais tarde irá se ver com mais folgados do que com CDFs."

Então, como você lida com a pressão de ser justo enquanto recompensa os resultados? Elogie o esforço, mas recompense somente os resultados. Desde que aquilo que é recompensado seja feito, se você continuamente elogiar o esforço e o fizer para todos, as pessoas irão continuar a trabalhar com afinco. Se elas estiverem trabalhando onde têm pontos fortes e continuarem a trabalhar com afinco, elas, por fim, irão obter bons resultados. Nesse momento, recompense-as financeiramente.

> *"Qualquer negócio ou ramo que paga os mesmos prêmios para seus folgados e seus CDFs mais cedo ou mais tarde irá se ver com mais folgados do que com CDFs."*
> — Mick Delaney

4. Fora o pagamento, dê bonificações

Encaremos o fato. Os líderes no escalão médio da organização muitas vezes têm limitações quanto a recompensar as pessoas financeiramente. Então o que um Líder 360º deve fazer? Recompensar as pessoas com bonificações. Como seria se você tivesse um lugar especial reservado para estacionar, mas o desse para um de seus funcionários por uma semana ou um mês? Que tipo de impressão isso causaria na pessoa que o recebeu? Qualquer coisa que você tenha como uma bonificação pode ser compartilhada com quem trabalha com você, seja um lugar para estacionar, ingressos grátis para um evento ou uso da sala da empresa.

Outra área em que você pode compartilhar seus bens é em seus relacionamentos. É preciso um líder seguro para fazê-lo, mas, se você apresentar seus funcionários a amigos, conhecidos e profissionais que possam se interessar por eles ou beneficiá-los, eles irão se sentir recompensados e agradecidos.

Por fim, embora isso talvez pareça um pouco estranho, eu gostaria de recomendar que você tente estender as bonificações ou o reconhecimento aos familiares de seus funcionários, quando for adequado. Eles muitas vezes fazem grandes sacrifícios para que o trabalho seja feito, principalmente durante uma crise. Um líder que entrevistei contou-me uma história que afirmava o impacto positivo de tal reconhecimento. Ele disse que o sistema de iluminação de sua organização havia parado de funcionar duas semanas antes de uma produção planejada. Para que a tarefa fosse desempenhada, todo o sistema tinha de ser trocado em uma semana, e ele foi designado para supervisionar o trabalho. Para piorar as coisas, tudo aconteceu em dezembro, enquanto o Natal se aproximava.

Ele começou os preparativos uma semana antes da instalação, e, assim que o eletricista chegou para começar o trabalho, esse líder não saiu do seu lado. Sabia que, se fosse para casa enquanto a equipe estivesse trabalhando, as coisas não andariam. Trabalhou mais de cem horas naquela semana, fez todas as refeições no trabalho e não viu os filhos a semana toda.

Concluiu o trabalho no domingo e depois apareceu para trabalhar na manhã seguinte. Seu chefe tinha uma surpresa para ele. Sabendo que o líder havia deixado de passar tempo com o filho de 5 anos, o chefe deu um jeito para que o filho desse líder estivesse presente em uma importante reunião da equipe que estava planejada para aquela manhã. Enquanto os adultos se reuniam, o menino sentou-se no colo do pai, envergonhado. Mais tarde, o líder me confidenciou: "Bonificações são maravilhosas. Presentes são ótimos. Mas, aquele momento, em que meu sacrifício para com minha família foi reconhecido, significou mais do que qualquer coisa!"

5. Promova quando possível

Se tiver a opção de promover alguém de dentro da organização ou trazer alguém de fora — sendo todos os outros fatores iguais —, promova aquele que é da casa. Poucas coisas recompensam um funcionário como uma promoção. Uma promoção significa: "Você fez um bom trabalho, acreditamos que você pode fazer ainda mais e aqui está uma recompensa pelo seu desempenho." E as melhores promoções são as que não precisam ser explicadas porque todos que trabalham com os que estão sendo promovidos os viram crescer para chegarem ao novo trabalho.

6. Lembre-se de que você recebe aquilo pelo que paga

Não faz muito tempo convidei um jovem líder para participar de uma mesa redonda com líderes de grandes igrejas de minha região. Fóruns como esses são de fato benéficos porque os líderes em um mesmo nível podem conversar sobre suas lutas, compartilhar informações e aprender uns com os outros. Em um momento na discussão, os líderes abordaram o assunto dos orçamentos, compartilhando a porcentagem que era gasta com a equipe. Quando chegou a vez desse jovem líder falar, ele rapidamente mudou de assunto.

Mais tarde, quando conversamos, ele me confessou que, na reunião, havia percebido que estava pagando muito pouco à sua equipe, pois a porcentagem de seu orçamento era muito baixa. Ele foi para casa após o encontro, reuniu-se com o conselho de sua igreja e radicalmente mudou sua escala de pagamento. Ele diz que sua igreja agora tem a melhor equipe que já teve, e ela vale cada centavo. Ele não quer perder um membro valioso da equipe por causa de pagamento.

Um líder talvez possa contratar pessoas sem pagar-lhes muito dinheiro. E, de vez em quando, talvez seja possível manter algumas pessoas boas sem pagar-lhes muito bem. Mas, com o decorrer do tempo, você recebe aquilo pelo que paga. Se quiser atrair e manter pessoas boas, você precisa pagar-lhes o que elas merecem. Do contrário, acabará com pessoas que merecem o que você paga.

Quando criança na aula de ciências, você chegou a trabalhar com uma balança ultrapassada? Refiro-me ao tipo de balança semelhante àquela que está na mão da imagem da Justiça Cega nos tribunais. Elas são compostas por dois pratos rasos suspensos por correntes que saem de uma alavanca. Se você coloca alguma coisa que pese cerca de trinta gramas em um prato, então precisa colocar alguma coisa que tenha o mesmo peso no outro prato para que ela fique nivelada.

Liderança é como uma dessas balanças. As recompensas que os líderes dão são equilibradas pelos resultados que as pessoas da equipe dão em troca. Em uma organização, a balança está sempre se mexendo, pesando mais de um lado ou do outro. A balança naturalmente procura o equilíbrio em que ficará nivelada, e não desequilibrada permanentemente.

Os líderes sempre querem maiores resultados, porque é daí que vem o cumprimento da visão. O impacto, os lucros e o sucesso de uma organização vêm disso. Como líder, você tem uma escolha. Você pode tentar pressionar seus funcionários para que eles dêem mais, esperando fazer a balança pender em seu favor. Ou você pode pender para o lado das recompensas — que é o único lado sobre o qual você de fato tem uma influência significativa — e esperar que a balança volte a ficar nivelada à medida que seus funcionários respondem por meio de uma produção maior. É isso que Líderes 360° fazem. Eles se concentram no que podem dar, não no que podem receber. Dando mais, eles recebem mais — e o mesmo acontece com as pessoas da equipe deles.

Revisão da 5ª seção

Os princípios que Líderes 360º põem em prática na liderança para baixo

Você está contando com a influência para liderar para baixo como deveria liderar um Líder 360º? Recapitule os sete princípios que você precisa dominar a fim de liderar para baixo:

1. Ande devagar pelos corredores.
2. Veja todos como um "10".
3. Desenvolva cada membro da equipe como pessoa.
4. Ponha as pessoas onde elas tenham pontos fortes.
5. Seja exemplo do comportamento que você deseja.
6. Passe a visão.
7. Recompense os resultados.

6ª SEÇÃO

O valor dos Líderes 360º

Tornar-se um Líder 360º não é fácil. Leva muito tempo, e não acontece da noite para o dia. Mas vale a pena o esforço. Em todos os meus anos ensinando sobre liderança e consultoria, nunca um líder se aproximou de mim e disse: "Temos líderes demais em nossa organização." Por isso, independentemente de quantos bons líderes sua organização tenha, ela precisa de mais Líderes 360º — e ela precisa de você!

À medida que procurar crescer como líder, você nem sempre terá sucesso. Você nem sempre será recompensado do modo como deveria ser. Seus líderes talvez não o ouçam às vezes. Seus colegas talvez o ignorem. Seus seguidores não irão segui-lo. E a batalha pode parecer um morro íngreme ao longo de todo o caminho.

Por favor, não deixe que isso o desanime — não por muito tempo. Ao tornar-se um líder melhor, você agrega um enorme valor à sua organização. Tudo começa e acaba com a liderança. Quanto melhor você for um Líder 360º, maior o impacto que poderá causar.

Uma vez que você está concluindo a leitura deste livro, eu gostaria de dar-lhe um incentivo para continuar a crescer e aprender, levando-o a perceber por que se esforçar para tornar-se um Líder 360º. Continue a leitura. E, nos dias em que a subida parecer íngreme demais, reflita nestas observações que irão ajudá-lo a se lembrar por que você deve continuar a subir e a liderar do escalão médio!

Valor nº 1

Uma equipe de líderes é mais eficiente do que um único líder

Liderança é uma habilidade complicada e difícil, que ninguém domina totalmente. Há algumas coisas que faço bem como líder e outras que faço precariamente. Tenho certeza de que o mesmo acontece com você. Até os maiores líderes da história tiveram pontos cegos e áreas de fraqueza.

> *Para que as equipes se desenvolvam em todos os níveis, elas precisam de líderes em todos os níveis.*

Então, qual é a solução? As organizações precisam desenvolver equipes de liderança em todos os níveis! Um grupo de líderes trabalhando em conjunto é sempre mais eficiente do que um líder trabalhando sozinho. E, para que as equipes se desenvolvam em todos os níveis, elas precisam de líderes em todos os níveis.

Líderes que Desenvolvem Equipes

Como líder intermediário, se você desenvolver uma equipe, estará melhorando sua organização e ajudando-a a cumprir a visão dela. Você estará agregando valor, independentemente de onde você atue na organização. Ao fazer isso, tenha as seguintes idéias em mente:

1. Líderes visionários dispõem-se a contratar pessoas melhores do que eles

Um líder que entrevistei para este livro disse que um momento importante em sua trajetória como líder ocorreu quando alguém lhe disse: "Se você pudesse contratar uma pessoa que você soubesse que levaria a organização a avançar, mas teria de pagar-lhe mais do que seu próprio salário, você a contrataria?" Ele disse que essa pergunta realmente o deixou paralisado. Ele pensou muito a respeito e quando, finalmente, concluiu que contrataria, isso mudou seu modo de ver sua equipe e a si mesmo.

Líderes 360° dispõem-se a contratar pessoas melhores do que eles. Por quê? Porque o desejo deles é cumprir a visão. Isso está acima de tudo. Toda vez que os líderes se vêem sendo egoístas ou mesquinhos, eles podem ter certeza de que estão muito distantes da visão. A maneira de voltar aos eixos é pôr a visão em primeiro lugar e deixar que tudo o mais se acomode no seu devido lugar.

2. Líderes sábios transformam seu pessoal em uma equipe

Os líderes começam a adquirir sabedoria quando percebem que não podem fazer algo significativo sozinhos. Uma vez que percebem isso, os líderes podem também adquirir mais humildade e começar a trabalhar para desenvolver uma equipe.

Cada um de nós precisa de outros na equipe para nos completarem. Líderes 360° não desenvolvem equipes para que os outros possam assumir o papel de servos. Não contratam os outros para fazerem o "trabalho sujo" ou se tornarem meninos de recados. Procuram as melhores pessoas que puderem encontrar para que a equipe seja a melhor possível.

Chris Hodges conta que uma das maneiras pelas quais ele descobriu o valor do trabalho em equipe foi observando a atuação dos congressistas em Washington, D.C. Quando os representantes desejam propor um projeto de lei, a primeira coisa que fazem é encontrar um co-responsável. Se conseguirem encontrar alguém pelos corredores, melhor ainda. Chris leva essa prática muito a sério. Ele disse que, antes de qualquer ação efetiva, a primeira coisa que faz é desenvolver uma equipe de pessoas que acreditem no que estão fazendo. Uma equipe sempre será mais eficaz do que um indivíduo trabalhando sozinho.

3. Líderes seguros capacitam suas equipes

Wayne Schmidt observou: "Nenhuma dose de competência pessoal compensa a insegurança pessoal." Essa é uma grande verdade. Líderes inseguros sempre acham que têm de ir primeiro. Eles se consomem consigo mesmos. E esse foco em si mesmos muitas vezes os faz escolherem os mais medíocres para ficar à volta deles.

> *"Nenhuma dose de competência pessoal compensa a insegurança pessoal."*
> — Wayne Schmidt

Por outro lado, líderes seguros concentram-se nos outros e desejam que todos se dêem bem. Têm prazer em deixar que suas equipes recebam todo o crédito. Seu desejo de ver o sucesso dos outros leva-os a equiparem, treinarem e capacitarem bem seu pessoal. Toda vez que você se concentra nos outros, a capacitação naturalmente se torna um resultado.

4. Líderes experientes ouvem suas equipes

Líderes experientes ouvem antes de liderar. O general Tommy Franks afirmou:

> Generais não são infalíveis. O exército não esbanja sabedoria quando depende dos melhores. Liderar soldados na posição de general significa mais do que criar táticas e dar ordens. Oficiais comandando brigadas e batalhões, os comandantes da companhia e os líderes de pelotão — todos sabem mais sobre os pontos fortes e pontos fracos de sua unidade do que o general que os lidera. Por isso, um general de sucesso deve ouvir mais do que falar.[1]

Líderes imaturos lideram primeiro, depois ouvem — se é que ouvem. Toda vez que os líderes não ouvem, eles não conhecem a pulsação de seu pessoal. Não sabem do que seus seguidores precisam ou o que desejam. Não sabem o que está acontecendo. Bons líderes entendem que as pessoas mais próximas ao trabalho são as que realmente estão a par do assunto.

> *Líderes imaturos lideram primeiro, depois ouvem.*

Se as pessoas de sua equipe não o estão seguindo, você precisa ouvir mais. Você não precisa ser mais impetuoso. Não precisa encontrar mais influência. Não precisa ser duro com elas. Se você ouvir, elas estarão muito mais inclinadas a segui-lo.

5. Líderes produtivos entendem que um é um número pequeno demais para alcançarem a grandeza

Ao longo dos últimos vinte e cinco anos, observei as tendências em empresas e organizações sem fins lucrativos, e as soluções que as organizações usam para melhorar e resolver problemas. Vi um padrão definido. Talvez você já o tenha visto também.

- Na década de 80, o termo era *gerenciamento*. A idéia era de que era necessário um gerente para criar consistência. (O objetivo era impedir os padrões de caírem.)

- Na década de 90, o conceito-chave era *liderança por um indivíduo*. As organizações viram que eram necessários líderes porque tudo estava mudando muito rapidamente.

- Nos idos de 2000, a idéia é *liderança em equipe*. Uma vez que liderar uma organização tornou-se tão complexo e multifacetado, a única maneira de progredir é desenvolver uma equipe de líderes.

Acho que as organizações vão melhorar muito à medida que desenvolverem equipes, pois a liderança é muito complexa. Não se pode fazer uma única coisa bem e ser um bom líder. Nem se pode liderar em uma única direção — é preciso as habilidades para se liderar para cima, para os lados e para baixo! Uma equipe de líderes sempre será mais eficiente do que um único líder. E uma equipe de Líderes 360° será mais eficiente do que outros tipos de equipes de líderes.

Valor nº 2

Os líderes são necessários em todos os níveis da organização

Em 2004, fui convidado para falar sobre liderança em uma sessão de técnicos e olheiros da NFL na Senior Bowl, em Mobile, Alabama. Foi uma experiência incrível. Uma das coisas que ensinei naquele dia foi a Lei da Vantagem: "A diferença entre duas equipes igualmente talentosas é a liderança."

Após minha sessão, conversei com um gerente geral de uma das equipes e ele confirmou minha observação. Ele disse que, por causa da igualdade em termos de talento na NFL, a vantagem vem da liderança — do empresário, do técnico, dos assistentes até chegar aos jogadores. A liderança é o que faz diferença em todos os níveis da organização.

O que Acontece Sem um Líder

Sei que digo isso tantas vezes que algumas pessoas estão cansadas de ouvir, mas acredito nisso do fundo de meu ser. *Tudo começa e acaba com a liderança*. É realmente assim. Se você não acredita nisso, junte um grupo de pessoas sem um líder e observe. Elas serão levadas pelas circunstâncias. Quando não há um bom líder em uma equipe, em um departamento, no topo de uma organização ou comandando uma família, então os seguintes resultados são inevitáveis:

Sem um líder, a visão se perde

Se uma equipe começa com uma visão mas sem um líder, ela está em uma situação difícil. Por quê? Porque a visão se vai. E, sem um líder, a visão irá dissipar-se e a equipe se deixará levar até não ter nenhum senso de direção.

Por outro lado, se a equipe começa com um líder mas sem uma visão, ela se dará bem porque, no final, terá uma visão. Digo isso porque, se você tivesse de definir líderes com uma única palavra, talvez a melhor fosse *visionário*. Os líderes sempre estão direcionados para algum lugar. Eles têm visão, e essa visão dá direção não só *a eles*, mas às pessoas que trabalham com eles.

Sem um líder, as decisões são adiadas

Gosto de uma história que o presidente Reagan contou mostrando como havia descoberto a necessidade de tomar decisões no início de sua vida. Quando ele era jovem, uma tia generosa levou-o para fazer um par de sapatos sob medida. O sapateiro perguntou se ele queria que os sapatos tivessem bico quadrado ou bico redondo, mas Reagan não parecia se decidir.

Nem todos os que tomam boas decisões são líderes, mas todos os bons líderes tomam decisões.

— Volte daqui um ou dois dias e me diga o que decidiu — resolveu o sapateiro.

Mas Reagan não voltou. Quando o homem o viu na rua e novamente lhe perguntou que tipo de sapato ele queria, Reagan respondeu:

— Não decidi ainda.

— Muito bem — respondeu o homem. — Seus sapatos estarão prontos amanhã.

Quando foi buscá-los, Reagan descobriu que o bico de um sapato era redondo e o do outro era quadrado. Mais tarde, confidenciou: "Olhar para aqueles sapatos ensinou-me uma lição. Se você não toma suas próprias decisões, outra pessoa o faz por você."

Nem todos os que tomam boas decisões são líderes, mas todos os bons líderes tomam decisões. Muitas vezes é preciso que um líder tome decisões — e, se não for para tomá-las, então é para ajudar que outros as tomem mais rapidamente.

Sem um líder, as pautas se multiplicam

Quando uma equipe se reúne e ninguém é claramente o líder, então as pessoas começam a seguir sua própria agenda. E não demora muito, todas as pessoas estão fazendo o que bem entendem. Equipes precisam de uma liderança que ofereça uma voz unificadora.

Sem um líder, os conflitos aumentam

Um dos papéis mais importantes de um líder é a solução de conflitos. Na ausência de uma clara liderança, os conflitos sempre duram mais tempo e causam mais prejuízo. Muitas vezes é preciso que um líder se adiante, intervenha e traga todos para a mesa para resolver as coisas. Ao liderar os outros, você deve sempre estar pronto para fazer o que for necessário para ajudar seu pessoal a resolver conflitos.

Sem um líder, o moral é baixo

Napoleão disse: "Líderes negociam esperança." Quando os líderes não estão presentes, as pessoas muitas vezes perdem a esperança e os prumos morais. Por quê? Porque o *moral* pode ser definido como "fé no líder que está no topo".

Sem um líder, a produção diminui

A primeira qualidade dos líderes é a habilidade de fazer as coisas acontecerem. Uma de minhas histórias favoritas que ilustra essa verdade vem da vida de Charles Schwab, que já dirigiu a U.S. Steel. Schwab conta:

> Tive um gerente de uma siderúrgica que era extremamente educado, completamente capaz e mestre em cada detalhe do ramo. Mas ele parecia incapaz de inspirar seus homens a fazerem o melhor possível.
>
> — Como um homem tão capaz como você — perguntei-lhe um dia — não consegue fazer com que essa siderúrgica seja o que deveria ser?
>
> — Não sei — ele respondeu. — Persuadi os homens; eu os pressionei; eu os xinguei. Fiz tudo o que estava ao meu alcance. Contudo, eles não vão produzir.
>
> O dia estava quase chegando ao fim; em alguns minutos, o pessoal da noite chegaria para trabalhar. Virei-me para um funcionário que estava ao lado de uma das fornalhas e pedi-lhe um pedaço de giz.
>
> — Quantas fornadas seu turno fez hoje? — perguntei.
>
> — Seis — ele respondeu.
>
> Fiz um grande "6" no chão e depois fui embora sem dizer nenhuma palavra. Quando os funcionários do turno da noite chegaram, eles viram o "6" e perguntaram o que era aquilo.
>
> — O chefe esteve aqui hoje — disseram os homens do turno da manhã. — Ele perguntou quantas fornadas fizemos e nós lhe dissemos que foram seis. Ele escreveu o número com giz.
>
> Na manhã seguinte, passei pela mesma siderúrgica. Vi que o "6" havia sido apagado e, em seu lugar, havia um grande "7", escrito pelo próprio pessoal do turno da noite. Naquela noite, voltei. O "7" havia sido apagado e, em seu lugar, ostentava-se um "10". O turno da manhã não reconhecia superiores. Assim, uma bela competição começou e continuou até que essa siderúrgica, cuja produção antes era a mais precária, estava produzindo mais do que qualquer outra siderúrgica na fábrica.[1]

Os líderes são criativos para encontrarem maneiras de ajudar os outros a se tornarem produtivos. Às vezes isso significa lançar um desafio. Em outras, significa dar treinamento às pessoas. Às vezes significa encorajar ou oferecer incentivos. Se a mesma coisa funcionasse para todas as pessoas em todas as situações, então não haveria necessidade de líderes. Uma vez que cada pessoa é diferente e as circunstâncias sempre estão mudando, é preciso que um líder imagine o que é necessário e ponha aquela solução em ação.

SEM UM LÍDER, O SUCESSO É DIFÍCIL

Acredito que muitas pessoas queiram rejeitar a importância da liderança em se tratando de sucesso organizacional. Elas não o vêem — e, em alguns casos, não querem vê-lo. Foi o que aconteceu com Jim Collins, autor de *Empresas feitas para vencer*. Conheci Collins, e posso dizer que ele é um rapaz inteligente e perceptivo. Contudo, ele não queria incluir a liderança no estudo que constituía o fundamento do livro. Ele escreveu:

> Dei à equipe de pesquisa instruções explícitas para minimizar o papel dos executivos no topo para que pudéssemos evitar a idéia simplista do "acredite no líder" ou "culpe o líder" que é comum hoje... Toda vez que atribuímos tudo à "Liderança", estamos... simplesmente admitindo nossa ignorância... Por isso, no início do projeto, continuei insistindo: "Ignorem os executivos", mas a equipe de pesquisa continuou a rebater... Por fim — como sempre deveria ser o caso —, os dados venceram.[2]

Collins ainda descreve os líderes do nível 5 — líderes que exibem forte vontade e grande humildade — e como toda empresa de grande porte que eles estudaram era dirigida por tal líder.

A liderança entra em ação mesmo quando não se deseja isso. Sua organização não funcionará do mesmo modo sem líderes fortes em todos os departamentos ou divisões. Ela precisa de Líderes 360º em todos os níveis para que seja bem dirigida.

Valor nº 3

Liderar com sucesso em um nível é o que qualifica para a liderança no nível seguinte

Organizações em crescimento estão sempre à procura de pessoas boas para subirem para o próximo nível e liderar. Como elas descobrem se a pessoa está qualificada para dar esse salto? Olhando para o currículo dessa pessoa em sua posição no momento. A chave para ascender como um líder emergente é concentrar-se bem na liderança onde você está, não no próximo degrau da escada. Se você for um bom Líder 360° onde está, acredito que terá a oportunidade de liderar em um nível mais alto.

Enquanto você se esforça para tornar-se o melhor Líder 360° possível, lembre-se do seguinte:

1. Liderança é uma jornada que começa onde você está, não onde você deseja estar

Recentemente, enquanto eu estava dirigindo meu carro, um veículo à minha esquerda tentou virar à direita saindo da faixa do meio e causou um acidente. Felizmente, consegui reduzir a velocidade e diminuir o impacto; mas, mesmo assim, os *airbags* inflaram, e os dois carros ficaram muito danificados.

A primeira coisa que notei depois de parar e examinar a situação foi que a pequena tela de computador em meu carro estava mostrando minha exata localização de acordo com o sistema GPS. Olhei para ele por um instante, querendo saber por que o carro estava informando minha exata latitude e longitude. E então pensei: *É claro!* Se você estiver com problemas e ligar para pedir ajuda, a primeira coisa que o serviço de emergência irá querer saber é sua localização. Você não consegue chegar a lugar algum a menos que, primeiro, saiba onde está.

O mesmo acontece com a liderança. Para saber chegar aonde você quer ir, você precisa saber onde está. Para chegar aonde você quer ir, você precisa concentrar-se no que está fazendo agora. Ken Rosenthals, jornalista esportivo e vencedor de prêmios, declarou: "Toda vez que você decide crescer novamente, percebe que está começando na base de outra escada." Você precisa ter seus olhos fixos em suas responsabilidades do momento, não nas responsabilidades que gostaria de ter um dia. Nunca conheci uma pessoa focada no ontem que teve um amanhã melhor.

Nunca conheci uma pessoa focada no ontem que teve um amanhã melhor.

2. As habilidades na liderança são as mesmas, mas a "liga do jogo" muda

Se você for promovido, não pense que porque seu novo escritório está a apenas alguns metros ao longo do corredor de seu antigo lugar que a diferença é apenas alguns passos. Quando você é "chamado" para outro nível de liderança, a qualidade de seu jogo deve aumentar rapidamente.

Independentemente do nível em que você esteja trabalhando, as habilidades da liderança são necessárias nesse nível. Todo nível novo exige um grau maior de habilidade. O lugar mais fácil para se ver isso é nos esportes. Alguns jogadores podem saltar da liga recreacional para o ensino médio. Poucos conseguem fazê-lo do ensino médio para a faculdade. E somente um número reduzido consegue chegar ao nível profissional.

Sua melhor chance de conseguir a próxima "liga do jogo" é crescer no nível atual para que você possa ir para o próximo nível.

3. Grandes responsabilidades só vêm depois que você consegue lidar bem com as pequenas

Quando ensino em uma conferência ou vou a uma sessão de autógrafos, as pessoas às vezes me confidenciam que desejam escrever livros também. "Como começo?", perguntam.

> *"As únicas conquistas que permanecem e não deixam a rrependimentos são nossas conquistas de nós mesmos."*
> — Napoleão Bonaparte

"Quanto você escreve agora?", pergunto em troca.

Algumas falam de artigos e outros textos que estão escrevendo, e eu simplesmente as incentivo; mas, na maioria das vezes, elas timidamente respondem: "Bem, na verdade não escrevi nada ainda."

"Então você precisa começar a escrever", explico. "Você tem de começar aos poucos e se desenvolver."

O mesmo acontece com a liderança. Você tem de começar aos poucos e desenvolvê-la. Uma pessoa que nunca liderou antes precisa tentar influenciar uma outra pessoa. Alguém que tem certa influência deve tentar formar uma equipe. Comece com o que é necessário.

São Francisco de Assis afirmou: "Comece fazendo o que é necessário, depois o que é possível e, de repente, você estará fazendo o impossível." Toda boa liderança começa onde você está. Foi Napoleão que observou: "As únicas conquistas que permanecem e não deixam arrependimentos são nossas conquistas de nós mesmos." As pequenas responsabilidades que você tem à sua frente agora compreendem a primeira grande conquista na liderança que você deve fazer. Não tente conquistar o mundo até que tenha cuidado das coisas em seu próprio quintal.

4. Liderar em seu nível atual cria seu currículo para o próximo nível

Quando você vai ao médico pela primeira vez, normalmente lhe são feitas muitas perguntas sobre seu histórico familiar. Na verdade, normalmente há mais perguntas sobre isso do que sobre seu estilo de vida. Por quê? Porque o histórico familiar, mais do qualquer outra coisa, parece ser o que determina sua saúde.

Em se tratando de sucesso na liderança, o histórico também é igualmente desproporcional. Seu currículo sobre onde você trabalha agora é o que os líderes irão olhar quando estiverem tentando decidir se você está qualificado. Sei que quando entrevisto alguém para um emprego, dou 90% de ênfase no currículo.

Se você quiser ter a chance de liderar em outro nível, então sua melhor chance de ter sucesso é liderar bem onde você está agora. A cada dia que você lidera e tem sucesso, está criando um currículo para seu próximo trabalho.

5. Quando você consegue liderar bem voluntários, você consegue liderar quase qualquer pessoa

Em uma recente conferência no President's Day onde estávamos discutindo o desenvolvimento da liderança, um CEO perguntou para mim: "Como posso escolher o melhor líder dentre um pequeno grupo de líderes? O que devo buscar?"

Há muitas coisas que indicam que alguém tem potencial na liderança — a habilidade de fazer as coisas acontecerem, fortes habilidades pessoais, visão, desejo, habilidades para solucionar problemas, autodisciplina, uma forte ética profissional. Mas há um teste excelente de liderança que é quase infalível, e isso é o que sugiro: "Peça a eles que liderem um grupo de voluntários."

Se quiser testar sua própria liderança, tente liderar voluntários. Por que é tão difícil? Porque com voluntários, você não tem influência. É preciso cada aspecto de habilidade de liderança que você tenha para levar as pessoas que não precisam fazer nada a fazerem o que você pede. Se você não for desafiador o bastante, elas perdem o interesse. Se você pressionar demais, elas caem fora. Se suas habilidades pessoais forem fracas, as pessoas não irão perder tempo com você. Se você não puder transmitir a visão, elas não irão saber para onde ir ou por quê.

Se você lidera outras pessoas e sua organização tem algum tipo de foco no serviço comunitário, incentive as pessoas de sua equipe a se voluntariarem. Depois observe para ver como elas se saem. Se elas tiverem sucesso naquele ambiente, então você saberá que elas têm muitas das qualificações para irem para outro nível em sua organização.

Donald McGannon, ex-CEO da Westinghouse Broadcasting Corporation, afirmou: "Liderança é ação, não posição." Agir — e ajudar os outros a fazerem o mesmo em um esforço coordenado — é a essência da liderança. Faça essas coisas onde você está, e você permanecerá ali por muito tempo.

Valor nº 4

Bons líderes no escalão médio se tornam líderes melhores no topo

Em países industrializados e de mercado livre, muitas vezes não damos valor à liderança. Uma cultura de liderança desenvolveu-se para operar as muitas organizações em tais países porque o comércio e a indústria são muito fortes. E uma vez que os mercados são tão competitivos, muitos dos líderes que surgem trabalham com afinco para continuar a melhorar sua liderança.

Em países em desenvolvimento, as coisas são diferentes. Nos últimos cinco ou seis anos, passei muito tempo ensinando sobre liderança pelo mundo, e o que descobri é que grandes líderes são muito escassos em muitos desses países — e Líderes 360° quase não existem. A maioria dos líderes em países não desenvolvidos é altamente posicional e tenta manter o máximo de distância possível entre seus seguidores e eles mesmos. É uma das razões por que existe tal diferença entre os ricos e os pobres. Há, sem dúvida, muitas exceções à ampla generalização que estou fazendo, mas se você já viajou muito para o exterior provavelmente percebeu isso também.

Em lugares onde os principais líderes tentam oprimir todos os outros, a liderança geral normalmente é muito precária. Por quê? Porque, quando todo o poder está no topo e não há líderes no escalão médio para ajudá-los, os principais líderes não podem liderar com muita eficiência.

Caso você pense que estou sendo extremamente crítico acerca dos líderes em países emergentes, posso lhe dizer que esse é um problema em qualquer lugar onde existe um líder no topo e nenhum Líder 360° para ajudar na liderança. Eu, pessoalmente, tive essa experiência em minha vida em minha primeira posição de liderança porque não tentei identificar, desenvolver ou capacitar uma outra pessoa para liderar. Conseqüentemente, minha liderança foi fraca, a eficiência geral da organização foi muito abaixo de seu potencial e, dois anos após minha saída da organização, ela encolheu para a metade seu tamanho inicial.

> *Bons líderes em qualquer lugar em uma organização se tornam líderes melhores no topo.*

É difícil superestimar o valor dos Líderes 360° no escalão médio de uma organização. Na verdade, bons líderes em qualquer lugar em uma organização se tornam líderes melhores no topo — e contribuem para uma organização muito melhor no geral.

Toda vez que você acrescenta um bom líder, você tem uma equipe melhor

Bons líderes maximizam o desempenho daqueles que estão em sua equipe. Determinam a direção. Inspiram as pessoas que trabalham com eles e ajudam-nas a trabalharem juntas. Obtêm resultados. É fácil ver isso nos esportes em que a única coisa que muda em uma equipe é o técnico. Quando um líder melhor chega, o desempenho dos mesmos jogadores muitas vezes vai para um nível muito mais alto do que era antes.

A mesma coisa acontece em qualquer tipo de organização. Quando um líder forte assume uma equipe de vendas, o desempenho da equipe sobe. Quando um bom gerente assume um restaurante, o trabalho segue mais tranqüilamente. Quando um chefe melhor dirige a equipe, as pessoas fazem mais coisas.

Se você olhasse para toda a sua organização (supondo que ela não é uma atividade de pequeno porte), poderia localizar os líderes de qualidade antes mesmo de conhecê-los. Tudo o que você teria de fazer seria procurar as equipes com resultados consistentemente satisfatórios. É ali que estão os bons líderes.

Toda vez que você acrescenta um bom líder, todos os líderes na organização melhoram

Achei que foi muito importante quando Tiger Woods deixou de ser amador para se tornar um jogador de golfe profissional. Ele era tão bom que o restante dos competidores parecia fraco. Venceu seu primeiro torneio importante em Augusta por uma grande margem e, mais tarde, disse que nem chegou a fazer seu melhor jogo durante todos os dias em que jogou. Muitas pessoas tinham medo que Woods dominasse tanto o jogo a ponto de ninguém jamais poder derrotá-lo.

Mas uma coisa engraçada aconteceu depois de alguns anos de Woods no golfe. O jogo de qualquer outra pessoa ia para outro nível. Por quê? Porque força produz força. O livro de Provérbios diz: "Assim como o ferro afia o ferro, o homem afia o seu companheiro."[1]

Quando um bom líder se junta à equipe, isso chama a atenção dos outros. Bons líderes trazem à tona o melhor, não só em seus seguidores, mas também em outros líderes. Bons líderes elevam o padrão quando o assunto é desempenho e trabalho em equipe, e isso muitas vezes desafia outros líderes na organização a melhorarem.

Bons líderes no escalão médio agregam valor aos líderes que estão acima deles

Líderes no escalão médio da organização estão mais próximos das pessoas nas bases do que os líderes no topo. Conseqüentemente, eles sabem mais o que está acontecendo. Entendem as pessoas que estão fazendo o trabalho e os problemas que elas enfrentam. Também têm maior influência naqueles níveis inferiores do que os principais líderes.

Quando não existem bons líderes no centro da organização, todos e tudo na organização servem aos principais líderes. Por outro lado, quando bons líderes na organização usam sua influência e compromisso para ajudarem os principais líderes, eles "estendem" a influência dos principais líderes além de seu alcance. Conseqüentemente, os principais líderes podem fazer mais do que poderiam fazer sozinhos.

Bons líderes no escalão médio liberam os principais líderes para que se concentrem em suas prioridades

Quanto mais alto você subir na organização como líder, mais verá e menos, de fato, fará. Você não pode ascender e continuar com todas as tarefas que tem agora. À medida que ascender, você terá de passar muitas de suas velhas responsabilidades para outros. Se as pessoas que receberem essas tarefas não as executarem bem, então você terá de reassumi-las. Você provavelmente não poderá desempenhar suas novas responsabilidades com eficiência se isso acontecer.

Encaremos o fato. Não há frustração maior para líderes seniores do que trabalhar em um nível abaixo porque os líderes no escalão médio precisam de constante ajuda. Se um líder tiver de fazer isso, a organização acaba por pagar muito dinheiro para solucionar problemas de baixo custo.

Por essa razão, os líderes no topo podem apenas ser tão bons quanto os líderes no escalão médio que estão trabalhando para eles. Ao fazer seu trabalho com excelência no escalão médio, você libera seus líderes para que façam o trabalho deles com excelência acima de você.

Bons líderes no escalão médio motivam líderes acima deles a continuarem a crescer

Quando um líder cresce, seu crescimento aparece. Líderes em crescimento sempre melhoram em sua eficiência pessoal e sua liderança. Na maioria das vezes, isso faz com que seus líderes queiram continuar a crescer. Parte disso vem de uma competição saudável. Se você estiver em uma corrida e alguém estiver se preparando para ultrapassá-lo, isso faz você querer apertar o passo e ir mais rápido.

Há também o fator contribuição. Quando os membros da equipe vêem os outros fazendo uma importante contribuição, isso os inspira a avançar. Há uma alegria natural que é fruto de estar em uma equipe que funciona em um nível extremamente alto.

Bons líderes no escalão médio dão um futuro à organização

Nenhuma organização continua a progredir e crescer quando usa idéias e métodos do passado para fazer as coisas. O sucesso futuro exige inovação e crescimento. E exige o constante surgimento de novos líderes. Em *The Bible on Leadership* (Amacon, 2002) [A Bíblia sobre Liderança], Lorin Woolfe escreve: "O teste final de um líder não é se ele toma decisões inteligentes e toma uma medida decisiva, mas se ele ensina os outros a serem líderes e constrói uma organização que possa sustentar o próprio sucesso mesmo quando ele não estiver por perto."

Os trabalhadores de hoje são os líderes de amanhã no escalão médio da organização. E os líderes de hoje no escalão médio serão os líderes de amanhã no topo. Embora você atue como um Líder 360° no escalão médio da organização, se continuar a crescer, provavelmente terá sua oportunidade de se tornar um líder máximo. Mas, ao mesmo tempo, você precisa observar as pessoas que estão trabalhando para você e pensar em como pode prepará-las para se juntarem a você e, por fim, assumirem seu lugar no escalão médio. Você poderá identificar potenciais candidatos à liderança porque eles serão mais do que simplesmente bons funcionários.

Trabalhadores de hoje	Trabalhadores de amanhã
Implementar idéias atuais	Gerar novas idéias
Identificar e definir problemas	Solucionar problemas
Entender-se com as pessoas que eles têm	Atrair pessoas inteligentes
Trabalhar dentro da estrutura atual	Assumir riscos
Valorizar a consistência	Valorizar e identificar oportunidades

O especialista em liderança Max DePree declarou: "Sucessão é uma das principais responsabilidades da liderança." Isso é verdade. Não há sucesso sem um sucessor. Ser um Líder 360° vai além de simplesmente fazer um bom trabalho agora e facilitar mais as coisas hoje para as pessoas que estão trabalhando acima e abaixo de você. Tem a ver com certificar-se de que a organização terá uma chance de ser boa amanhã também. Ao ensinar os outros a desempenharam a Liderança 360°, você estará dando à organização maior profundidade e força. Você estará ajudando a elevar o padrão de tal modo que todos vençam.

Valor nº 5

Líderes 360º possuem qualidades das quais toda organização precisa

Quando eu estava rascunhando este livro, conversei com um amigo sobre todo o conceito da Liderança 360º e ele perguntou:

— O que faz um Líder 360º diferente de qualquer outro tipo de líder?

Quando comecei a explicar o conceito de liderança para cima, para os lados e para baixo, ele voltou à carga:

— Tudo bem, mas por que eles podem liderar em todas as direções? O que move o comportamento deles?

Ruminei sua pergunta por um tempo, enquanto conversávamos a respeito, e finalmente cheguei a essa resposta:

— Líderes 360º têm certas qualidades que lhes permitem liderar em todas as direções, e é isso que os torna valiosos para uma organização.

— Você precisa colocar isso no livro — aconselhou ele — porque as pessoas podem tentar fazer tudo certo, mas, se não aceitarem essas qualidades internamente, jamais poderão entendê-las.

Não sei se você já pensou nisso antes, mas o que agrega um valor maior às pessoas à sua volta: o que você *diz* ou o que você *é*? Talvez você não esteja ciente disso, mas pode, de fato, agregar valor aos outros simplesmente tendo as qualidades certas. Quanto mais alto você chegar em uma organização, mais isso se aplica.

Líderes 360°, como eu os imagino, têm qualidades que toda organização deseja ver em todos os seus funcionários, mas, principalmente, em seus líderes. Essas qualidades são adaptabilidade, discernimento, perspectiva, comunicação, segurança, serventia, desenvoltura, maturidade, tolerância e "contabilidade".

Adaptabilidade — ajusta-se rapidamente à mudança

As pessoas do escalão médio para baixo nunca são as primeiras a saber alguma coisa em uma organização. Normalmente não são os tomadores de decisão nem os elaboradores da política. Conseqüentemente, elas devem aprender a se adaptar rapidamente.

> *Felizes os flexíveis, pois não se curvarão por estarem fora de forma.*

Em se tratando de liderar no escalão médio, quanto mais rápido você puder se adaptar à mudança, melhor será para a organização. Eis o motivo. Todas as organizações têm os primeiros a se adaptar, os que são moderados para se adaptar e os últimos a se adaptar. Os primeiros a se adaptar são rapidamente conquistados por novas idéias e estão prontos para cumpri-las. Os que são moderados para se adaptar levam mais tempo. E os últimos a se adaptar lentamente (e às vezes relutantemente) aceitam a mudança.

Uma vez que você, como líder no escalão médio, vai ser solicitado a ajudar as pessoas que o seguem a aceitarem a mudança, você precisa processá-la rapidamente — quanto mais rápido, melhor. Isso pode significar que haverá momentos em que você deverá aceitar a mudança antes mesmo de estar pronto para fazê-lo emocionalmente. Nesses casos, a chave é sua habilidade de confiar em seus líderes. Se você puder confiar neles, poderá fazê-lo. Continue a se lembrar do seguinte: *Felizes são os flexíveis, pois não se curvarão por estarem fora de forma.*

Discernimento — entende os verdadeiros problemas

O presidente dos Estados Unidos, um velho padre, um jovem alpinista e o homem mais esperto do mundo estavam viajando juntos em um avião particular quando, de repente, o avião apresentou problemas no motor. O piloto saiu da cabine gritando:

— Estamos caindo. Salve-se quem puder!

Então, ele saltou do avião e abriu seu pára-quedas.

Os quatro passageiros olharam ao redor, mas só encontraram três pára-quedas.

O presidente pegou um pára-quedas e, ao pular, exclamou:

— Tenho que me salvar por causa da segurança do país.

O homem mais esperto apanhou um pára-quedas e saltou, justificando-se:

— Sou uma fonte inestimável para o mundo e tenho que salvar meu intelecto.

O velho padre olhou para o alpinista e aconselhou:

— Salve-se, meu filho. Tenho estado a serviço do Senhor por quarenta anos, e não tenho medo de me encontrar com meu Criador.

— Fique tranqüilo, padre — respondeu o jovem. — O homem mais esperto do mundo saltou usando minha mochila!

Bons líderes atravessam a confusão para ver os verdadeiros problemas. Sabem o que realmente importa. Há um velho ditado que diz que uma pessoa esperta acredita apenas em metade do que ouve, mas uma pessoa realmente esperta sabe em que metade acreditar. Líderes 360º cultivam essa habilidade.

Perspectiva — vê além de sua posição de vantagem

Jack Welch afirmou: "Liderança é ver oportunidade em momentos difíceis." Essa habilidade é uma função de perspectiva. Uma das vantagens de ser um líder no escalão médio da organização é que você pode ver mais do que os outros. A maioria das pessoas tem a habilidade de ver coisas em seu próprio nível e em um nível afastado do delas.

> *"Liderança é ver oportunidade em momentos difíceis."*
> — Jack Welch

As pessoas na base podem ver e entender coisas em seu próprio nível e, se forem perceptivas, também vêem coisas no nível em que você está. As pessoas no topo podem ver e entender coisas no seu próprio nível e no nível dos que estão abaixo delas, que seria o seu. Mas, como líder no escalão médio, você deve ser capaz de ver e entender não só as coisas em seu próprio nível, mas também em um nível acima e em um nível abaixo. Isso lhe dá uma vantagem e uma oportunidade realmente únicas.

Comunicação — liga-se a todos os níveis da organização

Uma vez que você tem uma perspectiva e compreensão única da organização que os outros acima e abaixo de você talvez não tenham, deve se esforçar para usar seu conhecimento não só para sua própria vantagem, mas também para comunicar-se tanto com os que estão acima como com os que estão abaixo na cadeia de comando. Muitas vezes pensamos em comunicação nas organizações como sendo algo, primeiramente, de cima para baixo. Os líderes no topo apresentam a visão, determinam a direção, recompensam o progresso e assim por diante. A boa comunicação, no entanto, é uma proposição de um Líder 360°. Na verdade, às vezes a comunicação mais importante é a que acontece de baixo para cima.

Em *Liderando para o alto*, Michael Useem dá exemplos de mensagens importantes que foram enviadas "para a cadeia de comando". Algumas mensagens foram ouvidas e executadas com efeito positivo. Por exemplo, quando a representante comercial Charlene Barshefsky aproximou-se da mesa para fazer um acordo comercial entre Estados Unidos e China, permitindo que a China entrasse para a Organização Mundial de Comércio, Barshefsky havia ouvido antes os interesses de líderes empresariais e trabalhistas, e representou esses interesses na mesa. O resultado foi uma negociação bem-sucedida.

> *"A maior empreitada para que qualquer movimento tenha sucesso é manter juntas as pessoas que o formaram."*
> — Martin Luther King Jr.

Outras mensagens que foram enviadas "para o topo" foram ignoradas. Useem narra que, quando o general Roméo Dallaire, comandante das tropas das Nações Unidas em Ruanda, tentou convencer seus superiores a deixarem-no tomar uma medida agressiva para impedir o que ele via como uma iminente ameaça de genocídio, seu pedido foi negado. O resultado foi desastroso — a morte de mais de 800 mil pessoas enquanto os hutus matavam os tutsis.

Martin Luther King Jr. declarou: "A maior empreitada para que qualquer movimento tenha sucesso é manter juntas as pessoas que o formaram. Essa tarefa exige mais do que um objetivo comum; exige uma filosofia que conquiste e tenha a lealdade das pessoas; e depende de canais abertos de comunicação entre as pessoas e seus líderes."

Segurança — encontra identidade em si mesmo, não na posição

Gosto da história de Karl, que arrancou boas risadas em seu escritório depois de ter colocado à sua porta uma pequena placa: "Sou eu que mando!" As risadas ficavam ainda mais altas quando ele voltava do almoço e via que alguém havia acrescentado algo à sua placa. Colado ao lado dela, um bilhete amarelo rabiscado por alguém dizia: "Sua esposa telefonou e disse que quer a placa dela de volta."[1]

É preciso que uma pessoa segura seja um bom líder no escalão médio de uma organização. Em nossa cultura, as pessoas perguntam: "O que você faz?", e não: "Quem você é?" ou "Como você está fazendo diferença?" A maioria das pessoas dá muito mais ênfase a títulos e posição, e não ao impacto.

Mas, se você tem sido eficiente como líder no centro da organização por um tempo, entende que seu papel é importante. As organizações não têm sucesso sem líderes que façam um bom trabalho no miolo. Líderes 360° devem tentar ser seguros o suficiente em quem eles são *para não* se preocuparem com a posição em que *estão*.

A verdadeira forma de avaliar líderes não é o número de pessoas que lhes servem, mas o número de pessoas a quem eles servem.

Se você já foi tentado a investir tempo e energia demais para sair do escalão médio, então mude seu foco. Em vez disso, concentre seu esforço no sentido de atingir seu potencial e fazer o melhor possível onde você está. Toda vez que você se concentra em desenvolver sua posição, e não em si mesmo, você está de fato perguntando: *Estou me tornando a pessoa que os outros querem que eu seja?* Mas se você se concentrar em se desenvolver, e não em seu título ou posição, então a pergunta que você repetidamente fará é: *Estou me tornando tudo o que posso ser?*

Serventia — faz o que é necessário

Creio que a verdadeira forma de avaliar líderes não é o número de pessoas que lhes servem, mas o número de pessoas a quem eles servem. Líderes 360° adotam uma atitude de servo em primeiro lugar, de líder em segundo. Tudo o que eles fazem é avaliado levando-se em conta o valor que isso pode agregar. Eles servem à missão da organização e lideram servindo àqueles que estão na missão com eles.

Robert Greenleaf, fundador do Greenleaf Center for Servant Leadership, deu uma excelente perspectiva sobre isso: "O líder-servo é um servo primeiro. Tudo começa com o sentimento natural de que o indivíduo deseja servir, servir primeiro. Então uma escolha consciente leva o indivíduo a aspirar liderar. A diferença manifesta-se no cuidado tomado pelo servo — primeiro, de certificar-se de que as necessidades prioritárias das outras pessoas estão supridas."

Como você sabe se está motivado pelo desejo de servir como líder? Na verdade, é muito simples. Você tem o coração de servo se não se incomodar em servir aos outros. Se lhe falta a atitude de um servo, então você fica irritado quando tem de servir.

Desenvoltura — encontra maneiras criativas de fazer as coisas acontecerem

Com a gráfica prestes a a publicar três milhões de cópias do discurso de Theodore Roosevelt na convenção de 1912, o editor do discurso descobriu que não se havia pedido autorização para usar as fotos de Roosevelt e de seu companheiro de chapa, o governador Hiram Johnson, da Califórnia. E isso era um problema porque a lei de direitos autorais estabelecera multa de um dólar por cópia por tal descuido.

O presidente do comitê da campanha, que pensava rápido, era um líder desenvolto. Ditou um telegrama para o estúdio de Chicago que havia tirado as fotos: "Planejamos publicar três milhões de cópias do discurso de Roosevelt com fotos de Roosevelt e Johnson na capa. Ótima oportunidade publicitária para fotógrafos. Quanto vocês pagam para usarmos suas fotos?"

A resposta: "Apreciamos a oportunidade, mas só podemos pagar 250 dólares." O negócio foi fechado, a imprensa publicou as cópias e um possível desastre foi evitado.

Líderes no escalão médio de uma organização precisam ser, sobretudo, desenvoltos, pois têm menos autoridade e menos recursos. Se você deseja ser um Líder 360° eficiente, então se habitue a fazer mais com menos.

Maturidade — põe a equipe acima do "eu"

Como você define *maturidade*? No contexto de liderança, eu a defino como "pôr a equipe acima do próprio 'eu'". Ninguém que tenha uma atitude inflexível de se colocar em primeiro lugar é capaz de desenvolver muita influência com os outros. Para liderar os outros, você precisa pôr a equipe em primeiro lugar.

Recentemente li uma história sobre um grupo de diretores do sistema de ensino de Nashville que percebeu que, para que seus alunos tivessem sucesso, eles precisavam contratar um especialista bilíngüe. O único problema era que não havia dinheiro no orçamento para isso. Qual foi a solução? Eles reservaram o dinheiro que seria usado para seu próprio aumento para contratarem a pessoa de que precisavam. A equipe e as crianças que eles apoiavam eram mais importantes para eles do que o ganho pessoal. Isso é liderança madura!

Em liderança, maturidade é pôr a equipe acima do próprio "eu".

Resistência — permanece consistente no caráter e na competência durante muito tempo

Há alguns anos, quando eu estava na África falando sobre liderança, tive a oportunidade de ir a um safári fotográfico. Foi uma experiência incrível. Uma das coisas que fizemos enquanto estávamos na mata foi seguir, por quase uma hora, um par de guepardos que estavam caçando.

Os guepardos são animais surpreendentes. São os animais terrestres mais rápidos do planeta, com a habilidade de correr a uma espantosa velocidade de aproximadamente cento e dez quilômetros por hora. Mas os guepardos são puros corredores. Se não alcançarem sua presa em sua primeira investida, eles ficam com fome. A razão por que não podem correr por muito tempo é que eles têm um coração pequeno.

Líderes 360° não podem se dar ao luxo de ter um coração pequeno. Com todos os desafios que aparecem para os líderes — principalmente para os líderes no escalão médio —, a liderança é uma corrida de resistência. Para terem sucesso, os Líderes 360° precisam responder bem aos desafios e continuar a fazê-lo.

"Contabilidade" — em quem se pode contar quando isso é importante

Em *As 17 incontestáveis leis do trabalho em equipe*, uma de minhas leis favoritas é a Lei da "Contabilidade": "Os colegas de equipe devem poder contar uns com os outros quando isso for importante". Gosto dessa lei não só porque é verdadeira e muito importante para a formação da equipe, mas também porque ela me deu oportunidade de inventar uma palavra. Acho que "contabilidade" realmente capta a idéia de pessoas podendo depender umas das outras, seja no que for.

Quando você confia em um líder, quando ele é alguém com quem você pode contar, isso tem maior valor do que simplesmente saber que você pode contar com aquele líder. Significa que você realmente conta com ele. Você depende dele para obter seu sucesso. Vocês estão nisso juntos, e irão fracassar ou ter sucesso como equipe. Esse tipo de caráter realmente faz diferença em uma cultura em que a maioria das pessoas tem a atitude do "cada um por si".

Acredito que a maioria dos líderes no escalão médio das organizações não recebe crédito suficiente, porque é no escalão médio que a maioria das organizações tem sucesso ou fracassa. Os líderes no topo só podem causar tal impacto em alguma organização, e os funcionários nas bases só podem fazer o mesmo. Eles são freqüentemente mais limitados pelos líderes que estão acima deles do que pelos recursos ou pelo talento pessoal. Tudo realmente começa e acaba com a liderança. Se quiser que sua organização tenha sucesso, então você precisa ter sucesso como Líder 360º.

Um dos melhores exemplos que já encontrei que mostra o valor e impacto de um líder no escalão médio pode ser encontrado na vida do general George C. Marshall. Quando pensam no desfecho da Segunda Guerra Mundial em favor dos Aliados, as pessoas costumam se lembrar de líderes como Winston Churchill e Franklin D. Roosevelt. E, embora reconheça que a guerra não teria sido ganha sem esses dois grandes líderes, também acredito que ela não teria sido ganha sem a Liderança 360º de Marshall.

Marshall sempre foi um bom soldado e, em todo o lugar em que serviu, ele liderou bem — para cima, para os lados e para baixo. Freqüentou o Instituto Militar da Virgínia, onde se formou como primeiro capitão. Continuou a servir na infantaria do Exército dos Estados Unidos. Marshall foi um aluno tão bom e influenciou tanto seus superiores que, depois de ser o primeiro de sua turma na School of Line em Fort Leavenworth, no Kansas, e depois de fazer um curso mais avançado, ele foi mantido como instrutor.

Marshall nunca deixou de agregar valor onde quer que servisse — nas Filipinas (dois tempos de serviço); na França durante a Primeira Guerra Mundial; como assistente sênior do general Pershing durante tempo de serviço na China; como chefe de instrução na Escola de Infantaria em Fort Benning, na Geórgia; bem como em outros postos. Diz-se que Marshall "ascendeu na carreira militar com um recorde de realizações raramente igualado por algum outro".[2]

A carreira de Marshall foi eminente, mas você pode de fato vê-lo causando um impacto significativo como o chefe nomeado do estado-maior do Exército dos Estados Unidos. Daquela posição, ele liderou para cima até chegar ao presidente, liderou para os lados até chegar aos outros comandantes das Forças Aliadas e liderou para baixo com seus próprios oficiais seniores.

Quando ele ocupou aquele posto, as forças militares dos Estados Unidos eram anêmicas e mal equipadas. Todas as filiais reunidas compreendiam menos de duzentas mil pessoas. Com a guerra se expandindo na Europa, Marshall sabia o que precisava fazer — formar um exército grande, bem preparado e fortemente equipado. E ele começou a tarefa no mesmo instante. Em um período de quatro anos, Marshall ampliou o exército para uma força bem treinada e bem equipada de oito milhões e trezentos mil homens.[3] Winston Churchill chamava Marshall de "o organizador da vitória".

Só isso já faria de Marshall um herói da Segunda Guerra Mundial, mas essa não foi sua única contribuição. Ele trabalhou incansavelmente durante a guerra e continuamente demonstrou uma habilidade para liderar para cima, para os lados e para baixo. O presidente Roosevelt achava inestimável seu conselho e dizia que não podia dormir a menos que soubesse que Marshall estava no país. E Roosevelt solicitava a presença de Marshall em cada conferência militar importante, desde a Argentia, Newfoundland, em 1941, a Potsdam, em 1945.[4]

Marshall sempre teve de liderar para os lados na área de estratégia militar. Alguns acreditam que ele assegurou a cooperação entre as Forças Aliadas durante a guerra. Competiu diretamente com outros generais em se tratando de estratégia também. MacArthur queria que os Estados Unidos mudassem seu principal foco para o cenário de operações do Pacífico antes de derrotarem a Alemanha. Os ingleses queriam empregar o que era chamado de estratégia do Mediterrâneo contra as forças de Hitler. Mas Marshall estava convencido de que, para vencerem a guerra, as Forças Aliadas tinham de atravessar o Canal da Mancha e combater os alemães na França.[5]

Marshall conquistou todos e, por um ano, ele e seu general planejaram a invasão da Normandia. Após a guerra, Churchill falou sobre Marshall: "Até aqui eu pensava em Marshall como um soldado difícil e um magnífico organizador e formador de exércitos — o Carnot* americano [um homem conhecido como o 'organizador da vitória' da revolução francesa]. Agora, porém, vejo que ele era um estadista com uma visão aguçada e ampla de todo o cenário."[6]

Marshall também era tão eficiente na liderança para baixo quanto na liderança para cima e para os lados. As pessoas que trabalhavam sob

* N.T.: Lazare Nicolas Marguerite Carnot (1753-1823) foi um estrategista militar francês que se destacou como ativa personalidade da Revolução Francesa.

suas ordens tinham um profundo respeito por ele. Após a guerra, o general Dwight D. Eisenhower disse para Marshall: "Em cada problema e em cada teste que enfrentei durante os anos de guerra, seu exemplo tem sido uma inspiração e seu apoio tem sido minha maior força. Meu senso de obrigação com você se iguala somente ao profundo orgulho e satisfação enquanto eu o cumprimento como o maior soldado de seu tempo e um verdadeiro líder da democracia."[7]

Mesmo depois da guerra, Marshall continuou a ter influência como Líder 360°. Foi solicitado a servir como ministro de Estado pelo presidente Truman. E, quando foi necessário um plano para reconstrução dos países da Europa logo após uma guerra tão devastadora, Marshall deu seu apoio em um discurso na Universidade de Harvard ao que ele chamou de Plano de Recuperação Européia. Li que, quando os assistentes do presidente Truman quiseram chamá-lo de Plano Truman, o presidente não deu ouvidos a isso. Ele valorizou e respeitou tanto seu ministro da liderança do Estado que o chamou de Plano Marshall.

Não há muitas pessoas sobre as quais você pode dizer que, se elas não existissem, a face do mundo pareceria muito diferente. Contudo, isso se aplica a George Marshall. Europa, Ásia e Estados Unidos são diferentes do que teriam sido sem sua influência. Há poucos exemplos melhores de Liderança 360°. No final, a influência de Marshall foi tão grande e seu serviço tão altruísta que ele recebeu o Prêmio Nobel da Paz. Ele é o único soldado profissional na história a quem tal prêmio foi concedido.

Nem todos podemos esperar causar um impacto global como foi o caso de Marshall. Mas isso não é importante. O que importa é que estamos dispostos a fazer o que for necessário para causarmos um impacto positivo onde quer que nos encontremos na vida — agregarmos valor de algum modo possível aos outros. Acredito que não haja maneira melhor de aumentar sua influência e melhorar suas chances de fazer algo significativo do que se tornar um Líder 360°. Como Líder 360°, você pode influenciar os outros, independentemente de onde esteja na organização, independentemente do título ou posição que tenha, independentemente do tipo de pessoas com quem trabalha. Espero que você continue a trabalhar nesse sentido e a causar um impacto positivo.

Revisão da 6ª seção

O valor dos Líderes 360°

Naqueles dias em que você se perguntar se vale a pena se desenvolver como um Líder 360° e tentar liderar do escalão médio da organização, lembre-se do grande valor que os Líderes 360° agregam:

1. Uma equipe de líderes é mais eficiente do que um único líder.
2. Os líderes são necessários em todos os níveis da organização.
3. Liderar com sucesso em um nível é o que qualifica para a liderança no nível seguinte.
4. Bons líderes no escalão médio se tornam líderes melhores no topo.
5. Líderes 360° possuem qualidades das quais toda organização precisa.

SEÇÃO ESPECIAL

Crie um ambiente que traga à tona líderes 360°

Se você é o líder principal em sua organização, então quero passar alguns minutos com você nesta seção especial. Muitos líderes no escalão médio da organização são muito frustrados. Eles têm um grande desejo de liderar e ter sucesso; contudo, seus líderes são muitas vezes mais um obstáculo do que um auxílio para eles. Mais de dois terços das pessoas que deixam o emprego fazem isso por causa de um líder ineficiente ou incompetente. As pessoas não deixam a empresa — elas deixam o líder.

Como líder principal, você tem o poder de um modo como ninguém mais tem para criar uma cultura de liderança positiva em que líderes em potencial floresçam. Se você criar esse ambiente, então as pessoas com potencial para liderar irão aprender, ganhar experiência e ter reconhecida sua capacidade de trabalho. Elas irão se tornar o tipo de Líder 360° que engrandece uma organização.

Se você estiver disposto a se esforçar para fazer de sua organização um lugar onde líderes liderem e o façam bem, precisará passar seu foco de...

liderar as pessoas e a organização para...
liderar as pessoas, encontrar líderes e liderar a organização para...
liderar as pessoas, desenvolver os líderes e liderar a organização para...

liderar e capacitar os líderes enquanto eles lideram a organização para...
servir aos líderes enquanto eles lideram a organização.

Dependendo de seu ponto de partida, esse processo pode levar vários anos, e talvez seja uma dura escalada. Mas pense na alternativa. Onde sua organização estará daqui a cinco anos se você não formar líderes em um ambiente que traga à tona Líderes 360°?

Os Exercícios Diários do Líder

Se você estiver pronto para revolucionar sua organização, então quero incentivá-lo a começar o processo adotando o que chamo de "Exercícios diários do líder". Toda manhã, ao se levantar e se preparar para liderar sua organização, assuma o compromisso de fazer essas doze atividades capazes de aumentar seu poder.

1. Dê um grande valor às pessoas

A primeira coisa para transformar sua organização em um ambiente que acolha líderes deve acontecer dentro de você. Você só se compromete com coisas que valoriza. E, fundamentalmente, se não valorizar pessoas, você nunca criará uma cultura que desenvolva líderes.

A maioria dos principais líderes concentra-se em duas coisas: a visão e o resultado. A visão é o que normalmente mais nos instiga, e cuidar do resultado é o que nos mantém no negócio. Mas entre a visão e o resultado estão todas as pessoas de sua organização. O que é irônico é que, se ignorar as pessoas e só prestar atenção nessas outras duas coisas, você perderá as pessoas e a visão (e provavelmente o resultado). Mas, se você se concentrar nas pessoas, terá o potencial de ganhar as pessoas, a visão e o resultado.

Ao estudar grandes empresas e descobrir e definir o que chamou de líderes nível 5, Jim Collins percebeu que esses excelentes líderes não levavam o crédito pelas realizações de sua organização. Na verdade, eles eram extremamente humildes e davam o crédito ao seu pessoal. Sem dúvida, os líderes nível 5 dão um grande valor às pessoas.

Muitas empresas dizem que valorizam seu pessoal e seus clientes. Está na moda dizer essas coisas, mas falar pouco adianta. Se quiser saber se isso tem valor em sua organização, então converse com pessoas que conheçam bem sua organização, mas não trabalham para ela. O que elas diriam? A resposta dessas pessoas provavelmente iria dar-lhe a descrição mais exata.

Mas você conhece seu coração melhor do que qualquer outra pessoa. Tudo começa com você. Você precisa se perguntar: *Dou um grande valor às pessoas?*

2. Use recursos para desenvolver pessoas

Certa vez, quando eu estava viajando de avião para Dallas com Zig Ziglar, ele perguntou se eu já havia recebido cartas de agradecimento de pessoas. Quando admiti que sim, ele perguntou:

— Quando você recebe essas cartas, pelo que as pessoas lhe agradecem?

Eu nunca havia realmente pensado nisso antes, mas a resposta foi clara. As pessoas sempre diziam obrigado por um livro que eu havia escrito ou algum outro recurso que eu havia produzido.

— Acontece o mesmo comigo — contou Zig. — Isso não é interessante? Você e eu somos conhecidos por nossas palestras, mas não são elas que levam as pessoas a escreverem.

Já dei muitas palestras ao longo dos últimos trinta e cinco anos. Gosto de fazer isso e acho que tem valor. Eventos são ótimos para criar muita energia e entusiasmo, mas, se quiser facilitar o crescimento, você precisa de recursos. Eles são melhores para o desenvolvimento porque são focados em processos. Você pode levá-los com você. Pode recorrer a eles. Pode examinar o que é essencial e ignorar o que não tem importância — e pode seguir no seu próprio ritmo.

Uma vez, quando eu estava ministrando para líderes de uma grande empresa, um dos organizadores do evento declarou do palco que as pessoas eram o bem mais apreciável de sua organização. Aplaudi o sentimento daquele homem, mas também o desenvolvi para os líderes na sala. A afirmação dele só se aplica se você desenvolver essas pessoas.

É preciso muito esforço para desenvolver líderes. A primeira pergunta que um líder no topo normalmente faz é: "O que vai custar?" Minha resposta é: "Seja qual for o preço, não será tão alto quanto o preço de não desenvolver seu pessoal."

Mais uma vez, tenho uma pergunta para você. Pergunte-se: *Tenho o compromisso de oferecer recursos para o desenvolvimento da liderança?*

3. Dê um grande valor à liderança

A pessoa que dirige o próprio negócio talvez não tenha de se preocupar com liderança. Mas, para as pessoas que lideram organizações, liderança sempre é um problema. Toda vez que você tem duas ou mais pessoas trabalhando juntas, a liderança entra em ação. Em algumas organizações, toda a ênfase é colocada no esforço, e a liderança nem aparece no radar das pessoas. Que erro!

Todos os bons líderes reconhecem a importância da liderança e dão um grande valor a ela. Gosto do que o general Tommy Franks afirmou sobre os líderes fundamentais no escalão médio do exército — os sargentos:

> Os meses no deserto reforçaram minha antiga convicção de que os sargentos realmente são a espinha dorsal do Exército. O soldado normal depende de oficiais não comissionados para ter liderança por meio do exemplo pessoal. Pensei em Sam Long e Scag, da Staff Sergeant Kittle — eles eram exemplos do que um sargento deveria ser. Se um oficial não comissionado é dedicado às suas tropas, o pelotão ou divisão terá um treinamento difícil e realista, comida quente quando houver e a chance de tomar um banho de vez em quando. Se o sargento for indiferente às necessidades de seus soldados, o desempenho deles sofrerá, e sua vida pode ser eliminada. Um oficial inteligente trabalha com afinco para desenvolver bons oficiais não comissionados.[1]

O exército norte-americano entende o valor da liderança e sempre dá um grande valor a ela. Se você valorizar a liderança, surgirão líderes para agregar valor à organização.

Desta vez, a pergunta que você deve fazer para si mesmo é muito simples: *Dou um grande valor à liderança em minha organização?*

4. Procure líderes em potencial

Se a liderança estiver em seu radar e você a valorizar, você sempre estará à procura de líderes em potencial. Há vários anos elaborei uma lição para uma de minhas fitas sobre desenvolvimento da liderança, que ensinava aos líderes o que procurar em líderes em potencial. Chamava-se "À Procura de Águias" e, por muitos anos, foi nossa lição mais solicitada. Essas são as dez principais características das "águias":

- Elas fazem as coisas acontecerem.
- Vêem oportunidades.
- Influenciam as opiniões e ações dos outros.
- Agregam valor a você.
- Atraem vencedores para si.
- Equipam outras águias para que liderem.
- Oferecem idéias que ajudam a organização.
- Possuem uma atitude extraordinariamente incrível.
- Cumprem seus compromissos.
- Mostram uma feroz lealdade à organização e ao líder.

Quando você começar a procurar líderes em potencial, procure pessoas que possuam essas qualidades. Enquanto isso, pergunte-se: *Estou sempre procurando líderes em potencial?*

5. Conheça e respeite seu pessoal

Ao encontrar líderes e os desenvolver, você irá conhecê-los melhor como indivíduos. Eu gostaria de incentivá-lo a usar as diretrizes do capítulo "Ande devagar pelos corredores" para melhorar esse processo. Mas há também outras características que são comuns a todos os líderes que você deveria ter em mente enquanto os conduz pelo processo de desenvolvimento.

- As pessoas desejam ver resultados.
- As pessoas desejam ser eficientes — desejam fazer o que fazem bem.
- As pessoas desejam estar a par dos acontecimentos.
- As pessoas desejam ser apreciadas.
- As pessoas desejam fazer parte da comemoração.

Ao selecionar pessoas para serem desenvolvidas, esforce-se para fazer o balanço entre esses desejos universais e as necessidades individuais de seu pessoal. Tente adaptar o processo de desenvolvimento a cada indivíduo o máximo possível. Para isso, sempre faça a pergunta para si mesmo: *Conheço e respeito meu pessoal?*

6. Ofereça ao seu pessoal experiências na liderança

É impossível aprender liderança sem, de fato, liderar. Afinal de contas, liderança é ação. Um dos lugares onde muitos líderes no topo perdem oportunidades para desenvolvimento é dar outras tarefas para serem executadas, em vez de funções de liderança para serem cumpridas. Precisamos fazer uma mudança. Se não delegarmos liderança — com autoridade e responsabilidade —, nosso pessoal nunca ganhará a experiência de que precisa para liderar bem.

É impossível aprender liderança sem, de fato, liderar.

A pergunta que você deve fazer para si mesmo é: *Estou oferecendo ao meu pessoal experiências na liderança?*

7. Recompense a iniciativa de liderança

Tomar iniciativa é uma parte importante da liderança. Os melhores líderes são proativos. Fazem as coisas acontecerem. Os líderes no topo, em sua maioria, são empreendedores, mas isso não significa que todo líder no topo se sente à vontade quando os outros usam a iniciativa deles. Só porque confiam nos seus próprios instintos não significa que eles confiam nos instintos de seu pessoal.

É verdade que líderes emergentes muitas vezes querem assumir a liderança antes de estarem realmente preparados para isso. Mas líderes em potencial só podem se tornar líderes experientes se tiveram permissão para desenvolver e usar sua iniciativa. Então qual é a solução? O tempo certo! Se você apressa o momento, impede o processo de crescimento. Se você reprime os líderes quando eles estão prontos para avançar, atrasa o crescimento.

Uma das coisas que podem ajudá-lo a superar a questão do tempo é reconhecer se sua mentalidade é uma mentalidade de escassez ou abundância. Se você acredita que o mundo tem apenas uma quantidade limitada de recursos, um número finito de oportunidades e assim por diante, então é possível que você resista à idéia de deixar seus líderes assumirem riscos — porque talvez pense que a organização não poderá se recuperar em decorrência de erros. Por outro lado, se você acredita que as oportunidades são ilimitadas, que os recursos são renováveis e ilimitados, você estará mais disposto a assumir riscos. Você não duvidará de sua habilidade de se recuperar.

Como você está se saindo nessa área? Pergunte para si mesmo: *Recompenso a iniciativa da liderança?*

8. Ofereça um ambiente seguro onde as pessoas façam perguntas, compartilhem idéias e assumam riscos

Garry Wills, historiador ganhador do prêmio Pulitzer, observou: "Os líderes dão sua opinião sobre aquilo a que estão sendo levados. Um líder que negligencia isso logo se vê sem seguidores." É preciso que os líderes seguros no topo deixem que os líderes que estão trabalhando para eles participem totalmente do processo de liderança da organização. Se os líderes no escalão médio os questionarem, eles não devem levar isso para o lado pessoal. Quando eles compartilham idéias, os principais líderes não podem se dar ao luxo de se sentirem ameaçados. Quando as pessoas inferiores a eles na organização desejam assumir riscos, eles precisam se dispor a dar-lhes oportunidade para que tenham sucesso ou fracasso.

A liderança, por sua natureza, desafia. Desafia velhos métodos de fazer as coisas. Desafia o *status quo*. Nunca se esqueça de que o que é recompensado é feito. Se você recompensa a complacência, receberá complacência de seus líderes no escalão médio. Mas, se você consegue ficar seguro e deixar que eles encontrem novas maneiras de fazer as coisas — maneiras que sejam melhores do que as suas —, a organização avançará mais rapidamente.

Em vez de tentar ser o Sr. Resposta ou a Srta. Conserto, quando seus líderes começarem a ter reconhecida sua capacidade de trabalho, afaste-se mais para o segundo plano. Tente assumir o papel do sábio conselheiro e do principal incentivador. Acolha o desejo de seus melhores líderes de inovar e melhorar a organização. Afinal de contas, acho que você concordará que o sucesso da organização é o seu sucesso.

> *"Os líderes dão sua opinião sobre aquilo a que estão sendo levados. Um líder que negligencia isso logo se vê sem seguidores."*
> — Garry Wills

Então que papel você está desempenhando em sua organização? Você é "o especialista" ou é mais um conselheiro e defensor? Pergunte para si mesmo: *Estou oferecendo um ambiente onde as pessoas podem fazer perguntas, compartilhar idéias e assumir riscos?*

9. Cresça com seu pessoal

Conversei com muitos líderes no topo durante minha carreira e detectei inúmeras atitudes diferentes com relação ao crescimento. Segue como eu as resumiria:

- Já cresci.
- Quero que meu pessoal cresça.
- Eu me dedico a ajudar meu pessoal a crescer.
- Quero crescer com meu pessoal.

Adivinhe qual atitude incentiva uma organização onde as pessoas estão crescendo?

Quando as pessoas em uma organização vêem o líder principal crescendo, isso muda a cultura da organização. De imediato, remove muitas barreiras entre o líder principal e o restante das pessoas, colocando você no mesmo nível dele, o que faz do líder principal muito mais humano e acessível. Também envia uma mensagem clara para todos: faça do crescimento uma prioridade.

Então a pergunta que quero que você faça para si mesmo é muito simples: *Estou crescendo com meu pessoal?*

10. Atraia as pessoas com grande potencial para seu círculo íntimo

Quando Mark Sanborn, autor de *The Fred Factor* [O fator Fred], falou em um de nossos eventos de liderança, ele fez uma observação que realmente ficou na minha cabeça: "É melhor ter um grupo de veados liderado por um leão do que um grupo de leões liderado por um veado." Por quê? Porque, mesmo que você tenha um grupo de veados, se eles forem liderados por um leão, irão agir como uma alcatéia de leões. Não é uma ótima analogia? De fato, é verdade. Quando as pessoas passam tempo com alguém e são dirigidas por essa pessoa, elas aprendem a pensar do modo como essa pessoa pensa e fazer o que ela faz. O desempenho delas começa a aumentar de acordo com a capacidade de seu líder.

Quando eu estava escrevendo o livro *Developing the leaders around you* [Desenvolvendo os líderes à sua volta], muitas vezes fiz uma pesquisa informal em conferências para descobrir como as pessoas chegaram a ser líderes. Perguntei se elas se tornaram líderes (a) porque lhes foi dada uma posição; (b) porque houve uma crise na organização ou (c) porque haviam tido um mentor. Mais de 80% indicaram que se tornaram líderes porque alguém havia sido mentor delas na liderança, conduzindo-as pelo processo.

A melhor maneira de desenvolver líderes de alta qualidade é fazer com que eles tenham como mentor um líder de alta qualidade. Se você lidera sua organização, é provável que seja o melhor (ou, pelo menos, um dos melhores) líder na organização. Se você ainda não estiver fazendo isso, precisa escolher as pessoas com o maior potencial, convidá-las para que entrem em seu círculo íntimo e ser mentor delas. Não importa se você faz isso com uma pessoa ou uma dúzia de pessoas, se trabalha em uma base individual ou em um esquema de grupos. O importante é que você precisa dar o melhor de si para as melhores pessoas de sua equipe.

Você está fazendo isso? Qual é sua resposta para a pergunta: *Estou atraindo pessoas com potencial para meu círculo íntimo?*

11. Comprometa-se com o desenvolvimento de uma equipe de liderança

Quando comecei como líder, eu tentava fazer tudo sozinho. Até quase os 40 anos, eu achava que podia fazer tudo. Depois do meu aniversário de 40 anos, finalmente percebi que, se não desenvolvesse outros líderes, meu potencial seria apenas uma fração do que poderia ser. Por isso, na década seguinte, meu foco foi transformar pessoas em bons líderes. Mas até isso tem suas limitações. Percebo agora que, para alcançar o nível mais alto da liderança, devo sempre desenvolver equipes de liderança.

Encaremos o fato. Ninguém faz bem tudo. Não posso fazer tudo — você pode? Escrevi o livro *As 21 irrefutáveis leis da liderança*, que contém cada princípio de liderança que conheço baseado em uma vida de aprendizagem e liderança. Não posso cumprir bem todas as vinte e uma leis. Por isso preciso de ajuda.

Você também. Se quiser que sua organização atinja seu potencial, se quiser que ela passe do nível bom para o excelente (ou até do nível médio para o bom), você precisa desenvolver uma equipe de líderes, pessoas que possam preencher lacunas umas das outras, pessoas que se desafiem e se estimulem. Se tentarmos fazer tudo sozinhos, nunca iremos além do "teto de vidro" de nossas próprias limitações na liderança.

Como você está nessa área? Pergunte para si mesmo: *Estou comprometido com o desenvolvimento de uma equipe de liderança?*

12. Libere seus líderes para que liderem

Como líderes, quando somos presas de incerteza ou insegurança com relação ao processo de desenvolvimento da liderança, isso geralmente não se deve ao treinamento que damos, mas sim do que sentimos diante dos futuros líderes que entrarão em ação. Não é diferente do que os pais sentem com os filhos. Meus filhos são adultos e constituíram sua própria família, mas, quando eram adolescentes, o mais difícil para minha esposa e para mim foi deixar que eles seguissem seu próprio caminho e tomassem suas próprias decisões. É assustador, mas, se não deixá-los experimentarem suas asas, eles nunca aprenderão a voar.

Quando os principais líderes levantam a tampa para os líderes no escalão médio, então esses líderes passam a levantar a tampa para os que estão no topo.

À medida que envelhecia, cheguei a pensar em mim mesmo como alguém que levanta a tampa. Essa é minha principal função como líder organizacional. Se consigo levantar as tampas da liderança para os membros de minha equipe, então estou fazendo meu trabalho. Quanto mais barreiras eu remover para meu pessoal, maiores serão as chances de ele atingir seu potencial. E o que realmente é maravilhoso é que, quando os principais líderes levantam a tampa para os líderes no escalão médio, então esses líderes passam a levantar a tampa para os que estão no topo.

Portanto, aqui está a última pergunta. Pergunte para si mesmo: *Estou liberando meus líderes para que eles liderem?*

Se você se dedicar a desenvolver e liberar Líderes 360°, sua organização mudará — e o mesmo acontecerá com sua vida. Descobri que líderes que deixam de liderar sozinhos e passam a desenvolver Líderes 360° com sucesso passam por três estágios:

1º estágio: a solidão da liderança — "Sou o único líder." Quando você é o único líder, você realmente tem de liderar tudo pessoalmente.

2º estágio: o surgimento de um Líder — "Sou um dos poucos líderes." Quando você começa a liderar e desenvolver outros líderes, então você lidera apenas algumas das coisas mais importantes.

3º estágio: o legado de um Líder — "Sou apenas um dos muitos líderes." Quando você desenvolve Líderes 360°, então você lidera apenas algumas coisas estratégicas.

É essa situação em que Tom Mullins se encontra neste momento em sua carreira. Tom é o pastor sênior da Christ Fellowship, uma congregação muito grande em West Palm Beach, na Flórida. Tom foi o pastor fundador de sua igreja, por isso, quando a iniciou, ele fazia tudo. Se uma tarefa tinha de ser realizada, se um objetivo tinha de ser atingido, se um programa tinha de ser iniciado, Tom tinha de liderá-lo pessoalmente.

Mas Tom é um líder notável. Ele não tinha desejo de fazê-lo sozinho, de ser o Sr. Resposta. À medida que a organização crescia, Tom dedicou-se não só a ajudar pessoas, mas também a desenvolver líderes. Quanto mais líderes ele desenvolvia, menos tempo ele precisava estar nas linhas de frente. Tom passou anos desenvolvendo e capacitando Líderes 360°.

Hoje, mais de dez mil pessoas freqüentam sua igreja todos os finais de semana. Existem centenas de programas e atividades acontecendo todas as semanas. A igreja é muito ativa na comunidade, construindo casas para os pobres e alimentando pessoas. Eles estão sempre alcançando os outros. E onde está Tom? Ele está no centro de tudo, treinando, aconselhando e encorajando. É daí que ele lidera agora na maior parte do tempo. Raramente ele é o líder principal em qualquer iniciativa. Tom disse que está mais satisfeito vendo os outros tendo sucesso — quer seja ensinando no púlpito ou liderando a equipe — do que ele assumindo a posição principal. Conseqüentemente, o sucesso da organização está muito além do esperado.

Não é isso que todos nós, como líderes, desejamos — para que nosso pessoal e nossa organização tenham sucesso? O lendário filósofo chinês Lao-Tzu afirmou: "Um líder é melhor quando as pessoas mal sabem que ele existe." É isso que os melhores líderes fazem — ajudam os outros a terem sucesso. Eles lideram, capacitam e depois saem de cena. Se você criar um ambiente que desenvolva Líderes 360°, é isso que você, algum dia, poderá fazer.

Notas

1ª Seção

Mito nº 4

1. STANLEY, Andy. "Challenging the Process". Palestra na Catalyst Conference, Atlanta, Geórgia, 2 de novembro de 2001.
2. LOOMIS, Carol J. "Why Carly's Big Bet is Failing". *Fortune*, 7 de fevereiro de 2005, 52.
3. LOOMIS, Carol J. "How the HP Board KO'd Carly". *Fortune*, 7 de março de 2005, 100.

Mito nº 6

1. CARNEY, James. "7 Clues to Understanding Dick Cheney". *Time*, 30 de dezembro de 2002, www.time.com/time/archive.

Mito nº 7

1. DANIELS, Cora. "Pioneers". *Fortune*, 22 de agosto de 2005, 74.
2. Ibid., 76
3. Ibid., 83.

2ª Seção

Desafio nº 1

1. ABRASHOFF, D. Michael. *Este barco também é seu*. 1ª ed., São Paulo: Editora Cultrix, 2006.

Desafio nº 2

1. Provérbios 29:18.
2. PETERS, Tom. *O círculo da inovação*. 1ª ed., São Paulo: Editora Harbra, 1998.

Desafio nº 5

1. "Mix and Match: from Playmakers like Terrell Owens to the Thugs in the Trenches, Our All-star Squad Has a Bit of Everything — All-pro Team". *Football Digest*, abril de 2002, www.findarticles.com.

2. WEBER, Becky. "Athletes In Action Breakfast: Second Annual Frank Reich Call to Courage Award Given", buffalobills.com, 16 de abril de 2003, www.buffalobills.com.
3. "Clement Attlee", http://en.wikipedia.org/wiki/Clement_Attlee.

DESAFIO Nº 7

1. SEAMANDS, David. *O poder curador da* graça. 1ª ed., São Paulo: Editora Vida, 1990.

INTRODUÇÃO À 3ª SEÇÃO

1. ZANDER, Rosamund Stone e ZANDER, Benjamin. *A arte da possibilidade*. 3ª ed., Rio de Janeiro: Editora Campus, 2001.
2. Ibid.

PRINCÍPIO DE LIDERANÇA PARA CIMA Nº 1

1. FRANKS, Tommy e McCONNELL, Malcolm. *American Soldier*. Nova York: Regan Books, 2004, 99.
2. COLLINS, Jim. *Empresas feitas para vencer*. 1ª ed., Rio de Janeiro: Editora Campus, 2001.

PRINCÍPIO DE LIDERANÇA PARA CIMA Nº 2

1. "The Buck Stops Here' Desk Sign", Truman Presidential Museum and Library, http://www.trumanlibrary.org/buckstop.htm.

PRINCÍPIO DE LIDERANÇA PARA CIMA Nº 3

1. MAXWELL, John C. *Developing the Leader Within You*. Nashville: Thomas Nelson, 1993, 75-76.

PRINCÍPIO DE LIDERANÇA PARA CIMA Nº 4

1. FRANKS e McCONNELL. *American Soldier*, 142.
2. GARFIELD, Charles. *Peak Performers: The New Heroes of American Business*. Nova York: Avon, 1986, 289.

PRINCÍPIO DE LIDERANÇA PARA CIMA Nº 6

1. GROSSMAN, Lev. "Out of the Xbox: How Bill Gates Built His New Game Machine — and Change Your Living Room Forever". *Time*, 23 de maio de 2005, 44.
2. Provérbios 18:16.
3. "The Champ". *Reader's Digest*, janeiro de 1972, 109.

PRINCÍPIO DE LIDERANÇA PARA CIMA Nº 9

1. BENNIS, Warren e NANUS, Bert. *Líderes: Estratégias para assumir a verdadeira liderança*. 1ª ed., Editora Harbra: São Paulo, 1988.
2. LONGFELLOW, http://www.blupete.com/Literature/Poetry/Psalm.htm.
3. WELCH, Jack com WELCH, Susy. *Paixão por vencer*. 1ª ed., Rio de Janeiro: Editora Campus, 2005.

4ª SEÇÃO

PRINCÍPIO DE LIDERANÇA PARA OS LADOS Nº 1

1. BAKKE, Dennis W. *Joy at Work: A Revolutionary Approach to Fun on the Job*. Seattle, WA: PVG, 2005, 72.

PRINCÍPIO DE LIDERANÇA PARA OS LADOS Nº 4

1. Mateus 7:12.
2. "Politician". *Webster's New Universal Unabridged Dictionary*. Nova York: Barnes and Noble Books, 1996, 1.497.

PRINCÍPIO DE LIDERANÇA PARA OS LADOS Nº 5

1. SANDERS, Tim. *O amor é a melhor estratégia*. 1ª ed., Rio de Janeiro: Editora Sextante, 2003.

PRINCÍPIO DE LIDERANÇA PARA BAIXO Nº 2

1. CERF, Bennet. *The Sound of Laughter*. Garden City, NY: Doubleday and Company, 1970, 54.
2. HUNT, Morton. "Are You Mistrustful?". *Parade*, 6 de março de 1988.

5ª SEÇÃO

PRINCÍPIO DE LIDERANÇA PARA BAIXO Nº 3

1. JONES, Del. "Employers Learning that 'B Players' Hold the Cards". *USA Today*, 9 de setembro de 2003, 1A.

PRINCÍPIO DE LIDERANÇA PARA BAIXO Nº 4

1. BUCKINGHAM, Marcus e CLIFTON, Donald O. *Now, Discover Your Strengths*. Nova York: The Free Press, 2001, 5.
2. Ibid., 6.

6ª SEÇÃO

Valor nº 1

1. FRANKS e McCONNELL. *American Soldier*, 164.

VALOR Nº 2

1. SCHWAB, Charles M. *Succeeding with What You Have*. Nova York: Century Co., 1917, 39-41.
2. COLLINS, Jim. *Empresas feitas para vencer*. Editora Campus, 1ª ed., Rio de Janeiro, 2001.

VALOR Nº 4

1. Provérbios 27:17.

VALOR Nº 5

1. *Reader's Digest*, janeiro de 2000, 171.
2. BARON, Robert C., SCINTA, Samuel e STATEN, Paty. *20th Century America: 100 Influential People*. Golden, CO: Fulcrum Publishing, 1995, 73.
3. "Marshall, George C.", Britannica Online, http://search.eb.com/normandy/articles/Marshall_George_C.html.
4. POGUE, Forrest C. "George C. Marshall", Grolier Online, http://gi.grolier.com/wwii/wwii_marshall.html.
5. BARON. *20th Century America*, 73-74.
6. "George C. Marshall: A Life of Service". George C. Marshall Foundation, http://20thcenturyrolemodels.org/marshall/quotesabout.html.
7. Ibid.

SEÇÃO ESPECIAL

1. FRANKS e McCONNELL. *American Soldier*, 163-164.

Sobre o autor

John C. Maxwell, famoso especialista em liderança dos Estados Unidos, ministra palestras a centenas de milhares de pessoas a cada ano ensinando seus princípios a empresas da *Fortune 500*, à Academia Militar dos Estados Unidos, em West Point, e grupos esportivos, como a NCAA [*National Collegiate Athletic Association* ou Associação Atlética Universitária Nacional], a NBA [*National Basketball Association* ou Associação Nacional de Basquete] e a NFL [*National Football League* ou Liga Nacional de Futebol Americano].

Maxwell é fundador do Injoy Stewardship Services, bem como de várias outras organizações que se dedicam a ajudar pessoas a atingirem seu potencial de liderança. Dedica a maior parte de seu tempo ao treinamento de líderes por todo o mundo por meio da EQUIP, uma organização sem fins lucrativos. Autor de sucessos de venda que figuram no *The New York Times*, ele escreveu mais de quarenta livros, entre eles *Vencendo com as pessoas*, *Thinking for change* e títulos que venderam dois milhões de exemplares como *Developing the leader within you* e *As 21 irrefutáveis leis da liderança*.

Este livro foi composto em fonte Jenson 12/14,5 e
impresso pela Gráfica Universal sobre papel Pólen Soft 70g
para a Thomas Nelson Brasil em 2007.